U0348904

科学创业
系列丛书

定价制胜

科学定价助力净利润倍增

[德] 赫尔曼·西蒙（Hermann Simon） 杨一安 著

蒙卉薇 孙雨熙 译

机械工业出版社
China Machine Press

图书在版编目（CIP）数据

定价制胜：科学定价助力净利润倍增 /（德）赫尔曼·西蒙（Hermann Simon），（德）杨一安著；蒙卉薇，孙雨熙译．—北京：机械工业出版社，2022.8（2023.8 重印）
（科学创业系列丛书）
ISBN 978-7-111-71323-4

I. ①定… II. ①赫… ②杨… ③蒙… ④孙… III. ①定价决策 IV. ① F714.1

中国版本图书馆 CIP 数据核字（2022）第 140823 号

北京市版权局著作权合同登记：图字 01-2021-6247

定价制胜：科学定价助力净利润倍增

出版发行：机械工业出版社（北京市西城区百万庄大街 22 号 邮政编码：100037）
责任编辑：刘 静
责任校对：张 薇 贾立萍
印 刷：保定市中画美凯印刷有限公司
版 次：2023 年 8 月第 1 版第 3 次印刷
开 本：170mm × 230mm 1/16
印 张：20.5
书 号：ISBN 978-7-111-71323-4
定 价：69.00 元

客服电话：（010）88361066 68326294

序　言

赫尔曼的自白

价格无处不在。我们每天都在和它打交道，有时候为它苦恼不已，有时候又不假思索就付了账。大多数人从未思考过价格的意义，这使得掌握价格真谛的企业经营者拥有更强的竞争优势和更丰厚的利润回报。

我们所知的定价正在变得越来越复杂。创新技术、激烈的竞争、不断成熟的互联网，以及日益加剧的全球化，使消费者对价值和价格的感知发生了巨大的、颠覆性的变化，也催生了新的定价模式。

50 多年前，当我开始深入挖掘价格和定价奥秘时，我没有想象过这个迷人的领域能够激发出如此多的好奇、谋略和创意。定价成了我毕生的事业。在50多年的光景中，我和我的伙伴们开创了前所未有的定价咨询业务，帮助全球成百上千家企业提升它们的定价能力。所有这些工作帮助我们积累了无比丰富的经验，发现了定价实战智慧的宝藏。

本书就是打开宝藏的钥匙。

所有你应该知道的关于价格问题的答案，都可以从本书中找到。这些问题的答案无论是对企业家、经理人、销售专业人士、营销专家，还是对消费者，都同样重要。我将充当一个忠实的向导，和大家一起了解这些技巧、策略，以及定价的最佳和最差实践。我们将通过开创性的行为心理学研究，探讨价格理性和非理性两个方面的内容。我们偶尔会通过一些简单的算术说明某些观点。

在我们开始本书的探索旅程前，请允许我先介绍一下自己。

我和我的同事们对消费者行为进行了深入的研究，以协助企业经营者制定定价战略，帮助销售人员找到最佳的价格。我人生中第一次接触定价咨询工作，是在我担任商学院教授和研究员的16年时光中，接着我在西蒙顾和管理咨询公司（Simon-Kucher & Partners）——一家我和我的两位博士学生在1985年共同成立的公司（很可能是世界上最早将定价咨询作为核心业务的管理咨询公司），继续从事这项事业。现在，西蒙顾和已经成为定价咨询的全球领导者，42家分支机构遍布全球主要国家，年收入超过5亿美元。我们服务的企业遍布各行各业，包括医疗保健、汽车、电信、消费品、服务、互联网和工业品行业等。我们的客户中不仅有世界500强企业，也有典型的中小型企业，还有诞生于数字化时代的“独角兽”企业。西蒙顾和为复杂的、面向消费者或工业买家的企业提供定价策略相关的理论知识和落地辅导。

迄今为止，我们的建议已累计影响了收入总计达 2.5 万亿美元的产品和服务的价格。世界上只有 7 个国家的国内生产总值大于这个数字。

是的，我承认，卖家和买家的话语权有时并不对等。但总体而言，我认为这场竞争是公平的。原因在于一个词：价值。买家最终只会为他们所获得的价值买单。对所有卖家而言，挑战是找出这个价值感知，并对产品和服务进行相应的定价。只有和卖家的交易构建了一种持续的公平感，消费者才会保持忠诚。企业实现长期利润最大化的唯一方式就是让顾客满意。

我们偶尔会接受伦理道德的灵魂拷问。你会建议对一种挽救生命的药物设定尽量高的价格吗？企业应该在贫穷国家设定与在富裕国家同样的价格吗？企业可以凭借垄断地位滥用定价权吗？什么定价行为违反垄断法，什么定价行为又是被许可的？这些都是棘手且没有明确答案的问题，最终都需要企业做决定。但我们作为咨询顾问，应该如何尽到法律和道义义务？

我们帮助成千上万家企业实现科学定价策略，最大化它们的利润。有些人认为“利润”是资本主义的丑陋面，“最大化利润”是一个具有煽动性的短语，让人脊背发凉。显而易见的事实是，利润是生存之本。创造可持续的利润对每一家企业而言都是事关生死存亡的大事。不盈利的企业注定会消亡。而定价，不管你喜欢还是不喜欢，是产生更多利润的最为有效的途径。我们不支持企业盲目追求短期利润最大化，我们的使命是帮助企业制定有助于实现长期可持续利润和企业价值的定价策略。

最后，我承认，本书全面记录了我迄今为止在定价方面的努力和冒险、成功和失败。但有一点令我感到非常意外，几乎每一天我都会发现突破传统的、创新的定价想法。定价故事并未结束，精彩仍将继续。

我希望你在探索浩瀚的价格世界时找到乐趣，也祝愿你在旅途中不断收获惊喜。

初稿成于 2015 年秋

修订于 2022 年春

赫尔曼·西蒙

邮箱：hermann.simon@simon-kucher.com

杨一安的自白

西蒙教授是我定价旅程的领航人。我们一起共事已经超过13个年头。本书是自《隐形冠军（原书第2版）》之后我与他合作的第二本书。他对商业和我们生活的世界充满好奇，并总能以简洁的语言传递他敏锐的观察和思想。

“隐形冠军”和“价格管理”是西蒙教授倾注毕生心血的两个课题。我猜作为读者的你大抵也是通过《隐形冠军》才知道《定价制胜》这本书的。毋庸置疑，《隐形冠军》在中国有很高的知名度，西蒙教授的“隐形冠军之父”这个头衔最早也是在中华大地上得以加冕和流传的。但很多中国企业经营者和公众对于定价依然不甚了解。在本书的写作过程中，我特意引入更多的中国案例，以期帮助中文读者近距离接触我们的定价故事。

本书采用了第一人称的叙述方式。第1章和第2章中的“我”特指西蒙教授。若无特别说明，其余章节中出现的“我”或“我们”代指西蒙教授与我。

尽管定价是企业价值的关键驱动力，但相比其他职能部门，定价部门的专业化程度趋弱，很多企业甚至没有专职的定价人员。企业的定价决策大多靠拍脑袋，缺乏逻辑与合理的流程。根本原因在于企业经营者尚未意识到定价的重要性，或认为价格由市场决定，非企业可控。而那些意识到定价的重要性并想要提升定价能力的企业经营者，也往往觉得无从下手：一方面，国内对定价专业人才的培养刚刚起步，企业很难在短时间内找到合适的人选；另一方面，关于定价的中文资料要么太学术化，要么太碎片化，往往只是隔靴搔痒，对企业定价的实践指导作用有限。

作为最早在中国开展业务的专业定价顾问之一，过往十几年间，我与形形色色处于不同发展阶段的企业打过交道。我发现很多企业经营者没有搞明白，科学定价[㊀]的前提其实是弄清楚他们究竟为客户创造了什么价值。价格是价值在人心里的影子。不懂得客户价值就无法正确地去定价。虽然我们讨论的是定价制胜，但你很快会发现价格管理的本质是价值管理。

感谢过往十年间启发我的中国企业家朋友。借本书回馈你们对我的信任，并解答我彼时或许未能为你们解答的定价疑惑。感恩父母妻儿对我常年频繁地穿梭于中德之间的宽容与体谅。

2022 年复活节于德国莱茵河畔

杨一安

邮箱：jan.yang@simon-kucher.com

微信：M13918109441

㊀ 科学定价：使用系统的方法和清晰的逻辑帮助企业达成既定战略目标的定价方法。

致 谢

本书得以从德语原文翻译成流畅的英文版，我需要感谢来自Present Tense责任有限公司的弗兰克·卢比和艾蕾娜·达菲。除了翻译和编辑文字，他们还向我提供了全新的研究结果，鼓励我添加了更多的趣闻和“自白”，并在文章的流畅度上不断向我提出挑战，力求让这本书对读者而言更具阅读性。

对于文中各部分的想法、意见和评论，以及技术支持，我希望感谢以下西蒙顾和的同事：

在波恩：菲利普·比尔曼博士、克劳斯·席乐克博士、乔治·乌布克、英戈·利尔、雷纳·梅克斯博士、科内利亚·赖芬贝格、乔治·泰克博士

在波士顿：胡安·李维拉

在法兰克福：迪尔克・施密特 - 加拉斯博士

在科隆：埃克哈德・斯塔迪博士、卡尔 - 海因茨・塞巴斯蒂安博士、马丁・格林博士、冈纳・克劳森博士

在伦敦：马克・毕利格

在马德里：菲利普・道斯

在慕尼黑：克莱门茨・欧博汉默尔博士

在米兰：恩里科・特雷维桑博士、达尼洛・扎达博士

在纽约：迈克尔・屈恩、安德烈・韦伯

在巴黎：凯・班迪拉

在旧金山：约书亚・布卢姆博士、马特・约翰逊・马德万・拉马努詹

在圣保罗：曼纽尔・奥索里奥

在东京：扬斯・马勒博士

在维也纳：托马斯・哈勒博士

在北京：陈凡、刘善思、王雪、张明亮、尹宇阳

目　录

第1章

我与价格的亲密接触

对于感受价格的威力、重要性和影响，我人生中的第一堂课是充满感情色彩的，它给我留下了永久的印象。作为一名教授和顾问，我的大部分时光是在大学校园或者企业董事长的办公室中度过的，尽管如此，这些经历却不是来自那里。

故事发生在一个郊区的农贸市场——人类所知道的最古老的交易场所之一。

第二次世界大战结束后不久，我在一个小农场出生长大。当我们所饲养的猪长到适合被屠宰的时候，父亲会把它们运到当地的农贸市场，卖给肉贩或商人。集市上卖猪的农民非常多，加之买方也有大量的肉贩和商人，这意味着买卖双方没有任何一个人能够直接影响生猪的交易价格。我们只能听凭负责清算这些交易的当地合作社的安排。它们把出售的价格告诉父亲，从而决定父亲能带多少钱回家。

我们卖给当地乳品店的牛奶也是一样的道理，对于价格我们完全没有话语权。同样属于合作社的乳品店会告诉我们价格是多少。牛奶的价格会根据供需的情况发生波动。如果供给过剩时，价格就会暴跌。但我们从来不知道供应和需求的真实数据，只能通过观察市场去猜测供需情况和价格。比如，还有哪些人也在卖牛奶，他们有多少牛奶。

在父亲所去的每一个市场，我们扮演的都是“价格的接受者”。无论是否乐意，我们都只能接受别人设定好的价格。处在这样一个境地，让人特别难受。每一个有同样经历的人都会告诉你，一个农场的收入是非常紧张的，这些交易是我们唯一的经济来源。

作为一个小男孩，获得这些印象，我必须承认，我非常不喜欢这种感觉。多年后，在接受采访时，我会告诉人们，这些经历教会我：无论是自己做生意还是帮助他人改善经营状况，都要记住，千万不要经营一门你对价格完全没有话语权的生意。[一]

在20世纪50年代，作为一个年轻人，我不敢说我将这些想法精确、清晰地表达出来了。但时至今日，每当我想到猪肉或者在超市购买牛奶的时候，这种感受仍然存在。我很肯定，这些孩童时期的经历

[一] “Hier ist meine Seele vergraben”（Here my soul is buried）, interview with Hermann Simon *Welt am Sonntag*, November 9, 2008, p. 37.

深刻影响了我对商业运作的看法——远离那些不赚钱的生意。

价格高低决定了你能赚多少钱，这是毫无疑问的。然而，对价格施加多大影响，才能赚到足够的钱，让你不用每个月都月光呢？如果你拥有这样的影响力，怎样运用才是最好的呢？孩童时的经历激发了我的热情，促使我毕生都在寻求这两个问题的最佳答案。我被深深地吸引了，定价的学问一直都伴随着我。

定价学徒：旅程开启

大学期间，我着迷于定价学理论的课程。它们既有数学的优雅，又非常复杂。学习这些具有挑战性的课程让我在思考、构架和解决价格问题上形成了一套扎实的方法。它们为我理解定价的运作机制奠定了重要的基础。

但是，作为一个农民的孩子，我很快意识到，教授和他的学生们很少谈及如何将这些理论应用到实际生活中。在那个时候，我不知道原来人们最终可以利用这些概念来解决生活中的难题。直到多年以后我才明白，原来数学也非常重要，当它和定价学的其他方面结合在一起的时候，它能成为企业的一把利刃。

当我遇到莱茵哈德·泽尔腾（Reinhard Selten）教授的时候，定价学又一次变成一段感性的经历。1994年，泽尔腾教授因在博弈论方面的杰出贡献而荣获了诺贝尔经济学奖。泽尔腾教授利用真实资金进行了一项定价课堂实验。他提供100美元的奖金，如果一个A参与者和四个B参与者能够结成一个联盟，并持续至少10分钟，那么他们可以随意分配这笔资金。[1]

想象一下你就是那个 A 参与者，也就是当时我的角色，你会怎么做？你会遵循什么规则？你的动机是什么？带着这些问题继续阅读下去，在本章的结尾，我会公布这个实验的结果。现在我可以说的是，这个实验加深了我对“价值”这个词的理解，它让我亲身体验到“定价”的实质就是人们如何分配价值。

回到 20 世纪 70 年代，那时候我拿到了经济学硕士学位，经济学领域没有任何人认为定价是一门学科。这意味着我如果想继续在定价方面做研究，唯一可行的办法就是留在学术界。我的博士论文《新产品定价策略》（*Pricing Strategies for New Products*）成为一个重要的里程碑。在担任助教期间，我有机会接触一些解答定价策略问题的专家意见书，这些文章让我第一次窥见大公司定价产品的奥秘。回想起来，我确实强烈地感觉到它们的流程和策略有很大的改善空间，但在当时，我并没有具体的解决方法。

我旅程的下一站来到 1979 年的 1 月，那时我正在麻省理工学院担任博士后研究员。在接下来的时间里，我认识了三位朋友，他们不仅影响了我的职业生涯，更为定价从只有几个教授热衷的学术话题到成为企业一个重要的职能和有影响力的市场营销工具奠定了基础。

一开始我拜访了西北大学的菲利普·科特勒（Philip Kotler）教授。科特勒在比较年轻的时候就成了营销学方面的专家，我很急切地向他展示我的研究成果——消费者对价格的敏感度如何随着产品生命周期

[1] 在定价课堂实验中，可以是 A 参与者与四名 B 参与者中的两名联合起来对抗另外两名 B 参与者，也可以是四名 B 参与者联合起来对抗 A 参与者。

的变化而变化。无论是在网上商店搜索一个高科技产品，还是在附近市场看到一篮熟透的水果，这是全世界消费者都会有所体验的话题：随着商品生命周期的变化，我们对商品价值的感知也在变化。我想知道如何将这个发现转化为智能定价。

1978 年，我曾在当时的权威杂志《管理科学》（*Management Science*）上发表了一篇论文，指出科特勒的一个关于商品生命周期内价格动态模型所隐含的意义是不合理的。我自己开展的商品生命周期中价格弹性[⊖]动态变化的实证研究结果同样与盛行的传统观点相冲突。

我充满自信地告诉科特勒教授，我打算进行非传统的定价实验。我希望跳出复杂函数和高深理论的范畴，得出一些经营者或销售人员能够理解并且应用到他们的商业决策中的成果。

他毫不留情地打消了我的幻想。

“大部分营销学学者都希望他们的发现能对日常商业产生实际的影响，”科特勒告诉我，“但他们极少能够成功。”

我知道科特勒是对的。大部分关于定价的科学发现来源于微观经济学。如果定价研究仍然局限于微观经济学的领域，那么它与真实世界相关联的可能性简直是微乎其微。

尽管如此，科特勒还是给了我小小的鼓励。他认识一个自称为“定价顾问”的人，这个人通过帮助企业解决定价的问题，很显然过上了不错的生活。尽管“定价顾问”这个词现在听起来很容易理解，但是当我第一次听说的时候，我觉得很不可思议。他是怎么做到的？他

⊖ 价格弹性指销量的百分比变化除以价格的百分比变化得出的一个系数，通常是负数。但为了方便操作，负号一般都被省略。

向客户们提供了什么样的建议？我把这个词记录下来，并发誓在这次旅程后一定要找到这位“定价顾问”并深入了解他的工作。

继续这次的西北大学之旅，我沿着密歇根湖往南20几英里[㊀]到了芝加哥大学的南校区，我约了那里的助理教授罗伯特·J. 多兰（Robert J. Dolan）和托马斯·T. 内格尔（Thomas T. Nagle）第二天见面。

我夜里抵达目的地，在刺骨的寒风中从伊利诺伊中央火车站步行去大学的宾馆。第二天早上，当我在商学院见到两位主人，并且告诉他们我前一天晚上从火车站步行到宾馆时，他们都吓坏了。

“你怎么能这么大意！”他们说，“这里是犯罪行为高发地区，你没有被抢劫真是太幸运了。”

如果不考虑恶劣气候和高犯罪率，芝加哥大学对于我——一个接受定量教育的经济学者而言，是一个再合适不过的地方了，这种感觉有点像是教徒在朝拜梵蒂冈。在芝加哥大学商学院，有和我研究相同领域的年轻教授，也就是多兰和内格尔。而且当时已经有非常多令人兴奋的新想法了，诸如价格弹性和需求曲线的实证测量、非线性定价、捆绑定价、动态建模、价格对新产品扩散的影响等开始涌现。我因为极具争议性而显得鹤立鸡群。在大家看来，我就是一个籍籍无名却敢挑战权威——菲利普·科特勒教授的德国人。尽管科特勒教授对这些批评并不在意（我们至今仍是好友），很多人还是把我的意见看作一种冒犯。但这些都无关紧要，作为研究定价的年轻教授，我们有很多共同话题。几年后，内格尔离开芝加哥大学，到波士顿成立了专

㊀ 1英里≈1.6千米。

注于定价培训的战略定价集团（Strategic Pricing Group）。他后来还撰写了《定价战略与战术》（*The Strategies and Tactics of Pricing*），是最畅销的定价书籍之一。多年以来，每次我到波士顿，都会与内格尔见面。

我和多兰以及我们的家庭之间则建立了一辈子的友谊。他在晚些时候转去了哈佛商学院，而我于 1988～1989 学年在那里担任马文·鲍尔[㊀]的研究员（Marvin-Bower-Fellow）。我和多兰密切合作，并开始共同写作书籍，最终在 1996 年出版了《定价圣经》(*Power Pricing*)。[㊁]

1979 年晚些时候，我终于联系上了科特勒早先推荐给我的那名自称为“定价顾问”的丹·尼默（Dan Nimer）。他把他的部分文章发给了我，他的文章和我在学业生涯中所阅读和撰写的理论文章有着天壤之别。学术界关于定价的学术论文大多是理论性的，缺乏对实操的指引。尼默的文章恰恰相反，里面充满浅显而实用的见解。他没有探究过，甚至并不知道定价的理论基础，但他对定价技巧和策略有非常好的直觉。比如，他很早就开始推崇捆绑定价，而一位斯坦福教授在几年后才发表捆绑定价理论并解释其底层逻辑。

尼默是一个拥有自己方法论并且注重实操的顾问，尽管他的方法论彼时尚未被学术界充分认识和认可。他对价格咨询的热情极具感染力，这种感染力切实地影响了我。而且，他对我们年轻人所做的事情也很感兴趣。一个比你经验更丰富、名气更大的前辈对你所做的事情感兴趣，这会给你极大的鼓舞。

㊀ 马文·鲍尔（1903—2003）是麦肯锡公司（McKinsey & Company）的联合创始人。他也对我的定价工作非常感兴趣。

㊁ Dolan R J, Simon H (1996). *Power pricing-how managing price transforms the bottom line*. Free Press, New York.

在随后的几年里，我会不时与尼默见面。即便到了90岁，他的热情仍然没有消退，他仍然在讲授关于定价的课程并为客户提供咨询。2012年，在这位定价领域传奇人物的90岁诞辰之际，定价圈的伙伴们编撰了一本超过400页的巨著[1]向他致敬。我很荣幸为这本诞辰纪念著作创作了“定价咨询是如何走向成熟的”（*How Price Consulting is Coming of Age*）一章。

所有的这些际遇和联系使1979年成为我个人定价旅途中的一个重大转折点。尽管如此，我仍然花费了6年的时间才找到方法将当中的情感、动机、理论、数学和研究这些方面串联起来，并为企业提供他们真正需要的支持。在1979～1985年，我继续在学术界致力于提高人们对定价重要性的认识，以及倡导定价研究的魅力。

定价学教授：学术仍然是我唯一的选择

1979年秋天，我开始在多所大学和商学院教授企业管理，我的研究主要集中在定价学。这段经历直到1982年我出版第一本书《价格管理》（德语书名：*Preismanagement*）才结束。1989年其英文版付梓，书名为*Price Management*[2]。这个书名看起来似乎很简单，但我为这本书的名字深思熟虑了很久。“价格管理”这个理念在当时并非主流，如果有哪些词是比较常用的，那会是“价格理论”或“价格政策”。前者论述的是我最初接触经济学时遇到的高度量化的概念，价格最终必须是量化的，我们得用数字表达它们；后者“价格政策”描述了商人

---

[1] Smith GE (ed). Visionary pricing: reflections and advances in honor of Dan Nimer. Emerald Publishing Group, Bingley.

[2] Simon H (1989). Price management. Elsevier, New York.

真正做些什么，它是高度定性的。价格策略和流程很多时候仅以口头形式存在，即使有书面记录，也通常只提及原则，缺少客观的量化分析和明确的关键指标。

我希望通过“价格管理”这个术语将割裂的学术界与现实世界重新连接起来，真正帮助那些每天都需要做出价格决策的管理者、销售人员和财务团队。也就是说，我尝试将这些量化的、理论性的概念变得浅显易懂和实用，使得经营者们可以为自己的公司做出更好的价格决策。

在担任大学教授期间，我定期开展面向经营者的价格管理讲座和研讨会。同时我还指导了许多有关这个主题的硕士论文和博士论文。其中很多论文不仅解答问题，也提出了很多新的问题。它们与其他研究相结合，扩展和深化了定价管理的知识体系。这也解释了为什么 1992 年出版的《价格管理》第 2 版增加到了 740 页。定价学知识体系的发展实际上也反映了业界对定价洞察需求的增长。

定价顾问：我们将理论应用于实际

从 1975 年开始，我就持续在赫斯特公司（Hoechst）一个为期三周的“高潜力人才”管理培训班上授课。赫斯特是一家大型化学公司，也是当时世界上最大的制药公司。我以客座教授的身份在欧洲工商管理学院、伦敦商学院、日本庆应义塾大学（东京校区）、斯坦福大学和哈佛大学授课，脚步遍布世界各地的商学院。同时，我开始为企业提供咨询。一开始这只是一份副业，权当是对我苦闷的学术生活的调剂。随着时间的推移，我认为是时候采取下一步的行动了，即采用丹·尼默在 20 世纪 70 年代所创造的头衔，大胆称呼自己为“定价顾问”。

我的第一个咨询项目的对象是化学巨头巴斯夫公司（BASF）。巴斯夫公司的管理层告诉我，他们需要重新考虑工业油漆业务的市场划分策略，希望我们提供这方面的支持。不久后，我们接到了来自赫斯特公司的项目，这两家化工企业是我们早期最大的客户。到了 1985 年，我在德国乃至欧洲制造业内颇有名气，并被德国管理学院任命为院长。几乎所有德国大公司的管理者都是其成员，我也因此在很短的时间内，结交了众多德国制造业的精英。

我们很快发现，要把咨询服务做得专业，唯一的办法就是成立一家咨询公司。因此在 1985 年，我和我最早指导的两位博士生——埃克哈特·顾和（Eckhard Kucher）和卡尔－海因茨·塞巴斯蒂安（Karl-Heinz Sebastian），共同创立了西蒙顾和管理咨询公司（尽管彼时公司名还并不叫这个）。与撰写《价格管理》这本书背后的出发点一样，我们希望将学术理论和方法应用到现实问题的解决中。埃克哈特·顾和和卡尔－海因茨·塞巴斯蒂安负责这家初创公司的日常运作。他们在还没有建立起自己的行业关系前，主要依靠我之前所建立的行业关系来开拓业务。不久后又有 3 位员工加入公司，我们在第一年实现了 40 万美元的销售收入。在 1989 年，公司有 13 位员工，销售额达到 220 万美元。业务增长速度虽然不快，但是很稳健。随着时间的推移，我们越来越相信我们抓到了一个咨询市场的空白点。

正如我前面形容丹·尼默那样，一个经验更丰富的、名气更大的前辈对你所做的事情感兴趣，这会给你极大的鼓舞。大概就在那个时候，世界知名的管理学思想家彼得·德鲁克（Peter Drucker）给了我们进一步的支持和启发。我和他就定价展开了很多有趣的讨论，他一直鼓励我实现将定价理论和研究应用到实际当中的目标。

有一次，我去他在加利福尼亚克莱尔蒙特的家中拜访，他跟我说：“你对定价重要性的认识让我印象深刻。这个领域其实是市场营销中最容易被忽视的部分。”德鲁克洞察到了定价和利润之间的关系，同时也深谙企业的定价潜力，这和我在读博士时的研究发现不谋而合。

定价背后反映的经济和道德的逻辑关系激起了德鲁克的兴趣。他清楚利润是企业赖以生存的根本，赚取足够高的利润是企业生存的一种手段。我对这两点深有同感。在 21 世纪，“利润”一词似乎成了一块磁石，常常与各类争议和负面舆论同时出现。德鲁克一贯主张应在利润与道德之间达到一种平衡。他警告世人不要滥用市场支配权，他就价格透明度发表言论，倡导公平的市场行为。同时，他清楚盈利的重要性，并于 1975 年在《华尔街日报》(*The Wall Street Journal*) 发表了一篇非常富有表现力的评论：

> 企业投入的资金成本需要利润，应对明天潜在的风险需要利润，支付未来雇员的工资和退休金需要利润。企业盈利不会“撕裂”社会，企业无法做到盈利才会。

在 21 世纪初期，他曾跟我说：“今天的定价策略基本都是基于猜测，你现在所从事的工作其实是一项创举。我认为要好长一段时间才会有竞争者追赶上来。”[㊀]2005 年，在他去世前不久，还为我和我的两位同事合著的《利润至上》(*Manage for Profit, not for Market Share*) 写了一封推荐信：“市场份额和盈利之间必须是一种平衡关系，但盈利

㊀ 来自彼得 · 德鲁克的私人信件，2003 年 7 月。

的重要性一直被忽略了。因此，这本书的出现十分有必要，它扭转了人们一直以来的认知偏差。”[⊖]

到了1995年，我们的小咨询公司已经发展为一家拥有35位雇员、年营业额达790万美元的公司。这时，我决定不再一心二用。我结束了学术生涯，全身心投入公司的运作。公司的核心业务是提供定价管理咨询服务。1995年我出任西蒙顾和管理咨询公司的首席执行官。2009年起，我转任公司主席。

截至2021年，西蒙顾和的年营业额增长到超过5亿美元，拥有雇员1700多人，分布于全世界26个国家的42个办事处。现在，西蒙顾和已经是世界公认的定价咨询领域领导者。

从初次涉足农贸市场到最近的中国巡讲之行，我见过成千上万种不同的价格形式。虽然这一段用毕生努力去探索定价科学的旅程充满了挑战：价格是怎么设定出来的？为什么它们是可行的？它们是如何发挥作用的？但这段旅程很多时候也非常有趣，尤其是在那些我和同事们揭开了曾经一度被菲利普·科特勒教授认为是难以捉摸但事关真实商业世界的科学秘密的时刻。在阅读本书的过程中，你会遇到很多这样的时刻。但我同样经历过挫折、迷惘，以及无助。这样的时刻你同样可以在本书中找到。

帮助公司制定新的定价方法并使用它，最终为消费者和公司带来

⊖ 来自多丽丝·德鲁克（Doris Drucker）的私人信件，她是彼得·德鲁克的太太。2005年11月2日，她在信中写道：“我很遗憾地告诉你彼得病得很重。他彻底病倒前口述了一封信给你，秘书刚刚拿过来给他签字。”附在这封信之后的就是他为《利润至上》写的推荐信。他和我本来计划于2005年11月12日在他家见面的。在约定时间的前一晚，我从墨西哥城给他打电话确认见面安排。德鲁克太太接了电话，说：“彼得今天早上走了。”我非常震惊。

双赢的结果，这对我们来说就是最大的成功。1992 年，我们为德国业界巨无霸——德国铁路公司（以下简称“德铁”）引入了预付费折扣卡（BahnCard），这一理念受到了消费者及公司的极大欢迎。消费者喜欢它，因为它使出行安排变得更简单，而且也让价格变得前所未有的透明；公司很认可它，因为通过收取卡费，它为公司提供了稳定的收入来源，而且随着越来越多人把火车视为一种经济实惠的出行方式，它为公司带来了更高的收益。

在戴姆勒公司向市场推出革命性的梅赛德斯 - 奔驰 A 系列轿车的时候，我很自豪帮助它们成功走上了相对高的价格路线。保时捷多年以来新车型定价方案的背后都有西蒙顾和的身影；全球范围内超过 30 家顶级的“独角兽”企业采纳我们的建议设计实施他们的商业模式，等等。

成就以上这些成功的关键一点，是拥有对未来趋势的预测及估计其影响的能力。在某些行业，例如石油开发业，特殊事件的影响可能需要好几年的时间才会逐渐显露出来。然而，有时候世界在短短几分钟内就发生了改变。我们当时为世界上最大的旅游运营商之一——途易集团（TUI）制定了新的定价方案，并打算在 2001 年 10 月 1 日上线。然而当年 9 月 11 日在纽约发生的恐怖袭击使得这套定价方案背后的每一个假设、每一项分析、每一条建议都失去了意义。然而，让人欣慰的是，一年之后我们收到了一封来自途易集团高层的邮件：制订这套定价方案的努力并没有白费。如果公司当时继续沿用原来的价格体系，那么面临的局面将更艰难。

你可以把泽尔腾教授设计的游戏视为我人生中的第一次成功定价，

因为它让我明白了价值、激励和沟通的重要性。不像之前在农贸市场的经历，这次我有机会通过谈判影响我的收益。如果你是A参与者，你会怎么想？很久之前的那个下午，作为A参与者的我，也是和B参与者们进行了多轮谈判，才最终结成了联盟并维持了游戏所要求的10分钟。两名B参与者最后各拿走20美元，而我可以拿走剩下的60美元，比预期的多20%，这在当时对一个学生来说可是一大笔钱。[1]定价其实就是对于人们如何分配价值的反映。这次实验是我学习生涯中最精彩的一笔。

毋庸讳言，作为定价顾问，我也经历过一些失败的案例，或者是因为客户没有执行我们的定价建议，或者是因为价格的变动并没有在市场中产生预期的效果。幸运的是，失败案例是极少的。我也曾与拒绝接受我们建议的客户展开过很多激烈的讨论，但有时尽管是在事后也很难断定哪一方的观点是正确的。企业经营者可能面临多种选择方案，最终只能选择其中一种。这些决定涉及多方面的考虑因素，还需要面对很多市场动态变化所带来的挑战，所以百分之百确定的决策几乎是不可能的。

每个人在创造价值的同时也在消费价值。生活中，我们总在不断地判断某样东西值不值得我们花这个钱，或者是在尝试说服别人去花这个钱，这就是定价的精髓所在。所以，请随我踏上旅程，探寻这奇妙的世界。

---

[1] 由于A参与者可以拿到等同于B参与者双倍的奖金，所以根据预期的分配原则，A参与者可以拿到50美元的奖励，而另外两名B参与者每人可以拿到25美元。但任何结果都是有可能的，这完全视谈判结果而定。

第2章

价格无处不在

所有市场经济活动都离不开价格。试想一下，一家公司所获得的每一元钱的收入或利润都来自一个直接或非直接的价格决策。一切围绕价格转。尽管价格无处不在——成千上万的书和无数的文章都致力于向人们剖析定价，但仍有很多人对价格几乎一无所知——价格是如何产生的？它有哪些影响？

当你的脑海中浮现“价格”这个词的时候，你会想到什么？当然，你可以打开维基百科或者百度百科输入“价格”，然后就可以得到一个关于价格的概要解释，和我们很多人在大学经济课程中所学到的定义相差不大。快速打开任何一本与经济学相关的书，你会看到价格的作用是平衡供需关系。在竞争激烈的市场，定价是经营者的首选武器，是他们抢占市场最常用的一种方式。他们有一个共识，那就是：要迅速而有效地提升销售额，市场上没有比降价更有效的手段了。价格战随处可见，但结果往往是给利润带来毁灭性的打击。

经营者们往往对价格怀有一种恐惧感，尤其是当他们要去提高它的时候。这情有可原：没有人能绝对确定客户对价格的变动持什么样的态度。如果我们提高价格，客户还会继续保持品牌忠诚度吗？他们会不会奔向我们的竞争对手？如果我们的产品降价，他们真的会购买更多吗？

打折和特价促销这两种典型的降价方式在零售业是常见现象，但它们无论是在频率还是深度方面均有愈演愈烈的趋势。近年来，世界上最大的啤酒市场，其促销销量占啤酒总销量的50%。[一]仅两年后，约70%啤酒的零售销量来自特价促销活动，折扣力度高达50%。[二]不管这样的促销是出于把握商机的需求，还是营销的必要手段，都清楚地表明了经营者认为激进的定价有助于销售业绩的增长。果真如此吗？

要更好地认识这个不确定因素，你只需要听听百思买（Best Buy）首席执行官休伯特·乔利（Hubert Joly）的一席话。那是2013年于美国节假日期间遭遇了销售滑铁卢后他说的："浓烈的促销氛围并没有带来更旺盛的行业需求。"实际上，《华尔街日报》曾报道："百思买的激

[一] Kapalschinski C (2013). Bierbrauer Kämpfen um höhere Preise. Handelsblatt, January 23, 2013, p. 18. 案例中的啤酒市场是指德国。

[二] Brauereien beklagen Rabattschlachten im Handel. Frankfurter Allgemeine Zeitung, April 20, 2013, p.12.

进打折活动对吸引消费者购买更多的电子产品没有起到任何作用，仅仅是降低了产品的销售价格。”

调整价格是高风险的决策，因为当这个决策被发现是错误的时候，伴随而来的后果苦不堪言。在2013年节日季销售数据曝光的第二天，百思买的股价就下跌了近30%。就是因为价格变动会对以顾客和股东为代表的民意有如此灾难性的、全国范围的影响，所以经营者在不是百分之百确定的时候，都会对调整定价措施敬而远之，而将注意力转至更具体、更可掌控的事物上面：成本管理。成本管理涉及内部管理和供应商关系管理，经营者们一般认为这两方面相对没那么敏感，而且比客户关系更容易处理。

是的，定价充满不确定性，像是笼罩着一层神秘的面纱。如同其他科学分支，我们挖掘得越深就了解得越多，就会发现更多的问题。在过去的30多年里，我们在认识和使用定价手段、战略、策略方面取得了巨大的进步。古典经济学的发展完善了价格体系，如非线性定价、捆绑销售和多人定价。到了21世纪初，人们对行为经济学的兴趣日益高涨，并开展了很多相关研究，揭露了很多之前古典经济学无法解释的现象。我们在第3章将会提到更多与行为相关的有趣发现，但首先，让我们进一步研究一下价格，它们从何而来，以及有哪些影响。

“价格”究竟意味着什么

提到“价格”，许多人很可能会第一时间想到它最基本的形态：为某一商品或服务所支付的货币单位的数量。它让事物价值的计算变得简单而具体，1 升汽油大概 7 元，一杯美式咖啡大约 10 元，而一张电影票可能得花上 60 元。我们日常生活中遇到的很多产品和服务都有类似的价格标签。然而，这个价格标签就代表价格的全部了吗？

如果你加满油箱的油，那么你就可能获得一次洗车优惠。购买咖啡的时候加一个甜甜圈或牛角面包，可以享受优惠价。你的电影票是用积分兑换的，开映前你停留在电影院小卖部的前面，还没来得及看各种商品的单价，你的眼球很可能就被各种套餐组合吸引了（大杯饮料 + 大份爆米花）。

情况甚至可以更复杂。请尝试着不假思索地回答以下这些问题：你手机套餐中 1 分钟通话的花费是多少？你支付的家庭用电每千瓦时的价格是多少？你每天的通勤费用是多少？常人一般难以立马给出答案，因为对于很多商品或服务来说，价格是有很多个维度的，人们很难梳理出真实而确切的数字。

即使当价格只有一个维度的时候，“多少钱”这个问题还是会受多种不同的价格参数影响，正如表 2-1 所示。

表 2-1 价格的多个维度

- ▶ 基本价格
- ▶ 折扣、奖励、返现、条款、特价
- ▶ 根据套餐大小或产品种类而定不同的价格
- ▶ 根据客户群体分类（如小孩、长者），当天不同时间段、地点，或者产品周期的不同阶段而定不同的价格
- ▶ 互补性产品的价格（剃须刀和刀头，电信服务和移动数据套餐）
- ▶ 特殊或额外服务的价格
- ▶ 价格的两个或多个维度（如：预付费和使用费）
- ▶ 捆绑销售价格
- ▶ 基于个人谈判而得出的价格
- ▶ 批发价、零售价和生产商建议零售价

价格，从你实际所支付的金额这个方面来说，其实是其复杂性的体现。几乎没有人能弄明白电信公司、银行、航空公司或公共事业的价格体系。互联网的出现大幅提升了价格的透明度，是消费者们的福音。但是海量信息，加上让人眼花缭乱的相似产品和同质化卖家，常常在不经意间抹去了消费者的信息优势。网上商品的价格常常以分钟或小时为单位在改变，这也使任何让价格变得透明的可能性快速消逝。作为消费者的你，到头来还是一头雾水，甚至更搞不清楚情况。

德国各大银行的价目表里面通常有几百项收费的项目。批发商经营成千上万种商品，每种商品的定价都自有其奇妙之处。汽车主机厂和重型机械制造商生产几十万种零配件，这就意味着它们需要几十万种价格。如果在这方面也设有大奖的话，那么大奖得主很可能是各大航空公司，因为它们每年产品价格的调整次数是数以百万计的。

那么客户要如何应对这些杂乱的价格、价格变量和价格调整呢？在迪拜的一场专题研讨会上，我请一位来自阿联酋国际航空公司——全球最大航空公司之一的管理者解释一下他们公司纽约－迪拜航线的定价是如何运作的。

他尴尬一笑，说："这是一个大难题。"

"是的，这是一个难以回答的问题，"我表示同意，"但数以百万的旅客每天都要思考类似的问题。"

通过人工搜索去弄明白这个问题几乎是不可能的。比价网站，如客涯网（kayak.com）的出现在一定程度上让这项任务变得简单，前提是消费者得相信比较对象的价格透明度和质量。但如果连一家公司的管理者们都很难解释清楚他们的定价，就真的难以想象定价在公司内部是如何运作的了。他们究竟在多大程度上了解他们的定价决策对销量、收入和利润的影响？

我无意针对阿联酋国际航空公司和它的航空业同行们，事实上，很多行业都面临同样的挑战。定价的复杂性和多面性是把双刃剑：正确的决策可以为商家带来丰厚的回报；错误的决策会让企业付出沉重的代价。正确的价格或价格结构往往只有一个，而错误的方式却不尽相同。俄罗斯有句谚语形容得很贴切："市场上有两类傻瓜，一类要价过高，而另一类则要价太低。"消费者也面临类似的挑战。每个人应该都有过类似的愉快经历，就是你事先做的调查和努力让你节省了一大笔钱。但我们所有人应该也都曾经有过花了冤枉钱而捶胸顿足、后悔莫及的时候。无论你是企业经营者还是消费者，无论你是卖家还是买家，都在寻找价值和价格之间的平衡点。

不管是卖家还是买家，你做的决定不可能永远都是最正确的。但过往几十年的相关经验让我明白：适当的"定价智慧"能帮助你减少犯错的概率。我们对价格及其运作机制了解得越多，就越有可能打造一家成功的企业，或者从铺天盖地的价格信息中寻求到更好的交易。

"价格"的别名

普通的商品和服务都有自己的一个"价格"或"价格吊牌"，但"价格"这个词对某些行业来说太生硬了。保险公司从来不说"价格"，他们称之为"保费"（premium），听上去更文雅，更不容易惹人讨厌。律师、顾问和建筑师收取专业服务费（fees）或者酬金（honorium），私立学校收取学费（tuitions），政府部门和公共事业部门收取服务费、税费（taxes），有时还增收附加费（surcharges）和附加税（surtaxes）来支付垃圾清理、学校运作、驾照的发放和检查等事务的费用。高速公路、桥梁、隧道往往按次收取通行费（tolls），公寓租户每月交租金（rents），经纪人收取佣金（commissions），英国的私人银行不会给客户发送服务价目表，它们只是愉快地制定“费率表”（schedule of charges），供客户自行查询。

然而，你在价目表或吊牌上看到的价格往往不是最终价格。在 B2B 交易中，很多价格是有谈判空间的，供应商和中间商把“价格”视为不同战场上的战争。价目表上的价格充其量只是作为参考或谈判的起点，交易双方会就相关条款进行激烈的谈判，如折扣、支付条件、订单起订量、发票上 / 发票外的返点等。而世界上某些地方无论是商业还是私人交易，至今还采用实物交易的形式。

“酬劳”是另外一种模糊交易本质并使得定价更复杂的委婉表述方式。回想一下你上一次的绩效考核，你的脑海里很可能永远也不会用“价格”这个词来度量你对公司的贡献。反之，你用了以下这些词，如薪水、工资、奖金或津贴等。带薪假期则是一种更隐晦的价格表达方式。

无论你怎么称呼它，价格终究是价格。我们一直在做关于某一事物是否值得我们花钱的决定，或者在尝试说服其他人去花钱。这就是定价的精粹所在——不管我们怎么称呼那些价格，或者买卖双方通过什么方式来完成交易，万物皆有价。

价格＝价值

人们无数次问我价格的本质是什么，我只回复一个词：“价值。”

当我被要求做进一步解释的时候，我会说："价格的本质是为客户创造的价值。"客户愿意支付的价格就是企业能够取得的价格，而客户愿意支付的价格反映客户对某一商品或服务的价值感知。如果能提高客户的价值感知，那么他愿意购买的意愿会相应提高。反过来也是一样的道理：如果客户认为某个产品的性价比不如同类竞争对手的商品，那么他的支付意愿则会降低。

"价格感知"是其中的关键词。一家公司尝试去计算产品能卖什么价格的时候，要明白客户主观感知的价值才是其中的关键所在。产品的客观价值或其他价值衡量方式（例如马克思理论认为价值是根据人们投入的工作时间来决定的），并没有带来本质上的影响。它们只是在某种程度上影响消费者对某种事物价值的判断和是否愿意以某一价格去购买它。

古罗马人深谙价格和价值之间的关系，这从他们的修辞中就可见端倪。拉丁语中" pretium"既指价格又指价值。也就是说，在古罗马人的认知里，价格和价值是一体的。企业经营者在定价的时候应该遵循这个有效准则，这意味着价格管理有三项任务：

- **创造价值**：材料的质量、性能表现和设计，所有这些都会影响客户的价值感知。这也是创造力应该发挥作用的领域。
- **传递价值**：你如何影响客户感知。它包括你如何描述你的产品、你的销售主张，以及你的品牌。价值的传递还包含产品包装、产品性能表现、线下或线上的产品展示。
- **保持价值**：售后服务是形成持续的、积极的价值感知的决定性因素。对价值可持续性的预期是影响客户是否愿意购买奢侈品和汽车等耐用消费品的决定性因素。

定价流程应与新产品开发流程同步。企业必须在产品研发阶段开始分析研究客户价值和定价，并进行多轮论证，而不是在产品上市前夕才开始。客户和消费者同样有功课要做。古老的格言“买者自负”（源自拉丁语 caveat emptor）和“一分钱一分货”就是最恰当的提醒。作为买家，你一定要确保很清楚某一商品或服务给你带来的价值，然后再决定你愿意花多少钱购买它。对价值的清楚认知是你在决定购买前最好的保护伞，它避免你做出后悔的决定。

我必须坦白我是亲历了血泪教训才明白这个道理的。在我的家乡，村落的农场都很小，所以两三户农家共同使用一台收割打捆机是常态。这就意味着在收割季节我们要相互帮忙。当我 16 岁的时候，我受够了这种耗费时间的常规工作，决定要做一些改变，希望因此我们家可以独立。没有得到父亲的同意，我就花 600 美元买了一台二手收割打捆机。价格看起来非常合理，我为自己能买到如此便宜的机器而感到自豪。然而，我们在第二年的收割季节使用它时，很快就发现结果让人沮丧。这台机器使用的是一套我们不熟悉的新系统。事实证明，它操作起来很困难，而且各种故障不断。便宜没好货！挫败感困扰了我们整整两年，直到我们永远将这台机器报废。我从中学到了重要的一课。正如法国谚语所说：“价格被遗忘，质量将永续。”（Le prix s'oublie, la qualité reste.）大致意思就是，远在你早已忘记产品的价格之后，你所买到产品的性能好坏还在影响着你。

西班牙著名哲学家巴尔塔沙·葛拉西安（Baltasar Gracian, 1601—1658）有一句名言讲述了相同的道理，可惜我在收割打捆机事件的很多年之后才读到，“这是最糟糕也是最容易犯的错误。宁可在商品的价格上受骗，也不能在其质量上受骗”。[一]我有时很好奇，政府机关或企

[一] Gracian B (1991). The art of worldly wisdom. Doubleday, New York, p. 68.

业在实际工作中通过竞标来选出最低价格供应商的时候有没有考虑过这一点。

是的，花了冤枉钱让人沮丧。但是，如果买来的产品能够满足工作需要，这种被人敲竹杠的愤怒感会慢慢淡去。更糟糕的情况是产品有缺陷，这种情况下，挫折感会一直跟随你，直到产品寿终正寝或者你决定丢弃它时。我的教训就是在追求更高性价比的同时不能放松对品质的要求。诚然，说比做容易。

这让我想起我和一位国际税收顾问初次打交道的事。当时是我第一次遇到复杂的税收问题需要咨询，他花了大概30分钟解答我的问题。事后，他给我寄来了一张1500美元的账单。这贵得太离谱了吧，以致我坚信是他搞错了，所以我给他打了个电话。

“您不认为半小时的咨询服务就收这么多钱有点过分了吗？”我问。

“让我们这样来分析吧，西蒙先生。”他向我解释，“你本来可以咨询普通税收顾问，他们很可能会花3天的时间去解答你的问题，而且给出的建议还可能是次优的。而我在15分钟内弄明白了你的问题，然后花15分钟给你提供了最优解决方案。”

他是对的。我现在往回看，他的建议对我来说的确是最优的。通过这次经历，我学到了“好建议不贵”的道理。如果你能认识到它的价值，它的价格就是合理的。当然，挑战在于我们往往只有在事后才能认识到好建议的价值。在支付此类费用的时候，需要信任甚至是孤注一掷的决心。在解决方案上所花的时间和它的质量几乎没有关联性。

价格记忆是短暂的，很快会被遗忘。多项消费者调研和行为学研究显示，就算对于刚买来的产品，我们有时都想不起它的价格。但是，产品不管质量好坏，都会长期伴随着我们。每个人可能都有过这样的经历——受价格优惠蛊惑一时冲动很快购买了某件产品，事后却发现这件产品远远达不到我们的最低预期。很多人可能也经历过花大价钱买了一件产品，最后惊喜地发现产品的性能远远超出预期。当我母亲在 1964 年决定买一台洗衣机的时候，她选择了美诺（Miele）牌洗衣机。洗衣机的价格对于当时一个贫穷的农民家庭来说无疑是天文数字，但她从来没有后悔过做这个决定。直到 2003 年她去世的时候，那台洗衣机依然运转良好。

创造和传递价值

为客户提供真正的价值是企业成功的必要条件，但并不是充分条件。我常常听到很多经营者信奉“酒香不怕巷子深”，这种情况在工程或者理工科教育背景的经营者身上尤其常见。某大型汽车主机厂的一位董事会成员对此深信不疑：“如果我们生产的车的质量很好，就没必要担心销量问题。”他在 20 世纪 80 年代中期跟我说过这么一句话。今天，这家公司正深陷经营困境。

多么严重的错误！

幸运的是，现在的企业经营者们的思维已经发生了转变。2014 年，世界上最大的汽车主机厂之一大众汽车集团的前首席执行官马丁·文德恩（Martin Winterkorn），在一场专题讨论会上曾说：“我们需要制造性能卓越的汽车，但品牌和产品一样重要。”[1]这番话出自一位工程师出

[1] Workshop on the implementation of multibrand strategies within pricing, Wolfsburg, Germany, March 5, 2009.

身的经营者之口，令人刮目相看。类似的言论在几十年前是不可能听到的。

与此同时，还有什么发生了变化？聪明的企业经营者们敏锐地意识到，除非能成功地向客户传递价值，否则创造价值本身并没有意义。这就意味着客户要懂得欣赏他们所购买的产品。记住，最根本的购买动力源自客户眼中的感知价值。然而，企业经营者即使明白了这个道理，执行起来却依然很困难。他们的最大挑战在于难以真正了解并量化与客户利益紧密相连的次级效应和无形效益。

为了更好地理解什么是次级效应，请看以下这个例子：设想你从事空调销售业务。你的公司为物流公司设计安装在长途运输重型卡车上的特殊空调设备。如果客户向你询问产品的质量——它们有什么特别的优点，你很可能会拿出一张技术规格表并告诉客户它制冷的速度有多快，它的操作多么方便，以及它的静音性能多么出色。但如果我让你告诉我是什么真正决定了你们公司的产品对物流公司的价值，以及价值具体是多少，你会如何作答？

如果面对这个问题你只能摇摇头或者耸耸肩，请不用太在意。当我向一家真的生产这些空调的公司提出同样的问题时，我得到的回应是完全一样的。为了找到答案，这家公司委托我们进行关于目标行业终端用户职业健康和安全的市场调研。调研结果显示，空调设备价值的决定性因素在于减少事故发生的次数和司机病假的天数。这就是次级效应的一个典型例子。通过让司机身处凉爽和舒适的环境（一级效应）从而使得司机能更安全地行驶，保持身体健康，实现更多的在岗时间（次级效应）。意识到改善司机舒适度的重要性并非难事，难点在于这类软因素是很难量化的。然而，物流公司能衡量的是更少的意外事故和病假能帮公司节省很多开支。这些确切的利益远远大于为卡车安装空调设备的成本。这家空调制造商在与客户谈判的过程中很好地利用了调研数据来达到产品价值传递这一目的，增强了谈判的话语权。

第 1 章提到的铁路服务预付费折扣卡显示了无形效益的力量。你可能想起来了，我的团队曾经为德铁推出过一种预付费折扣卡 BahnCard。每张车票享受 5 折优惠的承诺吸引了数以百万计的民众注册使用 BahnCard，并比以往更频繁地搭乘火车出行。但是这家公司发现，很多持卡人都没有充分使用该卡，尽管那些人每年都续卡。换言之，他们节省下来的钱其实比卡本身所花的钱要少。

但这种结论是没有任何经济参考意义的，除非你把无形效益因素也考虑进来。人们心甘情愿为之付费的两种最主要的无形效益是便捷和安心。以 BahnCard 50 为例，持卡人因此节省了大量时间，也避免了多花钱带来的挫折感，因为他们可以在任何时间、任何线路以 5 折的优惠价购买车票，并且清楚他们选择去往目的地的交通工具极可能是最划算的。通过这种附加的无形效益，德铁把客户脑海中的预付卡价格合理化，就算有时有些客户并没有搭乘足够的次数来抵消购卡的费用。

现代研究方法的出现让市场研究者可以把无形效益，如品牌、设计和服务，通过货币价值的方式量化。明白了这一点，公司可以设计高质量而无过度设计之虞的产品，基于客户洞察的产品定价也有更大可能获得目标客户群的认同。

对于很多产品，尤其是工业产品来说，最有效的价值传递方式就是价值量化。下面这张表格来自通用电气公司 2012 年度报告。通用电气公司在产品定价领域一直是领先者。表 2-2 以美元为单位，显示了节能带来的货币价值令人咋舌。表中的时间跨度是 15 年，正是因为通用电气产品的价位对很多人来说是一笔很大的投资，所以产品的预期寿命至少应该有这么长。

表 2-2 通用电气的价值宣传表

1% 的力量 1% 的改变能够为顾客提供无限的价值		15 年可以节省的费用
航空业	节省 1% 的燃料	300 亿美元
电力业	节省 1% 的燃料	660 亿美元
铁路	改善 1% 的系统效率	270 亿美元
医疗保健	改善 1% 的系统效率	630 亿美元
油和天然气	减少 1% 的资金支出	900 亿美元

只要有可能，你就应该尝试将客户价值量化成具体的数字。相比工业品，消费品的价值量化无疑更具挑战。正如广告大师大卫·奥格威（David Ogilvy）曾经写道，可口可乐从来不会通过告诉人们自己在配方中多放了多少可乐原浆来尝试打败百事可乐。[⊖]口碑、质量和设计等定性指标都难以用数据证明。然而，时间具有量化一切定性指标的神奇力量。电器制造商德国美诺通过持续地向大众灌输它们的电器拥有 20 年使用寿命的方式解决了这个问题。我母亲的那台美诺洗衣机事实上使用了近 40 年。一个产品怎样才能算得上是可靠、省心和便捷，每个消费者有自己的理解，关键在于企业能够信守承诺。美诺做到了这一点。这就解释了为什么在高昂的价格下这个企业仍然保持接近 100% 的重复购买率：只有能让顾客真正感知到的价值才能创造购买的意愿。

⊖ Ogilvy D (1985). Ogilvy on advertising. Vintage Books, New York.

精准定价的成功案例：2012 年伦敦奥运会

对于 2012 年伦敦奥运会的巨大成功，定价是一个决定性的因素。负责管理票务项目的保罗·威廉森（Paul Williamson）不仅利用价格有效拉动收入和利润，更把它变成一个强有力的沟通工具。[⊖]价格设计仅通过数字本身，无须任何标注，就产生有传播价值的讯息，如当年奥运会最低的票价设定为 20.12 英镑，最高为 2012 英镑。“2012”这个数字一遍又一遍地重复出现在票价上，使得每个人一看到这个标价就会马上联想到 2012 年伦敦奥运会。

伦敦奥运会对 18 岁以下的未成年人采用“按龄付费”的定价逻辑：一名 6 岁儿童的票价是 6 英镑，一名 16 岁少年的票价则是 16 英镑。这个价格设计引起了异常积极的反响，媒体对这个做法进行了无数次报道，甚至英国女王和首相都公开称赞这个“按龄付费”的定价策略。定价不仅成了有效的沟通工具，也彰显了社会公平。年长者同样可以以较低的价格购买门票。

这个定价体系的另一个重要特点是杜绝折扣。即使某些赛事的门票没有售完，伦敦奥运会的管理层仍然坚持这个政策。这样的做法向人们传递了一个清晰的价值信号：赛事和门票都物有所值。管理团队同样摒弃了体育界常见的一种做法——将热门和冷门赛事的门票打包销售（差不多是买菜送把葱的意思）。但是，延续以往奥运会的惯例，奥运会赛事期间当地公共交通的车票仍与赛事门票捆绑销售。

组委会主要依靠网络渠道来进行宣传和门票销售，约 99% 的门票

⊖ Vgl. Williamson P (2012). Pricing for the London Olympics 2012. Speech at World Meeting of Simon-Kucher & Partners, Bonn, 14 Dezember 2012.

通过线上售出。在奥运会赛事正式开始之前，更重要的是要实现 3.76 亿英镑，即 6.25 亿美元的门票收入目标。通过设计巧妙的价格体系和推出有效的宣传活动，威廉森和他的团队创造了 6.6 亿英镑，即 11 亿美元的门票收入，远远超过了既定目标。超出预期目标 75%，这比前三届奥运会（北京、雅典和悉尼）的门票收入加起来还要多。伦敦票务团队的成功证明，强烈的价值感知加上出色的沟通宣传能够唤起更高的购买欲。

接下来的案例更为精彩。

科学定价的成功案例：火车优惠卡

一个崭新的价格体系能带来革命性的影响。在 20 世纪 90 年代初，德铁深陷经营危机。越来越多人在出行的时候选择自驾，而不搭乘火车。昂贵的火车票是其中一个重要的原因：同样的距离，搭乘火车所需成本是自驾所需汽油费的近两倍。

在 1991 年秋天，当时德铁负责乘客运输的首席执行官 Hemjö Klein 向我们抛出了一个难题：找到一个能让搭乘火车出行比自驾出行更具价格优势的方法。我们研究发现，当人们对比铁路和自驾两种出行方式的成本时，会更多地考虑汽油的支出，也就是他们所谓的“现金成本”。在当时，乘坐德铁二等座的费用大约是每公里 0.16 美元，而驾驶诸如大众高尔夫这类油耗低的汽车只需要大概每公里 0.1 美元的汽油费。这意味着一段 500 公里的旅程，人们搭乘火车需要支付 80 美元，自驾的汽油费只需要 50 美元。在如此巨大的价格劣势下，德铁想实现逆袭看起来机会十分渺茫。我们不可能为了与汽车出行方式竞争，而大幅降低铁路票价至每公里 0.1 美元以下。

如果直接大幅降价不可行，那么什么办法行得通呢？当发现原来汽车出行的实际成本由两个部分组成的时候，我们找到了突破口。这两部分分别是我们每天能够感知到的可变成本（如汽油）和通常被忽略的固定成本（如保险、折旧、消费税等）。将火车出行的成本拆分成固定成本和可变成本两部分，是不是可行呢？

是的，这可以行得通。火车优惠卡 BahnCard 由此诞生。

摒弃以往火车一程一价的做法，新的价格体系包括火车票（可变成本）和 BahnCard 年费（固定成本）两个部分。第一版二等座 BahnCard 在 1992 年 10 月 1 日投入使用，它的年费大约是 140 美元。一等座优惠卡也在几个星期后面市，年费约为 280 美元。老人和学生购卡半价。拥有优惠卡的乘客在平日购票可以享受 5 折优惠。一次火车出行可变成本因此降至每公里 0.08 美元，明显低于常规汽车出行每公里 0.1 美元的成本。

BahnCard 50（票价折扣为 50% 的优惠卡）一经面市就获得巨大成功。在随后的 4 个月，德铁售出了 100 多万张优惠卡。销量逐年攀升，在 2000 年哈特穆特·梅多恩（Hartmut Mehdorn）接任德铁首席执行官的时候，其销量达到 400 万张。梅多恩对航空业有着强烈的个人喜爱，被认为是德国最为强硬的经理人之一。他所聘请的航空业背景的咨询顾问在 2002 年取消了 BahnCard 50，引入了一个与航空旅行类似的、需要乘客预订的新体系。但是梅多恩的计划既没有考虑个人消费者的诉求，也低估了社会舆论的影响。2003 年春天，德国民众对于德铁取消了 BahnCard 50 的做法怨声载道。那年 5 月初，我在法兰克福的一个会议上偶遇梅多恩，我问他为什么废除了优惠卡。

“它已经不再适用于我们的体系，”他告诉我，“而且我不打算再让乘客在周五中午或周日晚上享受5折优惠，那可是我们的客流高峰期！”

“你没有抓住事情的要领，”我回答道，“BahnCard用户在享受任何折扣前就已经支付了几百欧元。他们每次出行实际享受到的折扣远没有50%这么多。”我必须坦白，在当时我并不知道优惠卡的使用者平均能享受多少折扣。这个数字难以计算。

没过多久，梅多恩致电给我。在2003年5月18日星期日，我和他在柏林著名的阿德隆酒店见面。和我同行的还有乔治·泰克（Georg Tacke），他的博士论文研究的正是二维价格体系，同时他在10年前BahnCard 50推出的过程中担任了重要角色。仅仅在见面的两天后，德铁就聘请我们重新审视它的价格体系。我们夜以继日地工作，重新设计了德铁的价格体系。每周二下午6点，我们向德铁董事会汇报项目的进展。时至今日，我仍然清晰地记得当时激烈讨论的场景，和强硬无比的哈特穆特·梅多恩的讨论尤其艰难（他的名字在德语中的意思是“坚定的勇气”）。最终，我们成功地说服了他和他的同事。2003年7月2日，仅仅在项目启动的6周后，德铁召开大型媒体发布会，宣布将于同年8月1日重启BahnCard 50，同时将引入BahnCard 25（票价折扣为25%）。此外，我们还加入了崭新的BahnCard 100（100代表100%的折扣）。持有者将支付（高额的）预付费换取全年免费乘车的权益。不久，德铁管理层解雇了造成这次票价灾难的航空业背景的咨询顾问。

2012年，德铁优惠卡的销售达到高峰，大约500万名乘客拥有优惠卡。年费自最低的二等座BahnCard 25的61欧元，到最高的一等座BahnCard 100的6890欧元不等。二等座BahnCard 50的年费为249欧元，一等座 BahnCard 50 的年费则为 498 欧元。同时还有商务版的优惠卡，它们提供更多的附加服务。此后几年，BahnCard 的年费基本上每年都会根据通货膨胀的情况上调 2%～3%。直到 2020 年，新冠肺炎疫情阴影笼罩下的德铁首次下调了 BahnCard 的价格。正如表 2-3 所示，对比常规票价，不同版本的优惠卡提供不同程度的成本节约。以下是二等座优惠卡的数据。一等座优惠卡的节省幅度与其大致相同。

表 2-3　使用二等座火车优惠卡所节约的成本列表

正常价格下的费用支出（欧元）	不同版本的火车优惠卡	使用火车优惠卡后的费用支出（欧元）	节约的成本	
			金额（欧元）	比例（%）
500	优惠卡 25	436	64	12.8
750	优惠卡 25	624	126	16.8
1000	优惠卡 50	749	251	25.1
2500	优惠卡 50	1499	1001	40.0
5000	优惠卡 50	2749	2251	45.0
10 000	优惠卡 100	4090	5910	59.1
20 000	优惠卡 100	4090	15 910	79.6

无论是哪一个版本的优惠卡，持卡人使用的频率越高，获得的实际折扣就越大。这样的设计极大地提高了持卡人搭乘火车的积极性——火车坐得越频繁，越早能“赚回”他们在优惠卡上的投入。通过这种方式，火车优惠卡成为一种非常有效的客户激励和留存工具。

2003 年的项目揭示了一个有趣的事实：使用 BahnCard 50 的客户平均节省的实际费用不高于 30%。但在乘客的眼中，他们认为每一张票都节约了 50% 的成本。换句话说，德铁的客户觉得他们得到了 50% 的优惠，但实际上德铁只让利 30% 就达到了这种效果。这笔生意还蛮划算的！

优惠卡给德铁带来了机遇，但风险同样存在。其中的一个重大风险是，在购买了优惠卡的客户中，有多少是由自驾改为搭乘火车的新用户。一个著名的经济学者告诉我，他通过购买 BahnCard 100 来迫使自己搭乘火车出行，完全放弃了他的汽车。如果购买优惠卡的客户已经是火车的重度用户，那么德铁将会因此牺牲一部分收入。对于这些客户，优惠卡的出现大大减少了他们的支出。相反，德铁从那些此前较少搭乘火车的持卡者身上赚到更多的钱。事实上，只有极少数的客户了解不同版本优惠卡的盈亏平衡点。相当部分 BahnCard 50 的持卡者尽管不太可能达到他们的盈亏平衡点，但每次购票能够享受 50% 的折扣，他们仍然乐在其中。

BahnCard 100 值得特别介绍一下。事实上，德铁此前专门为老年人设计了一个“全网通”（network pass）的方案，但提供的方式非常尴尬，客户需要填写一份申请表才能够买。由于德铁没有积极地推广全网通，很少有人知道它的存在，其每年的销量不超过 1000 张。后来我们引入了 BahnCard 100，虽然购卡价格有小幅的提升，但它实现了成倍于全网通的销量。现在，约有 4 万人拥有 BahnCard 100。这种卡的便捷程度无可比拟：在有效期内，持卡人无须再购票，他们可以搭乘任意一趟火车出行，心有多远就可以走多远。

现在，优惠卡及其关联票务的销售收入达到数十亿欧元。优惠卡持卡人所产生的长途交通费为德国铁路收入贡献了巨大力量。毋庸置疑，优惠卡是迄今为止德铁最受欢迎的产品，也是提高客户忠诚度最为有效的工具。

类似火车优惠卡的二维价格体系在市场上仍不多见。我们曾经为大型航空公司设计了一个类似的系统，项目命名为“Fly & Save”

（飞得越多，省得越多）。这张卡可以为欧洲境内（并非全球）任何的航班机票打折，年费大概为 7000 美元。飞行常客通过“Fly & Save”卡可以节省大量支出。由于飞行常客的基数庞大，大型航空公司在启用此类优惠卡时面临的风险更高。但最终航空公司没有推出这种卡的原因是反垄断。由于每一个购买了这张卡的乘客都会尽可能选择搭乘该航空公司的飞机，这会使该航空公司优惠卡的持卡人形成一种非常强烈的选择倾向。律师的推断也许是对的：反垄断机构大概率不会批准这个方案。这个“飞行”项目被束之高阁。我很好奇它会不会有一天重现市场。这个案例的尴尬之处在于，一个占据高额市场份额的航空公司会因此而惹上反垄断调查的麻烦，而对于一个市场份额低、航线少的航空公司来说，这种卡对乘客的吸引力有限，人们购买它的意愿也会很有限。2020 年，诸多中国航空公司因为现金流压力推出所谓“随心飞”的产品。从本质上来说，这无异于 BahnCard 100，持卡人每次搭乘航班的边际成本为零，但使用过程中往往会受到各种约束条件的限制，用户体验难言完美。随着新冠肺炎疫情缓解，各航空公司也在逐步收缩“随心飞”产品。虽然我们依然看好诸如“随心飞”这样的产品，认为它们在市场中会占有一席之地，但是航空公司却面临一项持续性的挑战——如何平衡这类产品的价格与成本。

是的，我承认，无论是 1992 年首次推出火车优惠卡，还是 2003 年重新把它引进市场，时至今日我仍然为曾经参与这个项目而感到骄傲。我确信我们将会看到更多二维价格方案面世。德铁优惠卡、亚马逊 Prime 会员计划，以及 Costco 会员计划等的成功让我们有理由相信二维价格方案将会在更多其他的行业全面开花。成功的大前提是企业经营者对经济学、心理学乃至法律有深刻的认识。

供给与需求

从经济学的角度来看，价格最重要的任务就是平衡供给和需求。价格上涨意味着供给会随之增加，供给曲线呈上升（斜率为正）势态。价格上涨同样意味着需求减少，因此需求曲线呈下行（斜率为负）势态。两条曲线的交叉点就是市场供需平衡的唯一价格（market clearing price）。

供需平衡意味着每一个愿意以此价格出售的供应商都能够卖出他期望的数量；同样，每一个购买者都能够以同样的价格找到他需要的量。在一个自由供给的市场里总会出现达到供需平衡的价格。现实中，政府通过法规、税收或其他手段进行调节，供求关系常常处于失衡的状态。

稀缺与繁荣萧条周期

价格是商品供不应求最显著的风向标。价格上涨意味着商品的供应即将增加。更高的价格为生产商带来更高的利润，促使他们扩大产量。他们将重新调配资源，优先满足供不应求的产品的生产需求，迅速拉升产量以抓住市场机会。当价格下降时，情况相反。价格走低释放供给（严重）过剩的信号，生产商会想办法削减产量。降价或刺激需求，吸引更多的顾客购买，从而促成新的供需平衡。

念大学时，我在经济学科的最初几堂课里问教授，为什么一个市场里的商品数量最终或多或少会刚刚好。他盯着我，对于有人提出这么愚蠢的、和黑板上的公式和理论毫无关联的问题感到吃惊。然而，这个问题是所有运作中的市场经济最核心的问题。每当广告或商店橱窗中出现“清仓”两个字的时候，市场都正在通过一种自发调节的、短期的方式来平衡供需关系。有时候这样的市场供需调整周期会长达数年之久，在这个过程当中它们对全国的经济和政策制定带来非常深远的影响。

价格的变化通常会有延迟效应，有时候指的是“繁荣与萧条周期”（boom-and-burst cycle）或者“猪周期”（hog cycle）。当生猪的供应短缺时，猪肉的价格上涨，这刺激了农民在下个季节养殖更多的猪。几个月后更多的生猪供给冲击市场，造成肉价下跌，这又会刺激农民接下来减少猪的养殖……这样的循环周而复始。

在诸如石油勘探和开采的市场，这样的循环周期也许长达 10～15 年。在 1997 年，我的团队受一家大型的石油和天然气公司——德国石油供应公司（Deminex）委托开展了一项全球性的调查。我们采访了世界上所有大型的石油公司，我们希望收集原油的长期价格预期。当时原油价格大约为每桶 20 美元，大部分的价格预期集中在每桶 15 美元，但到了 1999 年初，原油价格实际上已跌到了每桶 12 美元。

对于原油价格下跌趋势的预期很快体现在投资决策中，也为近年来原油价格高企，最高飙升至 1999 年价格的十倍多埋下了伏笔。这看起来有点自相矛盾，但当你了解了“猪周期”的运转机制时就不会觉得奇怪了。在油价低迷的时期，所有对新勘探项目的投资锐减，只有那些前景很好的项目才能够获得投资。当新油田投入生产、老油田产量滑坡时，新项目的减少意味着整体原油供应下降。而同时中国和其他新兴市场对石油不断增长的需求，导致供需之间的鸿沟日益扩大。

供需失衡是价格变化背后的推手。在 2008 年 7 月，原油价格达到历史最高峰——每桶 147.9 美元。不凑巧的是，十年刚好是一个油田开发项目从初步勘测到全面生产的时间跨度。这十年不断上涨的油价刺激企业投入更多的资金进行勘探、扩产，以及优化生产方法，这样的做法所需要的投资显然已经超过了每桶油 12 美元，但它同样能够带来每桶油超过 100 美元的可观利润。来自新兴市场的需求、对环境影响的高度敏感，以及燃料使用效率的提升都是局势中不可预知的因素，这使得没有人能够做出一个准确的预测。供给的增加不可避免，即使需要几年的时间才能看到成效。无论是原油还是生猪，我们得到的经验教训就是：价格循环比价格一直维持上升或下降的趋势更有可能发生，它是一个自然而然的过程。一个正在经历这个循环中“繁荣”部分的是美国北达科他州。新的勘测和提炼技术大大加速了当地的原油产量，使之成为继得克萨斯州后美国石油产量最大的州。[㊀]得益于此，北达科他州其他方面的经济得以迅速发展。美国 2014 年年初房租最贵的地方（看，又是价格！）不是曼哈顿或硅谷，而是北达科他州的威利斯顿镇。[㊁]然而繁荣只是昙花一现，原油价格在 2015 年跌至每桶 50 美元以下，威利斯顿镇的房租也应声而落。

价格与政府

当价格调节作用遭到破坏时，供需失衡就会发生。纵观历史和全球的发展，各地政府从多方面对价格进行干预。价格干预会导致诸如

㊀ 数据来源于美国能源情报署（US Energy Information Administration）2014 年 1 月的报告。

㊁ North Dakota wants you: Seeks to fill 20 000 jobs. CNN Money, March 14, 2014.

黄油或是牛奶的供给过剩，抑或诸如租金上限控制等诱发的住房供给不足。

当你了解政府是如何设定价格时，你就能很快理解我的观点。事实上，政府通过多种不同形式和名义进行定价，这些价格往往不叫“价格”，而叫过路费、附加费、所得税等。你支付的公共服务设施费用、护照办理费用、工商注册费用乃至一张地铁票的价格，都是政府直接或间接决定的。问题在于政府极少依据市场的信号设定这些价格。即便有价格听证会，它们反映的也只是单方面的民众主张，而不是市场的供需情况。政府定价从根本上来说是政治决策，而非经济决策。

历史揭示的经验教训是：我们应该最大限度地让市场发挥自有的价格调节功能，定价应该尽可能遵循市场规律。我明白这个观点是有争议的，很多人认为政府应该通过干预手段防止恶意哄抬价格的行为。或者从更广泛的意义来说，人们认为更严厉的监管也许能够将那些诱发2008年经济危机的事件扼杀于摇篮之中。

尽管如此，某些形式的政府干预确实有助于市场竞争，以及使价格机制更顺畅和公平地运行。在美国，司法部和联邦贸易委员会是主要的市场监管部门；在欧洲，类似的职责由全国反垄断机构和欧盟委员会承担。在过去十年，所有的这些监管机构和部门都变得更加严厉和警觉。打破垄断是它们的重要职责之一。垄断指某个市场里的企业公开或私下操纵价格和交易条款，协商瓜分市场。垄断事实一旦被认定，相关企业通常会被课以高达数十亿美元的罚款。2012年12月，欧盟委员会对六家电视及电脑显像管制造商征收合计19亿美元的罚款；

2013 年 12 月，欧盟委员会再次出手，对六家联合操纵衍生品利率的金融机构合计罚款 23 亿美元。

针对欧洲单个公司最大宗的罚款发生在 2008 年。欧盟对圣戈班（St. Gobain）参与一宗汽车玻璃的垄断交易处以约 12 亿美元的罚款。在美国，“史上最大价格操纵案件”的调查对象是汽车主机厂，最终相关企业的 12 名经营者锒铛入狱，并被处以逾 10 亿美元的罚金。[一]

收紧反垄断的法规有助于良性的价格竞争。在政府干预下，这是极少数能够帮助价格机制在市场上运作得更为自由的特例。

定价权

“定价权是判断一家公司价值的黄金标尺，”投资人沃伦·巴菲特（Warren Buffett）说，“如果你在提价前还要祈祷，那你的生意真的很糟糕。”[二]接下来是一个关于定价权的真实案例。在一次《财富》杂志对媒体大亨鲁伯特·默多克（Rupert Murdoch）的专访中，他谈到了对迈克尔·布隆伯格（Michael Bloomberg）的生意的看法。默多克说布隆伯格创办了一家了不起的公司，而且“他还在不断地推进这项事业。如今，那些花大价钱购买、使用其服务的人已经离不开它了。公司的成本略有上升，他就提价，没有用户会因此而取消其服务。”[三]难道有公司不喜欢拥有类似的定价权吗？

[一] Probe Pops Car-Part Keiretsu. The Wall Street Journal Europe, February 18, 2013, p.22.

[二] Interview with Warren Buffett before the Financial Crisis Inquiry Commission (FCIC) on May 26, 2010.

[三] Sellers P (2014). Rupert Murdoch-The Fortune Interview. Fortune, April 28, 2014, pp. 52-58.

定价权确实非常重要。它决定了供应商能否获得他想要的价格。它同样决定了一个品牌能够获取多少溢价。定价权的反面是购买权：买方在何种程度上可以从卖家那里获得理想的价格。在类似汽车制造业，主机厂通常有很强的议价权，供应商难有招架之力。同样，当市场高度集中化时，零售巨头凭借渠道优势可以将大多数产品的制造商玩弄于股掌之间。

关于定价权，其中一个与众不同的看法来自法国著名的社会学家加布里埃尔·塔尔德（Gabriel Tarde，1843—1904）。他认为所有关于价格、报酬和利率的协议都与军事停战协议类似。[一]价格谈判和战争一样，最后以休战告终。工会和雇主间的劳资谈判是一个典型案例。和平是暂时的，分歧是永恒的。在一次企业对企业的谈判当中，价格协议是买家和卖家妥协的结果。幸运的是，这并不是一场零和博弈。但价格对如何在供应商和顾客之间分配资金方面作用至关重要。

价格无处不在

几个世纪以来，有一些特定的商品和服务是没有价格的。街道是免费使用的，基础教育是免费的，还有很多增值服务随产品奉送。政府、教堂或者慈善机构所提供的商品和服务是免费的，因为它们视之为人道主义义务，收费会被认为是不道德的甚至是禁忌。但是世界变化日新月异。

哈佛大学教授、哲学家迈克尔·桑德尔（Michael J. Sandel）在

[一] Tarde G (1902). Psychologie économique, 2 volumes. Alcan, Paris.

他的《钱买不到的东西：金钱与正义的攻防》（*What Money Can't Buy: The Moral Limits of Markets*）一书中指出，价格正在渗透到我们生活的方方面面。[㊀]对于想要最先登机的乘客，易捷航空（East Jet）收取16美元的费用。外国人进入美国需要支付14美元，这是登入旅游许可电子系统（Electronic System for Travel Authorization，ESTA）进行注册需要收取的费用。在一些国家，你可以在高峰时段通过支付额外的费用使用专用车道，收费根据当时的交通情况而定。在美国，只要支付1500美元的年费，你就可以享受全天候的医疗电话热线咨询服务。在阿富汗和其他交战地带，私人企业根据雇佣兵的资质、经验、来源国支付他们一天250～1000美元的薪金。在伊拉克和阿富汗，这些私人保镖公司和军事企业在地面上的人数比美国武装部队的人数还要多。[㊁]如果我们想进一步挑战伦理道德的界限，仅需花费50万美元，就可以投资移民美国。

总有一天，更多东西会明码标价，我们的日常生活将会越来越多地受市场和价格机制的影响。经济发展的同时，道德和伦理的界线也在不断面临新的挑战。桑德尔曾经这样评论这种发展："当我们决定在市面上购买或出售某个物品时，我们就决定了（至少是默许了）它们可以被当作商品，作为赚取利润和使用的工具。然而，并非世上所有的东西都可以被明码标价，最显而易见的例子就是人类。"[㊂]

㊀ Sandel MJ (2012). What money can't buy: the moral limits of markets. Farrar, Straus and Giroux, New York.

㊁ Christian Miller T (2007). Contractors Outnumber Troops in Iraq. Los Angeles Times, July 4, 2007 and Glanz J (2009). Contractors Outnumber U.S. Troops in Afghanistan. New York Times, 2.

㊂ Sandel MJ (2012). What money can't buy: the moral limits of markets. Farrar, Straus and Giroux, New York; see also Kay J (2013). Low-cost flights and the limits of what money can buy. Financial Times, January 23, 2013, p. 9.

价格无处不在，有时候它会以你意想不到的形式出现，有时候它会给你带来困扰。我们都在思考的一个难题是：这股市场的力量发展到多大以后将主宰我们的生活？这使得了解价格和定价机制是消费时代下的我们无法逃避的一项任务。

第3章

奇妙的定价心理学

古典经济学的原理假设买方和卖方的行为都是理智的。卖方设法将自己的利润最大化，买方设法把自己的价值最大化。用经济学家的话来说，这就是效用。在这些原理中，双方都掌握了全面且对等的信息。卖方知道买方会对不同的价格有什么样的反应，这意味着他们了解买方的需求曲线；买方知道有哪些备选的商品以及它们的价格，而且可以不受价格的影响，对每一件备选商品的效用做出合理的判断。

诺贝尔奖获得者保罗·萨缪尔森（Paul Samuelson，1970年）和米尔顿·弗里德曼（Milton Friedman，1976 年）是这个观点的著名拥护者。弗里德曼曾说消费者的行为是理性的，即使他们决策时并没有明显地使用精妙的数学方法和高深的经济学理论。加里·贝克尔（Gary Becker，1992 年诺贝尔奖获得者）将效用最优化或最大化的理念延伸至生活的其他方面，如犯罪、药品交易和家庭关系。在他的模型中，为了最大化自己的收益和效用，所有人都会采取理性的行动。简单来说，大脑这台精密仪器下意识地完成了对所有信息的分析和判断，进而做出理性的购买决策。

这个关于理性行为和信息掌握的假设在哈伯特·西蒙[一]（Herbert A. Simon，1978 年诺贝尔奖获得者）的著作中首次遭到质疑。他认为，人们获取和加工信息的能力是有限的。进而得出一个合理的推理：他们的目标并非最大化自己的利益和效用，而是用一个“满意”的结果来安慰自己。他用“追求满意”（satisficing）这个术语来描述人类的这种行为特质。

怀着同样的疑问，心理学家丹尼尔·卡尼曼（Daniel Kahneman）和阿莫斯·特莫斯基（Amos Tversky）在 1979 年发表了他们关于“前景理论”（Prospect Theory）的突破性论文，开创了行为经济学这一新的学派。[二]卡尼曼因此在 2002 年获得了诺贝尔奖。[三]此后，探讨行为经济学的学术著作和出版物如雨后春笋般涌现。值得一提的是，大多数的相关研究是由非经济学者发起的，却有可能彻底颠覆经济学理论。价格之所以在行为经济学中起核心作用，是因为它在现实生活中时常

㊀ 我和哈伯特·西蒙并不认识。

㊁ Kahneman D, Tversky A (1979). Prospect theory: an analysis of decision under risk. Econometrica: pp. 263-291.

㊂ 特莫斯基（1937—1996）当时已去世。

会出现出人意料的、与直觉相反的消费者行为，这也就体现了价格管理的重要性。行为经济学的内容十分纷繁复杂，难以在本书框架内全面展开。在此，我们将摘选定价心理学中的一些关键要素进行介绍。如果你希望更深入地了解行为经济学，我们向你推荐丹尼尔·卡尼曼的畅销书《思考，快与慢》(*Thinking Fast and Slow*)。

光环效应

在古典经济学中，价格在购买决策中占一席位仅仅是因为它会影响顾客的预算。需求曲线呈负斜率，这意味着价格越高，购买的顾客越少。然而，也有例外的情况。

早在 1898 年，美国经济学和社会学家托斯丹·凡勃伦（Thorstein Veblen）就已经在他的经典著作《有闲阶级论》（*The Theory of the Leisure Class*）中揭示了价格是身份和社会威望的标志，从而为消费者提供了社会心理层面的效用。这被称为“凡勃伦效应”或“虚荣效应”。价格本身成了奢侈品的品质和专属性的指标。如果一辆法拉利只要 10 万美元，那么它就不是法拉利了。这类商品的需求曲线，至少在一定的范围内，呈上升（斜率为正）态势，而不是下行（斜率为负）态势。这意味着随着价格的提升，销量也跟着增加。单位毛利和销量的同步提升可以帮助企业获取非常可观的利润增长。

这样的案例确实在现实生活中存在。德尔沃（Delvaux），一家比利时奢侈箱包的生产商，在品牌重新定位的同时大幅提升价格。由于消费者把它视为路易威登（LV）手提包同一个级别的品牌和替代品，因此涨价后它的销量大幅上升。在 20 世纪 70 年代，著名威士忌品牌芝华士·君威（Chivas Regal）的销售陷入低迷。为了重振品牌，公司启用外观更高级的标签，并涨价 20%。虽然酒还是原来的酒，销售量却显著地增加了。[1]

欧洲领先的电视购物销售商 MediaShop 集团曾以 29.9 欧元的价格销售一款新的美妆产品。一开始销售很疲弱。为了把宝贵的广告时间留给更好卖的产品，管理层撤回了这个产品。几个星期后，他们把它重新上线，开始新一轮的销售攻势，并把价格定为 39.9 欧元，比之前提价 33%。这一次，管理层显然找到了有效价位。其销量在短短几天内大幅飙升，很快脱销，并成为 MediaShop 历史上最畅销的产品之一。涨价并没有对销售造成影响，反而大力拉动了它的销售。

对于高档商品和奢侈品，公司必须知道类似的光环效应是否存在，需求曲线是否在某个价格区间呈上升态势（斜率为正）。如果是，那么最优的价格从来都不会出现在这一部分的需求曲线中。它通常会出现在更高的地方，在曲线已经开始向下倾斜的部分。这进一步印证了本书中非常关键的一点内容：你需要清楚了解你的需求曲线长什么样，越精准越好。当企业不了解自己的需求曲线时，它们的定价就像是盲人摸象，高档商品和奢侈品公司尤其如此。

品质的指标

当消费者把价格看作产品品质的指标时，一个类似光环效应的作用就会发生。较低的定价可能使消费者对产品品质产生怀疑从而放弃

---

[1] Müller K-M (2012). NeuroPricing. Haufe-Lexware, Freiburg.

购买。很多顾客信奉“一分钱一分货”这句格言，不会购买过于廉价的产品。但这句话的反面同样对很多顾客有效，对于他们，“高价格＝高品质”这条方程式是一条金科玉律。价格是怎样最终成为产品品质的指标的？我可以列举几个合理的解释：

- **亲身经验**：如果一个顾客曾经对一个昂贵的产品有过良好的体验，那么高价看起来会比低价更能保证质量。
- **便于比较**：消费者能够通过价格马上对产品进行直接客观评价。在产品价格是固定的，不能讨价还价的情况下尤其如此，大部分消费品都属于这类产品。若价格是可以协商的，比如在工业品行业或集市上，那么价格很少会成为品质的指标。
- **成本加成心理**：大部分消费者认为，价格和销售者的成本密切相关。换句话说，消费者如果有“成本加成”的惯性思维，往往会认为产品贵得有道理。

在什么情况下，消费者会把价格作为首要甚至是唯一的标准来进行购买决策呢？当购买者不确定产品真实的品质时，价格就很可能成为判断质量的指标。当他们面对一个完全不了解或很少购买的产品时，这种情形就会发生。当这个产品的绝对价格不是很高，当候选产品的价格不够透明，当消费者有时间压力时，他们都会更多地依赖价格来辅助他们做购买决策。

有数不清的实证研究证明，价格作为质量指标的作用以及与此相关的需求曲线呈上升态势。对家具、地毯、洗发水、牙膏、咖啡、果酱和果冻等诸多产品都有类似的观察研究。研究者发现，当鼻用喷雾、连裤袜、墨水和电子产品的价格提高时，它们的销量也会增加。一家电动剃须刀的跟随者为了使产品价格更接近市场领导品牌博朗

（Braun），大幅提升了售价，其产品的销量在短时间内增加了四倍。新的（更高的）价格定位使得潜在消费者打消了对其质量的担心，同时相对于博朗，其仍具备足够的价格吸引力。这就是所谓的价格甜蜜点。

服务业也不例外，尤其是在餐饮业和酒店业，2B 市场亦是如此。有一家 SaaS 公司为企业级客户提供商业云服务，价格低至每个工作站 19.9 美元 / 月，而同类竞品的价格至少需要 100 美元 / 月。产品投放市场几个月后，这家公司的首席执行官告诉我："小企业对我们的价格非常兴奋。这是它们第一次能够承担得起使用这类软件的费用。遗憾的是，大型企业会因为低价而对我们的产品质量产生怀疑。综合来看，我们的超低价没有成为优势，反而变成我们走向成功的障碍。"痛定思痛，这家公司针对大型企业的需求定制了更丰富的产品套餐，在进行产品升级的同时保持了有竞争力的价格。通过此次调整，这家公司成功摆脱了此前廉价的负面形象，并获得了丰厚的财务回报。

安慰剂效应

价格作为品质指标的作用不仅仅停留在感知层面，有时还会产生真正的安慰剂效应。安慰剂效应是指病人由于得到积极的心理暗示，在接受没有实际医疗价值的治疗后，症状得到了改善。在一项实验中，参与者被分成两组，每一组都得到了完全一样的带有价格标签的镇痛药，其中一组人得到的镇痛药的价格要高于另一组人看到的价格。无一例外地，高价格组的成员声称镇痛药非常有效，而低价格组只有一半的成员认为药物有效。[⊖]事实上，两组人得到的镇痛药都只是维生素

⊖ Ariely D (2010). Predictably irrational. Harper Perennial Edition, New York.

C 而已，对减轻痛楚没有任何药理作用。导致效果差异的仅仅是参与者所看到的价格。信则灵。

无独有偶，另一项研究发现，一组运动员在饮用了标价为 2.89 美元的功能型饮料后，他们的训练效果明显比另一组饮用了同样的饮料，但标价为 0.89 美元的运动员更好。然而，最让人惊讶的研究结果来自一项两组人的智力测试研究：一组参与者在饮用了以特价购买的功能型饮料后，其在解谜任务中的表现比饮用了以原价购买饮料的参与者要差。[⊖]你在支付价格的同时也在支付智商税。

低价陷阱

如果价格的光环效应、品质效应和安慰剂效应真实存在，那么我们应当重新审视价格定位和价格传播——将价格作为一种竞争手段是不成立的。试图仅仅通过低价来赢得客户是无法成功的：在客户的心智中，低价往往与“劣质”和“大路货”联系在一起。汽车专家认为，与宝马、奔驰和奥迪的同系列车客观对比，大众辉腾是一款不错的豪华轿车。然而辉腾在德国卖得并不好，原因是它缺少足够的名气。作为经济型汽车中的强势品牌，其品牌资产无法转移到高端或奢侈车型市场。因此，即便辉腾的售价相比竞品低廉得多，但这对销量的拉动微乎其微。

低价作为竞争手段无法奏效。那企业究竟应该怎么做？占优策略

⊖ Shiv B, Carrnon Z, Ariely D (2005). Placebo effects of marketing actions: consumer may get what they pay for. Journal of Marketing Research, pp. 383-393, Novermber 2005, here p. 391.

（Dominant Strategy）莫过于采用与价值相符的价格定位。初期，在客户没有充分感知到产品的真正价值前，销量很可能不尽如人意。但时间会纠偏，虽然这个过程可能漫长而难熬。还是以汽车品牌为例，奥迪如今的豪华汽车品牌并非一蹴而就，它花费了将近 20 年才转变了消费者对其产品质量的认知。

锚定效应

当购物者既没有评估产品品质的知识或工具，又没有关于这个产品品类的价格信息时，他们应该怎么办？其中一种方法就是通过网上搜索、阅读测试报告或者咨询朋友，进行全面的调查，缩小信息不对称。这种方法非常消耗时间，往往在购置汽车这样的高价值产品时才值得投入这么多时间和精力。如果产品的价值很低，购物者应该怎么办呢？他们会寻找价值参考点或者“锚”。

有一个古老的故事是关于这个价格的锚定效应的。[⊖]在 20 世纪 30 年代，希德（Sid）和哈利（Harry）两兄弟在纽约经营一家服装店。希德负责销售，哈利负责裁缝。每当希德发现有客人对某件衣服十分倾心的时候，他就会装作有点听不清。当客人询问价钱的时候，他就会提高嗓门询问在裁缝店后面的哈利。

“哈利，这套西装多少钱？”

“那套上好的西装吗？ 42 美元。”哈利大声地回答。

希德假装没听清楚。

⊖ Cialdini RB (1993). Influence: science and practice. Harper Collins, New York.

“你说多少钱？”

“42 美元！”哈利会再重复一遍。

这时，希德会转过头来对客户说这套西装的价格是 22 美元。听到这个价格后，客户会毫不犹豫地掏出 22 美元放在柜台上，拎起西装走人。这对兄弟的“双簧”每每奏效，原因就在于价格锚对消费者价值感知的影响。

这一策略对高价值产品或服务同样有效，特别是与光环效应结合的时候。两名来自欧洲的年轻的建筑工人在尝试加入加利福尼亚当地工会失败后，决定成立自己的装修公司。他们没有将自己叫作水泥匠，而是自称为“欧洲建筑工匠、建材专家”。他们在潜在客户的施工现场测量时使用国际进制的长度单位（有别于美国人采用的英式进制），并用（奥地利）德语与同伴讨论测量结果和报价。他们的讨论往往非常激烈，直到客户走过来询问发生了什么事。

“我不明白为什么他会认为建这个露台需要花 8000 美元，”负责测量的那个人把客户拉到一边解释说，“我私下和你说，我觉得花 7000 美元应该就够了。”经历了与客户的讨价还价，以及用德语和同伴进行的又一番不算长的争论之后，客户最终接受了 7000 美元的报价。

这两个移民借助这样的伎俩生意日渐兴隆，直到后来其中的一个人离开去追求另一条职业道路。那个在施工现场负责测量的奥地利年轻健身爱好者叫作阿诺德·施瓦辛格（Arnold Schwarzenegger）。[㊀]想必

㊀ Schwarzenegger A (2013). Total recall: my unbelievably true life story: Simon & Schuster, New York, p. 119.

你已经知道了他后来的传奇人生。

各种五花八门的信息最终都可能发挥价格锚的作用，锚定的过程甚至是在无意识的状态下完成的。作为消费者和购物者，我们常常使用了价格锚而不自知。价格锚不仅仅对普通消费者有效，对专业人士也是如此。在一项实验中，汽车专家们被邀请评估一辆二手车的价值。在评估过程中，车旁边的某人会不经意间提到这辆车的价值应该是“X”。在有 60 位汽车专家参与的实验中，当某人给出 3800 美元的价格锚时，专家们对车辆估值的均值是 3563 美元。但是当某人给出 2800 美元的价格锚时，专家们的平均估值降至 2520 美元。[⊖]一个路人甲随意给出的价格成了一个价格锚，它影响了专家们对同一辆车的价值感知，估值相差 1043 美元。参照两个价格锚 3300 美元的均值，估值偏差达 32%。类似的锚定效应还发生在许多其他的研究中。研究者总结：“锚定是一种根深蒂固的本能反应，难以避免。”[⊜]

中间价格的魔力：挂锁的故事

价格锚的另一个有趣效应是“中间价格的魔力”。消费者对相对价格水平的感知，会对他们的消费行为产生巨大的影响。同样是 10 欧元的产品，消费者会因为它在产品组合里是处于最高、最低还是中间价格，做出截然不同的反应。同样，在产品组合里，备选品的数量也会对消费者的购买决策造成巨大的影响。

⊖ Mussweiler T, Strack F, Pfeiffer T (2000). Overcoming the inevitable anchoring effect: considering the opposite compensates for selective accessibility. Personality and Social Psychology Bulletin, pp. 1142-1150.

⊜ 同上 , p. 1143.

曾经我家农场（20 世纪 50 年代我们养殖生猪的那个农场）的谷仓大门需要一把新的挂锁。上一次我购买挂锁是什么时候？我不记得了，我也不知道一个挂锁需要花多少钱。我去到一家建材市场，发现挂锁琳琅满目，价格在 4～12 欧元。我应该怎么选择呢？一方面，我对安全性能没有很高的要求，也就是说我没必要购买一个太贵的锁；另一方面，我不相信便宜锁的质量。因此我选择了价位中等的那个，标价为 8 欧元。

从中我们领悟到了什么？当消费者既不知道产品的合理价格区间，也没有什么特殊要求（例如，高品质、低价格）时，他们会把注意力集中到中等价位的产品上。这对于销售者来说意味着什么？很简单，这意味着商家可以利用产品组合的价格带引导消费者购买特定价格水平的产品。如果那家建材市场的锁的价格在 4～16 欧元，我很可能会花 10 欧元买一个新的挂锁。如此一来，商家将获得 25% 的额外收入，利润也会随之增加。

既不是最贵的，也不是最便宜的酒

我们发现，当顾客在餐厅选择葡萄酒的时候，也发生了同样的行为。在浏览完酒单后，大部分顾客会选择一款中间价位的葡萄酒。只有极少数顾客会选择最贵或最便宜的酒。中间价位对客户有着神奇的吸引力。点菜时也不例外。假设一家餐馆的主菜价格区间为 10～20 美元，那么 20% 的需求会落在 18 美元的菜式上。如果这家餐馆增加了一个 25 美元的主菜，那么选择 18 美元菜式的比例很可能会上升。类似地，如果这家餐厅增加了一个低于 10 美元的主菜，那么售价为 10 美元的主菜的销量就会增加，即便之前很少有客户尝过这道菜。道理很简单——只因它比之前更靠近中间价格了。[1]

客户对产品的客观质量和价格等信息知道得越少，“中间价格的魔力”作用就越明显。人们甚至可以认为这样的购买行为是理性的，因为消费者希望用有限的信息做出最好的选择。通过选择中间价位的产品，消费者同时降低了买到劣质产品和多花冤枉钱的风险。然而，商家在利用中间价格时应当谨慎使用奇高或奇低的价格锚。奇高的价格可能会吓跑预算有限的客户，而奇低的价格则可能使客户因此质疑产品的品质。

一个创造利润却从来没人买的产品

价格的锚定效应告诉我们，在产品组合中放置一款从来都没有顾客购买的产品仍然是有价值的。下面的案例说明了这个道理。一位顾客走进一家箱包店，打算购买一个行李箱。销售顾问询问他的心理价位是多少。

“大概是 200 美元吧。”客户说。

“这个价格您可以买到一款不错的行李箱。”销售顾问回应。

“但在给您推荐这个价格范围的行李箱之前，请允许我向您介绍一下我们店里卖得最好的一个款式，”销售顾问补充道，“我并不是想要向您推销更贵的行李箱，我只是希望能向您全面介绍一下我们家的产品。”

这名销售顾问旋即拿出了一款售价 900 美元的行李箱。这款产品无论是从质量、设计，还是品牌调性上看都是镇店之宝。然后她回过头来介绍符合这位顾客心理价位的产品，但同时有意提到一些价格稍

[1] Huber J, Puto C (1983). Market boundaries and product choice: illustrating attraction and substitution effects. Journal of Consumer Research 10: pp. 31-44.

高，介于250～300美元的产品。这个顾客会做何反应呢？他很可能会入手一个介于250～300美元的行李箱，而不是接近他原始心理价位的产品。那款900美元的行李箱所产生的锚定效应诱发了消费者更高的支付愿意。即便这家商店从来没有卖出一个900美元的行李箱，仅仅凭借它的锚定效应，就足以确保其在产品组合中占有一席之地。

营造稀缺感

提高销量的最高明手段之一就是营造稀缺感。如果消费者认定某个产品是限量供应的，他们会产生更强的购买冲动。在一个美国的店内测试，一组顾客看到了“每人限购12罐”的金宝汤（Campbell's Soup）的标识，另一组顾客则看到“人均无限制”的标识。第一组顾客人均购买量是7罐，而第二组顾客人均购买量只是第一组的一半。在这里不仅仅是锚定效应在起作用，标识暗示12罐是正常的购买数量——囤货效应也同时在发生作用。消费者把这个标识解读为一种预示产品紧缺的信号。商铺门口长长的队伍，或者潮牌的限量版，都会诱发类似的抢购行为。2020年新冠肺炎疫情暴发初期，许多超市挂出了限购消毒液和口罩的标识，结果反而放大了消费者的焦虑感，并导致更多非理性的囤货行为。类似的现象在2022年俄乌冲突期间再次发生。乌克兰是德国主要的食用油出口国。尽管德国超市限购食用油，超市货架仍然长期空空如也。

通过提供额外的选项提升销量

在西蒙顾和以往的项目中，我们一再发现引入额外的产品选项可以大幅提升销量，并且能够将需求转移到定价更高的产品上。消费者的这种行为模式堪称行为定价研究中最令人震惊的发现之一。[㊀]图 3-1 展示了提供两组不同产品选择的研究结果。在 A 测试中，调查对象看到了两个选择：一是一个活期账户需每月 1 欧元的服务费，另一个是一个活期账户加一张信用卡需每月 2.5 欧元的服务费。[㊁]59% 的调查对象选择了组合套餐，41% 选择了只有一个活期账户的选项。

在 B 测试中，信用卡作为一个独立的选项存在，价格和组合套餐（活期账户加信用卡）一样。只有 2% 的调查对象选择了信用卡这个独立的选项，选择组合套餐的人一下子从 59% 增加到 81%。在没有加价的情况下，银行平均每月每个客户贡献的收入从 1.89 欧元增加到 2.25 欧元，增加了 19%！唯一改变的只是产品组合的结构。假设一家拥有 100 万零售客户的银行采取了这个示例中 B 测试的产品选项（见图 3-1），那么它每月的收入将增加 36 万欧元，即一年可增加 432 万欧元的额外收入（纯利润！）。

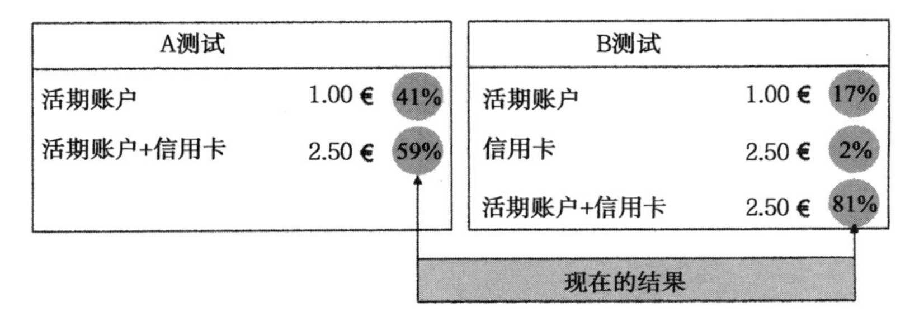

图 3-1　提供两至三个选项的银行产品

㊀ Trevisan E (2013). The irrational consumer: applying behavioural economics to your business strategy. Gower Publishing, Farnham Surrey (UK).

㊁ Trevisan E (2012). The impact of behavioral pricing. Presentation at the Simon-Kucher University, August 14, 2012, Bonn.

根据古典经济学的理性假设，这样的结果根本不可能出现——一个几乎没有人想要的额外产品，会使选择组合套餐的客户比例大大增加。怎样解释这个购买行为的改变呢？其中一个可能的解释是“零价格的魔力”（Magic of zero）。将信用卡和组合套餐设定为同一价格，这意味着消费者不需要支付额外的费用就可以享受组合套餐带来的附加价值。大多数“理性”客户无法抵御如此大的诱惑。锚定效应在这里同样发生了作用。B 测试中的三个选项有两个定价为 2.5 欧元，拉高了价格锚的水平，从而创造了更高的支付意愿。

接下来这个案例来自电信行业。[⊖]在第一个测试中，调查对象有两个可选的套餐，一个是每月 25 美元的基本费用，另一个是 60 美元。78% 的调查对象选择了便宜的套餐，剩下的选择了更贵的方案。这个测试中电信公司每名用户贡献的平均收入（Average Revenue Per User，ARPU）是 32.7 美元。在第二个测试中，调查对象有三个可选的套餐，定价分别为 25 美元、50 美元和 60 美元。最高和最低的价格不变，唯一的变化是在它们中间加入了 50 美元这个套餐。你大概可以猜到消费者行为的变化：第一个测试中 78% 的调查对象选择了最便宜的，在第二个测试中，只有 44% 的人选择了这个套餐。大概有同样多的人（42%）转而选择了 50 美元的套餐，剩下 14% 的人选择了最贵的套餐。每名用户贡献的平均收入提升至 40.4 美元，较之前提升了 23%，额外收入大大增加。怎么解释这个案例中选择中间套餐的现象呢？以下有四个假设：

- **不确定性**：客户不能准确地估算他们每个月的使用量，所以他们求助于“中间价格的魔力”。

⊖ 西蒙顾和从 2011 年起进行的项目，由菲利普 · 比尔曼（Philip Biermann）教授主导。

- **品质期望**：客户认为“如果基本费用那么低，服务可能没那么好，不如选择一个更高档次的选项”。
- **省心／风险回避**：“如果我最终打了很多电话，那么便宜的基础费用外加高额的可变动收费，整体成本会很高，得不偿失。”
- **经济地位**：“我承担得起。”

上面这些假设在现实生活中或多或少都成立，分别或共同影响消费者的行为。这两个案例清晰地表明，心理学效应与定价和产品组合设计高度相关，对它们至关重要。在无须增加任何成本的情况下，产品组合或价格结构的些许优化就可以实现收益和利润的大幅提升。

价格阈值和古怪价格

在定价心理学里，如果没有谈到价格阈值和以9结尾的定价，那将是不完整的。价格阈值指的是某个特定的价格点，价格一旦跨过了这个点将会引发销量的明显变化。你可以将价格阈值看作需求曲线上的一个拐点。典型的价格阈值位于整数价格点（Round Price Point）上，例如1美元、10美元或100美元（以美元为例，货币单位在这里无足轻重）。这就是为什么很多商家选择将产品价格设定在这些门槛值以下，并且以9结尾的原因。

西蒙顾和的联合创始人埃克哈特·顾和曾在一项调研中分析过18 096件快消品的价格，发现有43.5%的产品价格以9结尾。[1]在他的调研样本中没有以零结尾的价格。另一项第三方研究发现，25.9%的产品价

[1] Kucher E (1985). Scannerdaten und Preissensitivität bei Konsumgütern. Gabler-Verlag, Wiesbaden.

格以9结尾。[一]在美国的加油站，几乎所有燃料的价格都是以9结尾的，并精确到小数点后第三位（美国最小货币单位为美分，即小数点后第二位）。如果你以每加仑[二]3.599美元的价格加20加仑油，那么你将支付71.98美元；如果价格是3.6美元，那么你将支付72美元，差别仅仅是2美分。

出现类似3.599美元这样的古怪价格，最重要的原因是，消费者习惯从左向右阅读（绝大多数情况下！），他们对价格位数的敏感度从左向右逐渐减弱。价格的第一个位数对他们的感知影响最大。也就是说，9.99美元给人的价格印象更接近9美元，而不是10美元。神经心理学家发现，小数点右侧的价格位数离小数点越远，其对价格感知的影响就越小。如果这个假设成立，消费者倾向于低估略小于整数的价格。

另一个假设认为，消费者倾向于将以9结尾的价格与促销或特价活动联系起来。将价格由1美元降到99美分有时能够引起销量的大幅上升。我们是否可以将销量提升归功于看似"特价"的表现，而不是仅仅1%的折扣？这个奇妙现象背后的原理尚未有定论。

价格阈值存在的这个事实，确切地说，这个信念，导致到处都在大量使用不是以0结尾的古怪价格。当消费者越来越习惯于看到这些古怪价格时，他们会对价格，尤其是跨过总阈值的涨价越来越敏感。正如表3-1所显示的，玛姆（Mumm）、酷富堡（Kupferberg）和欧洲王子（Fürst von Metternich）三个汽酒品牌销量变化的对比佐证了价格阈值效应的存在。[三]

[一] Diller H, Brambach G. Die Entwicklung der Preise und Preisfiguren nach der Euro-Einführung im Konsumgüter-Einzelhandel. In Handel im Fokus: Mitteilungen des Instituts für Handelsforschung an der Universität zu Köln 54(2): pp. 228-238.

[二] 1加仑≈3.79升。

[三] Rotkäppchen-Mumm steigert Absatz. LZnet, April 26, 2005; Rotkäppchen will nach Rekordjahr Preise erhöhen; Jeder dritte Sekt stammt aus dem ostdeutschen Konzern; Neuer Rosé; Mumm verliert weiter. Frankfurter Allgemeine Zeitung, April 26, 2006, p. 23; and Sekt löst Turbulenzen aus. LZnet, November 29, 2007.

表 3-1　三个汽酒品牌的涨价以及相应的效应

	玛姆		酷富堡		欧洲王子	
	调价前	调价后	调价前	调价后	调价前	调价后
价格（欧元）	4.99	5.49	3.45	3.90	7.75	8.50
需求（指数）	100	63.7	100	64	100	94
价格弹性	3.62		2.76		0.62	

玛姆调价后价格超过了 5 美元，是这个案例中唯一跨过了价格阈值的品牌。[一]从价格弹性的角度来看，玛姆销量下降幅度远超酷富堡和欧洲王子。价格弹性[二]的数学定义是销量变化率除以价格变化率。我们将在第 5 章和第 6 章深入探讨这个概念。玛姆的价格弹性为 3.62，这意味着玛姆的价格提升 1% 将会带来 3.62% 的销量下降。到底销量的下降有多少源自价格门槛效应，又有多少是因为提价后的正常效应，这很难精确地计算出来。如果我们五五开，那么价格阈值对应的弹性则为 1.81。

尽管类似这样的案例层出不穷，但是关于价格阈值普遍化的效应仍然缺乏有说服力的科学证据。哥伦比亚大学的伊莱·金兹伯格（Eli Ginzberg）教授早在 1936 年就开始研究价格阈值效应。[三]1951 年，经济学家乔尔·迪恩（Joel Dean）报告了一家邮购企业尝试测试不同价格阈值的结果：让人吃惊的是，销量变化毫无规律可循——将价格从 2.98 调整到 3 美元，销量时而大幅提升，时而下滑。没有明确的证据证明销量会因为产品的价格定在哪个具体的数字上而有明显的提升。[四]

㊀ 酷富堡最接近的价格阈值是 4 欧元，欧洲王子最接近的价格阈值是 8 欧元。

㊁ 价格弹性通常是负数，因为正常情况下价格下降，需求量上升，反之亦然。为了操作方便，我们一般去掉负号，只保留绝对值。

㊂ Ginzberg E (1936). Customary prices. American Economic Review (2): pp. 296.

㊃ Dean J (1951). Managerial economics. Prentice Hall, Englewood Cliffs, NJ, p. 490 f.

在价格越过阈值后，埃克哈特·顾和也没有办法将这些系统性的反应单独区分开来。[一]在另外一个针对女性服装的研究中，一家商店对同一件货品测试了三个不同价格：34 美元、39 美元和 44 美元。结果令人惊讶：39 美元的定价带来了最高的销量；34 美元和 44 美元定价的货品销量与 39 美元定价的货品销量的占比均低于 20%。[二]正如前文所述，这从一定程度证明，以 9 结尾的价格是明智之举。所有这些没有定论的发现使得我们有理由相信经济学家克莱夫·格兰杰（Clive Granger，2003 年诺贝尔奖获得者）和安德烈·加博特教授（Andre Gabort）在 1964 年提出的假设：人们之所以相信价格阈值效应的存在，是因为所有人都在这么做。[三]换言之，存在即合理。

价格阈值，无论它是真实存在还是仅存于理论中，都是商家在涨价时一个绕不开的话题。每当产品价格上涨越过阈值，销量就可能出现大幅下滑。一种规避涨价的变通方法是改变包装的大小，实现变相涨价。前提是普通消费者不会察觉到厂家对包装做了手脚，只要价格没有发生变化。但如果使用不当，这样的做法很可能会适得其反，正如我们在 2008 年金融危机期间所见证的。四季宝（Skippy）花生酱的生产厂家引入了一种底部有凹口的新包装瓶，虽然摆在货架上看不出产品有任何变化，但瓶子里的花生酱的实际容量减少了，结果在全美范围内受到了负面的舆论关注。[四]在 2009 年，哈根达斯将它们标准的

[一] Kucher E (1985). Scannerdaten und Preissensitivität bei Konsumgütern. Gabler, Wiesbaden, p. 40.

[二] Anderson ET, Simester DI (2003). Effects of $9 price endings on retail sales, evidence from field experiments. Quantitative Marketing and Economics (1): pp. 93-110.

[三] Gabor A, Granger CWJ (1964). Price sensitivity of the consumer. Journal of Advertising Research (4): pp. 40-44.

[四] Hirsch J (2009). Objects in store are smaller than they appear. Los Angeles Times, November 9, 2008.

冰激凌盒的容积由16盎司（约454克）减少到14盎司（约397克），但仍保留“一品脱”包装盒的说法。这种做法促使它的宿敌Ben & Jerry发表了以下声明：

> 我们的一个竞争对手（它有一个滑稽发音的欧洲名字）最近称，为了应对原料及生产成本上涨，保障利润，它将其一品脱的产品包装由16盎司减少为14盎司。对如今艰难的经济环境，我们感同身受。我们同样深知你们过得也很不容易。正因为如此，我们比以往任何时候都更坚定地认为，你们有权享用属于你们的完整的一品脱冰激凌。[一]

如某些现代经济学与心理学研究者的研究显示，价格阈值效应并非无往不利。有研究表明，如果没有证据证明存在价格阈值，那么采用以9结尾的定价会白白错失应得的利润潜力。[二]渠道商们（包括零售商、经销商、批发商等）的利润仅有1%并不罕见。假定需求量没有变化，价格从99美分提升至1美元将会让利润翻倍。[三]即使销量出现大幅下降（比如10%），涨价仍然有利可图。

前景理论

赫尔曼·海因里希·戈森（Hermann Heinrich Gossen）在1854年提

[一] Ben and Jerry’s Calls Out Haagen-Dazs on Shrinkage. Advertsing Age, March 9, 2009.

[二] Diller H, Brielmaier A (1996). Die Wirkung gebrochener und runder Preise: Ergebnisse eines Feldexperiments im Drogeriewarensektor. Schmalenbachs Zeitschrift für betriebs-wirtschaftliche Forschung, July/August, pp. 695-710.

[三] Müller-Hagedorn L, Wierich R (2005). Preisschwellen bei auf 9-endenden Preisen? Eine Analyse des Preisgünstigkeitsurteils. Arbeitspapier Nr. 15, Universtität zu Köln, Seminar für Allgemeine Betriebswirtschaftslehre, Handel und Distribution, Köln, p. 5.

出的边际效用递减定律是如今最广为人知的经济学规律之一：消费的商品每增加额外一个单位所带来的其边际效用递减。然而，这个理论并没有对于正负边际效用进行区分。卡尼曼和特沃斯基提出正负边际效用可能是不对称的。图 3-2 展示的是他们称之为“前景理论”的基本概念。第一象限是效用曲线的正向部分，这和戈森 1854 年提出的理论相符——边际效用稳定提升，幅度递减。也就是说，你所赢取或赚到的第一个 100 美元的效用比下一个 100 美元的效用要大。

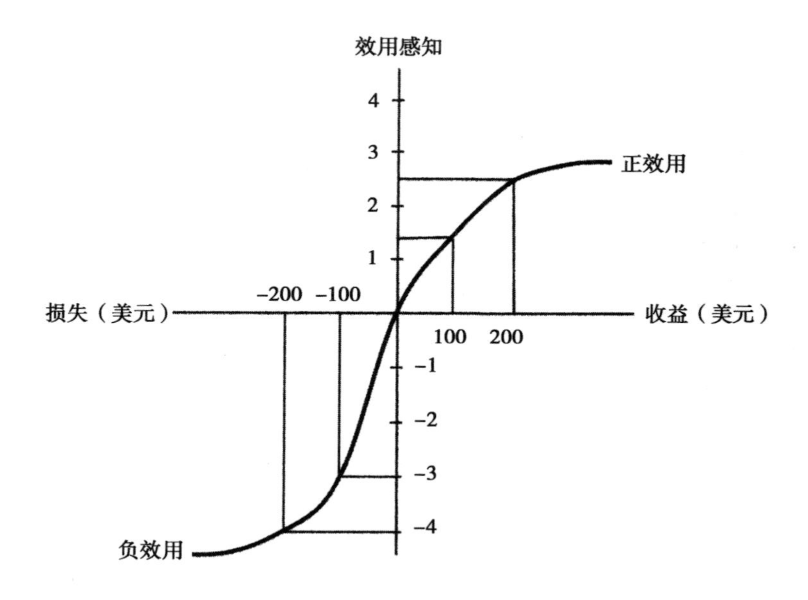

图 3-2　卡尼曼和特沃斯基的前景理论

前景理论区分了正边际效用（源于收益）和负边际效用（源于损失）。也许用“边际损害”这个词来形容负边际效用更为合适。边际损害曲线出现在第三象限。与收益曲线类似，边际损害随着损失的递增而递减。这并不奇怪。前景理论真正有突破性贡献的信息是：当收益和损失的绝对值相同时，损失所带来的负效用必然大于收益带来的正效用。换句话说，损失带来的痛苦大于收益带来的快乐，即使损失和收益从绝对数值上来看是相等的。我们每个人关注的不仅仅是净效用，还包括这个净效用的来源。

怎样用最简单的方式来解释这个现象呢？请想象以下场景：某人参加了一次抽奖活动。主办方打电话通知他中了 100 万美元的大奖。一个小时之后，主办方再次给他打电话，说："抱歉，今晚的抽奖结果无效，你没有中奖。"突然间，这位"得奖者"遭受了 100 万美元的巨大损失，虽然事实上他从来不曾拥有过这笔财富。对他而言，净效用并没有发生任何变化。在第一通电话之前，他不是一个百万富翁；在第二通电话之后，他也不是一个百万富翁。但我们可以断定在整个经历中他的净效用是非常负面的，需要几天甚至几周的时间来平复这份失落。

前景理论及价格

前景理论和价格有什么关系呢？尽管"定价"这个词在卡尼曼那本旷世之作中只出现了两次，但前景理论对定价至关重要。支付价格产生负效用，个人所支付的金额是一种牺牲、一笔损失。相反，购买一件商品或享受一次服务是一种收益，产生正效用。收益和损失所产生的效用不对称性会引发一些异常的效应，其中一个广为人知的就是厌恶剥夺效应，你可以在卡尼曼和他的学生一起进行的实验中了解这个效应。在实验中，第一组学生收到了刻着大学校徽的马克杯，每个价值约 6 美元；第二组学生什么也没收到，但他们可以从第一组学生那里购买杯子。你猜这些潜在的买方和卖方如何看待马克杯的公允价格？

杯子的平均要价是 7.12 美元，而有购买意向的学生平均出价 2.87 美元，两者之间差异巨大。由于学生被随机地分在两个组，所以我们可以推测每个组都有同样的价格期望。经典经济学无法解释这两个价格之间的巨大差异，但前景理论可以：放弃我们已经拥有的东西和得到一个我们想要购买的商品，前者的负效用比后者的正效用要大得多——不愿放弃我们已经拥有的东西是人类的共性。

选择商务舱还是经济舱[㊀]

前景理论同样可以解释在人类身上偶发的诡异行为。2011 年 10 月 27 日，我计划从广州飞回法兰克福。当我来到汉莎航空的商务柜台办理登机手续时，地勤人员告诉我商务舱超卖了，他问我是否愿意“降级”到经济舱，并补偿给我 500 欧元，我说不。然后他不假思索地把补偿金额提高到 1500 欧元。听到这个数字，我不禁迟疑了一下。我非常不乐意把近两米的自己挤进长途航班的经济舱的狭窄座位，同时还要放弃在商务舱完成很多工作的机会，但我必须承认，花 12 小时赚 1500 欧元是相当不错的时薪报酬。

类似的事情早些年在波士顿也发生过，当时让我从商务舱改为经济舱的补偿是 1000 美元。

“这对于一趟六个半小时的航班来说是个不错的条件。”我和太太谈论道，她和我一同乘坐这趟航班。但是她显然是我们两个中更理性的一个，她说：“这正是你为了乘坐商务舱而愿意多掏的钱。为什么你不一开始就订经济舱，省下那 1000 美元呢？”当然，她是对的。最开

㊀ 本节中的“我”特指赫尔曼·西蒙。

始预订航班的时候，我从来就没有想过要预订这趟红眼航班的经济舱。为什么突然之间我愿意接受这个条件，把舱位降至经济舱呢？前景理论的解释似乎比较合理：损失厌恶。航空公司提供的 1000 美元赔偿金唾手可得，放弃它给我带来的负效用，大于当初我花 1000 美元换来的正效用。顺便提一句：由于另一个认知偏误——心理账户的影响，现金赔偿比非现金赔偿会给受益人带来更大的正效用。

用现金购物

现在，你几乎可以用信用卡在任何地方消费，这种方式更加便捷和快速，而且不需要随身携带现金。随着支付宝、微信支付、PayPal 等移动支付工具的普及，越来越多的人开始拥抱无现金社会。但是仍然有一些人更愿意使用现金，这又是为何？

经济学家之前认为是交易成本的差异决定了消费者的支付形式偏好，但是，现金支付还给消费者带来了其他益处。行为心理学告诉我们，相比非现金方式支付，现金支付带来的负效用更强烈。如果你想控制自己的开销，抵挡购物的诱惑，那么尝试尽可能用现金购物可以更好地帮助你实现这个目的。

有两位经济学家发现了另外一个效应。他们在对 25 500 笔个人交易的调查中发现，希望掌握自己收支情况的消费者倾向于不使用信用卡。他们把这个现象称作现金的“提醒效应”。[㊀]当你打开自己的钱包

㊀ von Kalckreuth U, Schmidt T, Stix H (2011). Using cash to monitor liquidity-implications for payments, currency demand and wothdrawal behavior. Discussion Paper Nr. 22/2011. Deutsche Bundesbank, October 2011.

时，你马上就会看到自己已经花了多少钱，还剩下多少钱。对于经济条件有限的人们，特别建议他们使用现金支付来控制自己的开销。人们确实也是这样做的，研究发现：经济拮据的人有三分之二的交易是通过现金支付的。

非现金社会的原罪

非现金支付方式充满诱惑。消费者可以即时享受消费的喜悦，几周或几个月后才去面对支付账单的苦恼。商家提供的分期付款或者“白条”进一步降低了我们在支付时的负担和负罪感。事实上，非现金支付使得我们对花钱这件事的敏感度和痛感降低了，因为我们不再需要把钱从钱包里掏出来，我们只需要签字、扫码、输入交易密码，或者刷脸。这带来的直接结果是付钱产生的负效用减少了，尽管付的钱丝毫没有减少。

当我们收到账单时，单独一项交易的负效用被藏在长长的交易清单里，这同样会淡化痛感。如果你还记得图 3-2 里的效用曲线的话，边际损害效用也是递减的。用现金支付，你站在效用曲线的原点。如果用信用卡或者其他移动支付，你已经处在边际损害的第三象限了。换言之，你从钱包里掏出来的 100 块钱和你在账单上看到（当然，你早晚也得支付）的 100 块钱带来的负效用是不同的。

有些信用卡公司还通过赋予正效用来进一步抵消消费带来的负效用。比如，当客人在酒店登记入住时，或者在其他高级场所掏出信用卡付款时，信用卡本身也成了一种彰显身份的工具。美国运通（American Express）有一种百夫长卡（Centurion Card），俗称“黑卡”（black card）。只有极少数的富豪才有资格拥有一张需要花费巨额年费的黑卡。为了更好地服务这些持卡人，美国运通在机场设有独家百夫长候机室，提供与众不同的免费服务。位于达拉斯 – 沃思堡国际机场的百夫长候机室包含一个水疗馆，提供由达拉斯的丽思卡尔顿酒店主厨料理的自助餐，以及一个功能齐全的顶配淋浴房。[㊀]

电商们通过提供消费信贷产品降低用户在支付时产生的负效用。用户在消费时可以预支个人信用额度，享受“先消费后付款”的购物体验。很多情况下，用户每月只要还最低还款金额，就可以持续满额使用信用额度。在信贷产品导入市场初期，用户还可以享用免息贷款的福利。但免费不会是永远的。一旦消费者养成了习惯，他们也就往往很难脱身了，因为他们不愿失去这种习以为常的“便利”，有意无意地忽视他们所必须承担的“成本”。从前景理论来看，这是典型的损失厌恶心理在起作用。

日益兴盛的非现金支付是我们这个消费主义盛行的时代的缩影。

“现金返还”和其他怪相

前景理论同样可以解释一些从古典经济学角度看似乎荒谬的定价结构。“现金返还”（Cash Back）是汽车经销商常用的一种销售手法：购买一辆 30 000 美元的车，可以获得 2000 美元的现金返还。这看似多此一举的操作有什么意义呢？前景理论告诉我们答案。支付 30 000 美元产生巨大的负效用，它通过获得一辆新车的正效用得到抵消。除此之外，2000 美元的现金返还又将产生额外的正效用。与直接以 28 000 美元买车相比，这样的方式可以提升买家的净效

㊀ McCartney S (2014). The airport lounge arms race. The Wall Street Journal, March 5, 2014.

用。如果经销商接受以支票、转账或者信用卡等非现金方式支付，那么正效用将进一步放大。对大多数人来说，现金比数字货币更像真正的“钱”。

有意思的是，硬币的另一面同样成立。若干年前，我们打算在城里购置一处房产。经过一番调查后，我们基本锁定了一套在建的新公寓。在与房地产开发商的销售顾问敲定基本意向后，我们准备支付订金。当我询问应该如何汇款的时候，他告诉我：“抱歉，我们只接受现金。您可以在下次我们见面的时候把钱带给我。”我一时间有一些恍惚，以为自己听错了。我们不是生活在21世纪吗？再次询问后，我才确认他是认真的。在回家的路上，回想他当时的解释，我觉得要求用现金支付订金确实是一个不错的主意。

“我们时常会遇到客户预订后又取消的事情。这对我们来说很麻烦，需要安排退款等。更糟糕的是，我们会错过其他真正想购房的客户。用现金支付订金会让我们的客户更慎重考虑自己的意向。这对双方都是好事。”

事实上，尽管我得特意跑一次银行去取钱，然后再当面交付订金，但整件事情也变得更有仪式感和人情味。

月球价格

在日常生活当中，我们经常会碰到令人咋舌的建议零售价，但实际上，从来没有人按这个价格支付，德国人称为“月球价格”（Moon Price），暗指天文数字般高昂的价格。商家提供一个定价100美元、折扣为 25% 的产品，和直接要价 75 美元，这两者哪个更好呢？古典经济学无法回答这个问题，因为它只关注最后的结果：两种情况下，顾客最终都支付了 75 美元。

前景理论在关注结果的同时，同样关注过程。折扣给买家带来额外的正效用，这意味着，消费者看到 100 美元的价格，然后获得 25% 的折扣购买产品比以原价支付 75 美元所获得的净效用更大。这种销售手段在消费品和零售领域司空见惯，聪明的消费者也渐渐明白，这看上去的实惠只不过是商家的套路，羊毛还是出在羊身上。那为什么“月球价格”还是那么普遍呢？

有两个答案。第一，高的目录价格可以为卖家提供价格差异化的机会，并不是所有的买家都会享受同样的折扣。一名优秀的销售顾问懂得察言观色，会根据客户的预算和价值感知来报价，帮助企业获得更高的收入和利润；第二，爱贪便宜是人性的弱点。这与个人财富、购买产品的价值都弱相关。因为价格是价值的标尺，较高的标价会让消费者提升对产品质量的信任感，而折扣提供了额外的正效用，使消费者获得更大的净效用。但这种策略的弊端也是显而易见的，久而久之，客户会对折扣产生免疫力，从而要求更高的折扣。如果商家无节制地夸大“月球价格”，那标价将在某个临界点后失去信用，这个策略就彻底失效了。

不仅在消费级市场，在企业级市场，许多行业也采用了目录价格配合折扣销售的定价方法。上面提到的消费级市场中采用“月球价格”的原因，在这里也同样适用。此外，企业采购部门的考核机制也起到了推波助澜的作用。采购人员的绩效在很大程度上取决于他们能为企业节约多少钱。换言之，就是从供应商那里获得多大的折扣。所以，很多工业品供应商在报价中必须考虑一个因素：客户的采购部门对这个产品或者服务的降本指标[1]是多少？ 4% 还是 8%？是一年 8%，还是两年各 4%？

价格结构

对行为心理学的理解，可以帮助我们设计更合理和更受欢迎的价格结构。其中一个核心问题是计价单位，即商家采用何种方式来呈现计算价格的单位。让我们来看一下汽车保险的例子。车险的标准表达方式是年保险费，以每年 600 美元为例。如果我们以季度甚至月度为单位来标价，是不是更明智？这样的话，客户看到的数字将会大大减少——每季度 150 美元或者每个月 50 美元，而且可能会营造一个更加诱人的价格印象。[2]

然而，当客户真的支付保费时，保险公司也许应该让客户一次性支付全年的 600 美元费用，而不是分期 12 个月，每个月支付 50 美元。当客户按月支付时，一年会“伤害自己”12 次，累计的负效用会比一次性全款支付的更大。另外，奖金或还款用分期支付的方式会更好，因为每次收到钱都会给收款者带来积极的情绪和正效用。但这也不是绝对的。如果每次支付的金额太小，可能起不到激励作用。企业在考虑客户心理之外，也需要衡量分期收费带来的额外运营成本。假

---

[1] 上规模企业的采购部门通常有年度成本优化指标，通称降本指标，一般量化方式为同一产品的下一年度采购成本应比本年度采购成本降低 x%。

[2] Schmidt-Gallas D, Orlovska L (2012). Pricing psychology: findings from the insurance industry. Journal of Professional Pricing (4): pp. 10-14.

设，一份报纸全年订阅费为360美元。读者可能更希望按月收费，每月支付30美元。但对报社来说，一名读者一年12次的收费方式给行政和财务处理都带来了不少麻烦，这可能不是一个好主意。事实上，你会看到越来越多的报社，以及其他订阅媒体开始采用多样化的价格结构。比如，为了鼓励用户一次性支付全年的订阅费，媒体公司会给全年订阅的用户提供一定的折扣或者提高按月付款的金额（猜猜哪种方式更有效）；为了降低到期终止订阅的风险，媒体公司会向用户提供不限期的自动订阅方式；为了降低新用户的使用门槛，媒体公司会向新注册用户提供第一个月的免费试用。事实证明，免费试用是转化新客户的有效工具，你应该已经猜到了原因，没错，是损失厌恶！

心理账户

芝加哥大学教授理查德·塞勒（Richard Thaler）提出了心理账户理论，认为消费者将他们的交易分配到不同的心理账户当中。他们花钱的态度取决于他们用的是哪个“账户”的钱。[⊖]这些“账户”很可能是根据不同的标准或需求设定的，比如食物、度假、爱好、交通或人情往来。这样的分类帮助消费者制定预算、做计划，以及监控开销。每个“账户”都呈现不同的消费行为和不同的价格敏感度。根据前景理论，每个“账户”都会对应一条独立的效用曲线。

⊖ Thaler RH (1999). Mental accounting matters. Journal of Behavioral Decision Making (3): p. 119, and Thaler RH (1994) Quasi-rational economics. Russell Sage, New York; see also Thaler RH, Sunstein CR (2009). Nudge: improving decisions about health, wealth and happiness. Penguin, London.

卡尼曼和特沃斯基的一个著名实验展示了错误心理账户所带来的荒诞效果。实验参与者无法区分哪些成本和他们的决定相关，哪些不相关（比如沉没成本）。假设一张戏剧的门票需要 10 美元。实验参与者被随机分为两组。第一组的参与者被告知他们正站在剧院门口，但不幸的是门票遗失了；第二组的参与者被告知他们需要到售票处购买一张门票，并且在不久前他们刚刚遗失了 10 美元。

第一组中有 54% 的人决定购买一张新的门票，第二组中有 88% 的人决定购买一张门票。心理账户理论可以解释这当中的差异。第一组的参与者将遗失的门票和新门票的价格都登记在“看戏”的账户里，于是门票的心理价格变成了 20 美元。对于 46% 的参与者来说，这个成本太高了。然而，第二组的参与者将遗失的 10 美元登记在了“现金”账户中。由于他们的戏剧门票心理价格没有受到影响，仍然维持在 10 美元，因此大部分的人决定购买一张 10 美元的门票。也就是说，参与者们将他们的收益和损失分配在了不同的心理账户中。花在这里的 10 美元和花在那里的 10 美元，虽然金额相同，但对消费者效用的影响很可能截然不同。

神经定价学

神经定价学的研究建立在行为定价的基础上，使用类似核磁共振成像（MRI）等现代科技测量人们对价格刺激产生的物理反应，进一步扩展行为定价理论。

“对价格的感知和对其他刺激物的感知并没有什么不同。”一位研究人员说。[㊀]这个简单的结论意味着价格感知会触发大脑反应，而现在

㊀ Müller K-M (2012). NeuroPricing. Haufe-Lexware, Freiburg.

科学家们对这些反应的精确测量达到了前所未有的程度。在定价学的研究中，重要的情感是信任、价值和渴求。研究人员通过监测这些情感变化来评估特定营销活动是否成功。到目前为止，神经定价学研究最为有趣的发现是，价格信息会激活大脑的疼痛中枢。这并不意外，恐怕极少有人会将价格和愉悦感联系起来。

神经定价学是行为研究的分支，为丰富人类的知识体系提供有价值的信息。研究人员通过核磁共振和其他扫描方法可以客观地观察影响消费者决策的潜意识过程，而无须参与者提供口头或书面的答案。这样做的目的是直接解读消费者的潜意识，为商家提供影响消费者决策的新方法。我知道你此刻在想什么。是的，此类研究涉及敏感的伦理道德。这只是神经定价学研究者需要面对的一个问题，研究结果的有效性也同样是个问题。研究人员从调查采样开始，就会遇到挑战。这类调查的采样方法与经典的市场研究并无不同。然而，很多潜在的参与者都拒绝将他们的大脑贡献给以营销为目的的心理学研究。另外，神经营销研究只能在特殊的实验室环境里才能实施，这样会让结果的代表性更有限。鉴于以上的因素，这些研究结果能否应用到现实生活场景，能否具有普适性？这些问题仍然是有争议的。

迄今为止，神经定价学研究的发现和洞察还很难让人们从中获得实用的价格建议。神经定价学的研究者凯－马库斯·穆勒（Kai-markus Müller）曾报告他针对星巴克咖啡的一份大脑研究。他总结："……人们购买一杯星巴克咖啡的意愿远比这家公司所设想的高……星巴克正在让数百万的利润从指间溜走，因为它并没有考虑顾客的购买意愿。"㊀即使从未购买过星巴克的咖啡，只是觉得它比较面熟的人们都

㊀ Tversky A, Kahneman D. The framing of decisions and the psychology of choice. Science 211(4481): pp. 453-458.

知道它的价格已经非常高了。尽管我十分尊敬穆勒先生，但恕我直言，我认为他的结论是不成立的。

但是，大脑研究为价格的展示和宣传提供了一些实用的见解。展示价格的标准方式，比如 $16.70，会使大脑疼痛中枢出现显著反应。当美元符号被隐藏，受访者只看到 16.70 时，疼痛反应会减弱。很明显，大脑没有马上辨识出这个数字是一个价格。如果是一个整数，比如 17，疼痛中枢的激活反应甚至会更弱。引发最少痛苦（最小负效用）的价格表达形式其实是大写数字，如十七（seventeen）。今后是否会逐渐出现采用大写数字标价的价目单，还有待时间验证。

大脑研究在市场营销和定价中的应用仍然处于起步阶段，很多假设还需要更多证据的支撑。随着时间的推移，我们将会看到相关研究的进步和更多新发现。然而大脑研究的发现是否会给定价带来实用而持续的影响，现在下结论还为时尚早。

总结：谨慎决策

行为和神经经济学是一个令人兴奋的新领域，在这个领域已经取得了令人惊讶和可喜的成果。在这些领域的研究已经改变了我们对经济学的理解，今后很可能会有更多的惊喜在等着我们。这些全新的视角能够帮助我们理解许多古典经济学所无法解释的现象。

尽管如此，我们还是希望提醒读者，你应该非常谨慎地解读和应用本章中提到的发现和洞察。我们相信大多数交易仍然遵循经济学的基本规律。是的，较高的价格在一定情况下可能会带来更大的销量。

但这仍然只是一个例外，并非定律。

试图将行为经济学的发现上升为一般规律是危险的举动。什么时候一年一付会比较好，什么时候分 4 期或 12 期付款又会比较好？这既没有一个笼统的答案，也没法给出无懈可击的解决路径。圣母大学的经济历史学家和哲学家菲利普·米劳斯基（Philip Mirowski）的观点是正确的。他说，行为经济学也许正在颠覆“理性行为”的基础，但它却无法提供解决方案。[1]迄今为止，行为经济学还缺少一个完整的、统一的理论框架。

事实上，行为经济学的测试结果开始面临越来越多的批评和挑战：大部分发现是在实验室的环境下获得的，它们是否真的能被运用到实际生活中，得打上一个很大的问号；某些实验刺激物的设计和呈现形式很可能会诱导参与者给出某个特定的答案。一位商业作家得出了以下结论：“行为经济学的一系列理论和实验性证据应该警示人们，不要彻底否定‘理性人’假设。”[2]尽管人类并不像古典经济学家声称的那么理性，但也并非一些行为经济学家声称的那么不理性。这对于定价来说意味着什么？兼听则明，谨慎决策。

---

[1] Die Ökonomen haben ihre Erzählung widerrufen. Frankfurter Allgemeine Zeitung. February 16, 2013, p. 40.

[2] Beck H (2013). Der Mensch ist kein kognitiver Versager. Frankfurter Allgemeine Zeitung. February 11, 2013, p. 18.

第 4 章

价格定位的高与低

高价策略和低价策略，哪一种能创造更多利润，使企业立于不败之地？你应该避免成为俄罗斯谚语里的那两类傻瓜：一类要价太高，另一类要价太低。两类傻瓜都白白错失了利润。话虽如此，但问题仍然存在：对于企业来说，它的最优价格位置在哪里？企业应该对自身的价格定位有清醒的认知。事实上，明确价格定位是最根本的企业战略决策之一。由于种种原因，一家企业中途更改价格定位的机会是有限的。价格定位的抉择影响企业经营的方方面面：整体的商业模式、产品质量、品牌定位和企业的创新活动，等等。它还决定了企业将服务于哪一个客户细分市场，以及通过哪些渠道去触达目标客户。

成功的低价战略

人们选择低价定位或者高价定位都有可能取得商业上的成功，然而，决定两者成功的因素却大不相同。让我们从两者中更令人惊讶的一方开始说起：看看以低价定位获得成功的企业案例。

奥乐齐

1945 年，阿尔布雷希特（Albrecht）兄弟从母亲手里接过位于德国鲁尔区中心城市埃森的杂货商店。他们秉承为顾客提供优质低价且精简的产品组合的原则，并将家族企业的名称改作 Aldi，即“Albrecht Diskont”（意为阿尔布雷希特折扣店）两个词的前两个字母的组合。时至今日，Aldi（奥乐齐）已经成为德国最大的连锁超市，也是世界上最成功的零售商之一，在 20 个国家和地区拥有超过一万家门店。[㊀]

奥乐齐的核心战略其实很简单：以极具有竞争力的价格供应质量还不错的商品。它销售的产品几乎都是自有品牌，与市场上常见的受欢迎品牌相比，价格低了 20%～40%。尽管如此，奥乐齐还是获得了远高于其他采用高端定位的同行的利润。以下三点解释了为什么奥乐齐的销售利润是一般传统超市的两倍之上：高效率、低成本和资金管理。[㊁]奥乐齐的坪效比一般超市要高 30.3%，仅人力成本一项，奥乐齐

㊀ https: //en.wikipedia.org/wiki/Aldi#cite_note-3.

㊁ 这里的利润度量基于息税前收益（EBIT），其中一个使用了营业利润，因为奥乐齐没有任何债务，税收的利润可能会更高。

就节省了相当于销售额 8.2% 的资金。奥乐齐在商品包装的各个侧面都贴上了产品条形码，此举大大加快了铺货和收银的速度。近年来，越来越多的德国超市开始学习和效仿奥乐齐的精益管理，消费者可以明显地感觉到，不同超市的收银结账时间都在向奥乐齐看齐。奥乐齐还利用其巨大的渠道优势带来的议价权，获取了其他超市难以比拟的采购成本优势。除此之外，奥乐齐的存货周转速度比传统超市快几乎三倍，这让它可以快速回笼资金，而采购账期通常有数月之久，账期的时间差使得奥乐齐可以通过投资流动资金获得短期利息。

综合利用以上这些因素，奥乐齐可以常年通过低价优质策略获取比同行更高的回报，成为德国零售业当之无愧的标杆企业，并日益活跃在国际市场的舞台上。然而，面对不同国家的市场环境，奥乐齐引以为豪的低价优质策略是否还能够普遍适用，这还有待时间验证。

2019 年 6 月 9 日，经过长达数年的筹备后，奥乐齐在上海开设中国首家门店，受到了消费者的热烈追捧。但中国的奥乐齐和德国本土的 Aldi 显然走的是不同的路线。“魔都”的奥乐齐比德国的兄弟门店显得更现代，选址在闹市也决定了德国本土习以为常的低价策略在中国很可能无法彻底实施。地区经济差异迫使国外企业在进军中国市场时需要做相应的调整。那些更早进入中国市场的“廉价”品牌为奥乐齐提供了什么样的经验呢？

洋品牌往事

1987 年，肯德基在中国的第一家餐厅——“肯德基家乡鸡”快餐店在北京前门开张。

1990 年，麦当劳在中国的第一家餐厅在深圳开张。

1998 年，宜家在中国的第一家家居商场在上海徐汇区开张。

如今，肯德基在中国拥有超过 6500 家餐厅，遍布 1000 多个城镇，在母公司百胜集团拆分中国业务前贡献了肯德基全球一半以上的收入。尽管招牌中早已不见“家乡鸡”的字眼，但这不妨碍肯德基成为国人眼中最接近家乡菜的洋品牌，更是被亲切地称为“开封菜”（取自肯德基英文缩写 KFC 的谐音）。2020 年，肯德基顺应潮流推出“KAIFENGCAI”系列螺蛳粉。2016 年百胜分拆中国业务时，阿里巴巴入股百胜中国，顺利成为肯德基中国的幕后股东。无独有偶，在百胜中国业务独立后不久，麦当劳也将中国内地和香港地区的业务经营权出售给了中资背景的财团。

相比肯德基和麦当劳，晚进入中国十年、来自瑞典的宜家在开店速度方面保守了许多，目前，其在中国的 33 间家居商场还是主要集中在一二线城市。虽然保留了百分百的洋品牌身份和招牌式的北欧风情，但宜家在服务理念方面进行了迎合中国消费者习惯的本地化调整，对于新兴的中国中层收入者来说，宜家是家喻户晓的家居生活品牌。

尽管行业不同，但上述这三家较早进入中国市场的连锁零售品牌有一个共性：它们在本国市场中的定位都是物美价廉。毋庸置疑，便宜是快餐的立足之本。哈兰·山德士上校（肯德基品牌的创始人）最早是在美国 25 号公路的加油站餐厅向卡车司机出售热量够高、价格够公道的炸鸡；要不是麦当劳兄弟决定不再售卖更贵且制作耗时过长的烤肉，转而提供仅售15美分、以汉堡包作为拳头产品的标准化套餐，麦当劳绝不会有今日全球快餐业龙头的地位；在典型的高价格国家瑞典，宜家瞄准的目标客户也是对生活品质有所追求但是囊中略显羞涩的客户群体。

在本国行之有效的低价优质策略，在进入还是新兴市场的中国之后是否还行得通？事实上，生产和供应链等各方面的限制决定了洋品牌在中国很难实施低价策略。调整市场定位势在必行。换言之，原本瞄准大众市场或者说价格敏感客群的洋品牌，在进入低价格国家后很有可能会被迫升级。

为了能够触达更多的中国消费者，除了在产品上的本地化调整，比如只有中国市场才能买到的老北京鸡肉卷、麦辣鸡翅、早餐粥和油条等等，肯德基和麦当劳也沿用了在本土市场熟练使用的优惠券策略。优惠券是个带有时间印记的事物。早年印制在A4大小传单上的优惠券早已被微信小程序或商家自有App中的电子券代替。2020年4月，肯德基在App中推出“会员专享原味鸡半价桶”优惠券当天，服务器由于访问量激增而宕机。

近几十年来，随着中国经济的高速增长，肯德基和麦当劳在中国活得越来越像它们原本的模样。尽管形式不同，但优惠券的目的从未改变：通过折扣和赠品吸引那些对价格敏感的客户。优惠券是帮助企业识别价格敏感人群的有效工具，进而帮助企业实现有效的差异化定价。同时，由于民众消费水平能力的提高，洋快餐也逐步走下神坛，越来越接近物美价廉的初心。30年前，一个汉堡包十几元，一碗兰州拉面可能只要1元。如今，汉堡包还是十几元一个（尺寸也缩水了不少），兰州拉面的价格也轻松地从10元起跳了。

宜家与肯德基、麦当劳有异曲同工之妙，进入中国市场的时机也非常好。瑞典人将充满北欧风情的生活方式，以大城市的白领阶层能够负担得起的价格带给他们。作为宜家中国首店的上海徐汇店，很长一段时间内是长三角唯一一家宜家商场，周边江浙城市的居民甚至会专程驱车来购物，一时风头无两。

宜家的经营理念是“提供种类繁多、美观实用、老百姓买得起的家居用品”。尽管由于成本原因，宜家在中国无法做到在瑞典那样的低价，但如果你关注过宜家的定价，你会发现其实宜家每年都会对多种产品进行降价。在给消费者提供实惠的同时，宜家的利润却并没有受到影响。这得益于宜家对产品材料、制造工艺和全球供应链体系的持续优化，而销量的提升可以帮助宜家在采购端获得更强的议价权，使得进一步降价变得可能，从而形成良性循环。

你或许不知道，宜家还是一家真正做到客户导向的创新公司。宜家以客户需求为出发点设计产品，并以最经济的方式满足客户需求。这一理念不仅体现在产品本身的设计上，还考虑到了产品生产、包装、运输的成本。在宜家内部有这么一种说法：“我们最先设计的是价格标签。”也就是说，宜家的产品在设计前就已经确定了价格和相应的成本目标，然后在这个框架下设计出尽可能美观而实用的产品。

从宜家的例子中，我们可以看出低价定位策略成功的根本不在于降低成本，而是从客户角度出发找到最经济的解决方法。正是因为做到了这一点，虽然宜家每年都在降价，但是挑剔的中国消费者并没有把宜家与“便宜货”联系起来。这是一个了不起的成就。

相对便宜的选择

很多公司都面临这样一个难题：要不要为应对竞争对手而推出便宜的替代产品（Less Expensive Alternative，LEA）。为建立与主品牌间的防火墙，控制内部销量侵蚀风险，LEA 通常会以不同的品牌名进行行销。

一家世界领先的特殊化工品公司留意到它独有的硅基产品正在逐渐失去竞争优势。低价仿冒者进入了市场，严重威胁这家行业龙头公司产品目录中的 7000 种产品。面对挑战，这家公司的管理层决定维持主品牌的价格水平，同时，它创立一个相对便宜的副品牌，价格定位大约比主品牌低 20%。这个副品牌不提供任何个性化定制服务，仅接受整车产品订单，不接散单，客户需要等待 7～20 天才能拿到货物。

在实施 LEA 策略后，这家公司的销售额开始取得双位数的强劲增长。它的营业额在 4 年的时间里从 23 亿美元激增至 64 亿美元，公司从年度亏损 2700 万美元转为盈利 4.75 亿美元。LEA 与主品牌形成联动，成为这家公司成长的新引擎。

需要指出的是，LEA 绝非万能药，LEA 策略是否成功受诸多因素影响。LEA 争取到的，实际上是市场上那一批因为预算问题无法选用主品牌的客户群体，他们虽然对产品品质有比较高的要求，但是预算有限。其他竞争对手的低价仿制品虽然满足客户的预算要求，但是其品质乃至产能稳定性、交付准时性，以及专业服务能力还是会让客户心存疑虑。在这样的大前提下，行业龙头企业的 LEA 才有了用武之地——由大牌背书的产品品质令人放心。如果跳出工业品的范畴来看，这也可以解释电商平台上有那么多所谓的原厂产品大行其道、销量可观。

而对于类似此处提及的工业品来说，LEA 策略的实施有两个难点：其一，工业品大多是中间产品，并非面对终端客户的成品。取决于终端客户的要求，制造商对中间产品品质的要求可高可低。如果产品品质相对不重要，即使是 LEA 也很可能很快再次陷入竞争的泥沼；其二，与主品牌的防火墙成立的基础是存在可行的产品或者附加服务差异化调整的可能性。如果产品和服务的调整对客户来说无足轻重，那么副品牌其实是个伪命题，它侵蚀主品牌的概率会大大增加；如果现有产品和服务对客户来说都是构成购买决策的核心因素，那么一个功能精简后的副品牌势必无法俘获客户的欢心，失败也在所难免。

低价战略的成功要素

因采取低价战略而获得成功的公司并不多。成功者具备以下共性：

- **生来低价：**所有成功采取低价定位的公司都是从一开始就专注于通过低定价获取高销量。在很多案例中，它们都采用了全新的商业模式。据我所知，没有任何一家公司是从高端或者中端价格定位成功转型至低价定位的。
- **极其高效：**所有成功的低价定位公司都是基于极低的运营成本和极高效的流程管理来经营的。尽管售价低廉，它们依然能实现良好的利润率和盈利。
- **产品质量过硬并始终如一：**即使采用低价定位，如果产品质量差或不稳定，成功也是无法持续的。

- **聚焦核心产品**：削减任何不必要的服务并不是廉价航空公司的专属，奥乐齐或宜家等消费品零售公司都是这么做的。它们不做任何不是客户必需的事情，这样既可以节省成本，又不会对客户的价值感知产生负面影响。
- **增长优先**：它们的商业模式能够支持可持续的高速增长，扩大规模经济效益是抵消低价带来的成本压力的最有效的途径。
- **强势的采购管控**：在面对供应商时，它们立场强硬，锱铢必较，但又有理有据。
- **稳健的财务**：它们极少找银行或者到债券市场融资。相反地，它们一般依靠自筹资金或者供应商信贷来解决问题。
- **高度的纵向整合**：它们尽可能多地销售自己品牌的产品，如宜家。就算是奥乐齐，它的自有品牌也覆盖了超过 90% 的产品。它们同时对产品的价值链实行高度控制。
- **直接的价格沟通**：它们从不避讳低价定位。营销及传播活动几乎完全围绕价格或者说物美价廉的卖点展开（如奥乐齐、低成本航空公司等）。
- **坚定的低价主义者**：几乎所有成功的“低定价—高利润”公司都坚定地遵循“每天低价”策略，而不会采用高低价组合策略（频繁短期促销以刺激客户购买）。
- **对目标客户的深刻洞察**：低价定位不意味着盲目地削减成本。成功地采用低价定位的公司之所以成功，是因为它们把握了目标客户的核心价值诉求，并以此为前提削减了可以削减的成本。

是的，对于一家公司来说，通过低价定位实现可持续的高利润是完全有可能的。显著且可持续的成本优势是重要的先决条件。然而，这是一件很困难的事情，唯有那些从成立之初就选择低价定位这条道路，并持续践行精益管理哲学的企业才有可能到达成功的彼岸。春秋航空创始人王正华的办公室面积不过十余平方米，他出门从不坐头等舱。由奢入俭难，要让一家习惯了大手大脚的公司转型采用低价策略并取得成功，难上加难。不要小觑低价公司。低价是个实实在在的技术活。其中的最大挑战在于发掘目标客户关注的核心需求，并以最经济的方式满足这个核心需求。只有那些拥有强大意志和坚定勇气的经营者，在日复一日的管理中坚持践行实用、节俭（“一个铜板都不浪费”）的原则，才能克服各种困难，顺利走上低价成功之路。

超低价格：可以比低价更低吗

如“洋品牌往事”中提到的，所谓的低价定位是相对的。成熟市场中被认为理所应当的产品，对于发展中国家或者欠发达地区的民众来说可能遥不可及。在新兴市场中我们可以找到接近绝对意义上的“超低价”市场。在那里，同品类的商品价格较成熟市场要低 50% 以上。两位印度裔的美国教授很多年前就预测到了这一趋势，他们在 2006 年出版的《86% 市场战略》（*The 86% Solution*）一书中称之为“21 世纪最大的市场机会”。[⊖]书名中的 86% 指向一个惊人的事实：全球有 86% 的家庭年收入低于 1 万美元。这种收入水平的民众是负担不起那些在高度发达国家被视作普通商品的产品，甚至包括那些

⊖ Mahajan V (2006). The 86% Solution-how to succeed in the biggest market opportunity of the 21st century. Wharton School Publishing, New Jersey.

认为是理所当然的个人卫生用品。即使在如今的中国，我们也不应低估地区经济发展的差异。北上广深无法代表全中国。2020 年 5 月，李克强总理在一次记者会中提到，中国有 6 亿人每个月的收入仅 1000 元。[一]对超低价产品的需求真实存在，拼多多的强势崛起就是最佳证明。

已故的普拉哈拉德（C. K. Prahalad）先生，生前曾在密歇根大学任职教授，在他的《金字塔底端的财富》（*The Fortune at the Bottom of the Pyramid*）一书中就超低价细分市场所蕴含的商机进行了更深入的探讨。[二]中国、印度及其他新兴经济体的经济持续增长，意味着每年都有数以百万计的消费者积聚足够多的购买力去购买工业化制造的超低价格产品。这些新兴经济体中的消费者对消费品和耐用品有巨大需求，代表了一个非常庞大并且高速发展的细分市场。而超低价定位是打开这个高潜力市场的钥匙。并非每一家公司都有能力为这个极具挑战性的细分市场服务。超低价定位要求企业经营方式的不同寻常。

达契亚洛根

“超低价细分市场”不仅限于诸如个人卫生用品、清洁用品，或婴儿护理用品等快消品。耐用品中同样也有超低价细分市场，以汽车为例，目前全球超低价汽车的年销量逾 1000 万辆，预计下一个 10 年，这个数字将增长 3 倍左右，远超汽车整体销售市场的增速。

[一] https : // finance. sina. cn/china/gncj/2020-05-29/detail-iircuyvi5668725. d. html.

[二] Prahalad CK (2010). The fortune at the bottom of the pyramid. Pearson, Upper Saddle River, NJ.

法国雷诺汽车的达契亚洛根（Dacia Logan）是成功范例之一。达契亚洛根在罗马尼亚进行组装，每辆车的售价约为9600美元，累计销量逾100万辆。这个价格比一辆常见的大众高尔夫型号的轿车要便宜一半以上。正如德国人有时会开玩笑说德国的超市业正在"奥乐齐化"（Aldization），法国人会说他们的汽车市场正在"洛根化"（Loganization）。事实上，达契亚洛根这一廉价品牌在邻国德国——世界上最具挑战的汽车市场之一也站稳了脚跟。这一现象说明，超低价产品在西方发达国家的主流产品市场中也可以占有一席之地。然而廉价并不代表低质，特别是像汽车这样的产品，安全对客户来说至关重要。提供廉价汽车的厂商最大的挑战在于如何聪明地做减法。

人民的代步车[一]

2020年初，柳州的汽车主机厂上汽通用五菱开始改造生产线转产医用口罩，并打出"人民需要什么，五菱就造什么"的口号。此后，五菱以"人民的汽车制造商"而闻名。虽然出了国门，可能无人知晓。

2020年5月，宏光MINI EV开启预售，7月于成都车展正式上市。同年9月，销量达到14 495辆，超越之前的新能源汽车销量冠军特斯拉Model 3 11 329辆。此后的几个月，宏光MINI EV成功卫冕新能源汽车月度销量榜的冠军。2020年全年，宏光MINI EV销量累计达127 651辆，成为销量第一的自主品牌新能源汽车，仅次于特斯拉的Model 3。进入2021年后，宏光MINI EV走势依然强劲，牢牢把持住新能源汽车销售冠军的宝座。

㊀ 本篇参考了以下资料：https: //cutt.ly/GjU2T3i；https: //cutt.ly/vjU2Taq.

宏光 MINI EV 能够成为“人民的代步车”，2.88 万～3.88 万元的超低售价功不可没。受低利润率的困扰，大多自主品牌厂商都削尖脑袋往高端发展，一门心思地推动产品升级，不惜斥巨资投资“高端品牌”，与外资及合资品牌争夺高端用户。吉利和长城们不是没有能力造如此低价位的车型，而是心有顾虑不愿为之，在客观上为现象级的“人民的代步车”创造了生长空间。

因为价格超低，有很多人怀疑宏光 MINI EV 会是另一款老年代步车。事实上，五菱一开始就瞄准了年轻人，尤其是女性，并根据目标客户的使用场景来决定如何聪明地做减法。比如，宏光 MINI EV 舍弃了近年来近乎新能源车标配的液晶中控大屏。因为大多数用户会在熟悉的环境中使用宏光 MINI EV 进行短途通勤，所以用来显示导航和各种娱乐功能的中控屏并非他们的强需求。依照同样的逻辑，看似寒酸的 120～170 公里的续航里程也变得有理可依。五菱不仅在产品设计充分考虑了目标客户的需求，其营销策略也有意识地向年轻人倾斜，与喜茶联名，与潮牌 YOHO！跨界合作，亮相上海模特大赛，活跃于小红书等年轻人的社交媒体。值得一提的是，为了打消消费者对廉价产品的质量顾虑，五菱在提供常规的动力电池 8 年或 12 万公里的质保外，还提供上门快修、全天免费道路救援等服务。

但是这么低的价格，五菱能赚钱吗？援引相关人士的话，2.88 万元的宏光 MINI EV 最低版本不仅不赚钱，而且亏得还不少，毕竟仅零部件成本就达 14 950～23 000 元。五菱在自己的生产园区利用退役电池的电芯和模组，开发电动叉车电池、光伏路灯电源、工业基站电源等，开拓了整车销售以外的利润来源。不过，我们猜测新能源汽车积分可能才是宏光 MINI EV 最主要的利润来源（特斯拉也是如此）。不仅如此，经销商销售宏光 MINI EV 的利润薄如纸，但他们对这项业务也并不排斥，因为宏光 MINI EV 的爆款效应有效带动了其他车型的销售，并为日后的售后业务创造可观机会。

宏光 MINI EV 的定价使得其在海外的发展前景变得更有趣。2020 年起，欧洲各国政府开始大幅加码对电动汽车市场的扶持。以德国为例，购买纯电动车的消费者最多可以得到 9000 欧元的现金补贴，换购两台低配的宏光 MINI EV 绰绰有余。

本田威武摩托车

如果说五菱证明了本土企业可以在本地市场中以超低价产品取胜，那么那些大型的全球化企业是否也有能力在发展中国家的超低价细分市场中站稳脚跟呢？本田是摩托车全球市场领导者。同时，它也是全球最大的小型内燃机生产商，年产量超过 2000 万台。

本田曾是越南摩托车市场上无可争议的霸主，市场份额一度高达 90%。它的最畅销车型——本田梦想（Honda Dream），售价大约 2100 美元。本田在越南的甜蜜期随着中国竞争者的进入而告终。中国摩托车每台的售价在 550～700 美元，仅为本田梦想的 1/4～1/3。这极具杀伤力的价格彻底颠覆了越南摩托车市场格局。中国摩托车在越南市场的年销量超过 100 万台，而本田的销量则从原先的百万级萎缩至区区 17 万台。

事情发展到这个地步，大多数公司很可能就举白旗投降了，或者退让至市场中较高端的细分市场。但本田显然不是“大多数公司”。这家日本公司第一时间采取的短期应对措施是把本田梦想的价格从 2100

美元降至1300美元。但本田的管理层很清楚这只是权宜之计。况且，这个价格仍是中国制造的摩托车的两倍，企业也无法盈利。

从根本上解决问题的办法是开发一款更简化且极便宜的新型摩托车。于是，本田威武（Honda Wave）面世了。这款新型摩托车既具备令人满意的质量，又兼具最低可能的生产成本。

“通过使用成本更低的本土制造零配件，并利用本田全球供应链网络的便利，本田威武既在价格上达到了低价目标，又在性能上保留了出色的品质和稳定的特性。”本田公司宣称。这款新车型以732美元的低价推向市场，是此前本田梦想售价的三分之一。

故事的结局：本田威武不负众望，帮助本田重新占得越南摩托车市场的鳌头。而大部分中国摩托车制造商最终黯然退出越南市场。

这个案例证明，高端制造商是有能力在新兴市场与超低价竞争对手一决高下的，但这靠销售它们原有的产品是做不到的。要在超低价定位市场取得成功，以下几点必不可少：产品的重新定位和再设计、大刀阔斧的简化、本土化生产和极端的成本意识。

其他消费品和工业品的超低价定位

超低价定位正在向许多不同的市场渗透。麻省理工学院的尼古拉斯·尼葛洛庞帝（Nicholas Negroponte）教授是“一名儿童一台笔记本电脑”（One Laptop Per Child，OLPC）运动的创始人，他在2005年的世界经济论坛提出制造售价100美元的笔记本电脑的倡议。此后出现的华硕易PC（ASUS Eee PC）和谷歌的Chromebook都可以视作是响应这项倡议的尝试。尽管尼葛洛庞帝自己的OLPC基金会于2014年由于经营不善而关闭，但是他当时的心愿已经基本上由别人达成了。如今，我们可以在市场上找到满足基本功能的笔记本电脑，价格不超过200美元。树莓派（Raspberry Pi）信用卡大小的微型电脑（不含显示器），售价仅35美元。[一]

如果你好奇采用超低价定位的企业可以解锁多大的市场，那么看看智能手机市场就知道了。2020年，全球移动设备的存量达到140亿台，其中智能手机占35亿台，全年出货量超过15亿台[二]，“智能化”带来的红利相当可观。2014年《华尔街日报》的一篇报道指出：“传言智能手机将会低至35美元一台，这将会给全球经济带来惊人的影响。”[三]到如今不到十年的时间里，站在风口上的小米手机一定程度上已经实现了这一预言。小米在中国以外的发展中国家取得了令人瞩目的成绩，加速了智能手机在欠发达地区的普及和发展。

越来越多的公司尝试走超低价的定位路线。运动鞋制造商正在考虑向新兴市场推出每双价格低于1.5美元的鞋子。消费品巨头出售迷你装产品，例如雀巢或宝洁，产品单价仅为几美分，就算是那些收入最低的群体也能偶尔消费一下这类产品，如一次性的小包装洗发水。同样的事情在第二次世界大战刚结束后的欧洲也曾发生过——一次性的小包装洗发水和4支一盒的香烟，只卖20美分。宝洁旗下的吉列（Gillette）品牌目前在印度市场出售价格仅为11美分的剃须刀，这个价格比一套吉列锋速3（含一把剃须刀和3个刀头）便宜75%以上。

㊀ The Future is Now: The $35 PC. Fortune, March 18, 2013, p. 15.

㊁ Statista 2020 年数据。

㊂ Kessler A (2014). The cheap smartphone revolution. The Wall Street Journal Europe, May 14, 2014, p. 18.

不仅如此，超低价定位也在逐渐地向工业品市场渗透。以中国的注塑机市场为例，高端价格市场每年的需求量大约为1000台，绝大部分由欧洲生产商供应；中端价格市场每年的需求量大约为5000台，主要由日本厂家提供；低价市场每年的需求量约为20 000台，大概是高端价格市场规模的20倍，中端价格市场规模的4倍，这里是众多本土品牌的竞争主战场。

在如此分化的金字塔状的市场结构下，高端价格定位的供应商也不能把自己圈定在高端价格市场，而忽略超低价细分市场，毕竟高端价格市场只占了整个市场的4%。哪怕是大如中国市场，这个占比还是太小，业务的天花板触手可及。此外，仅专注于高端价格市场的供应商还必须面对一个绕不开的风险：产品质量过关但价格远比你低的竞争对手会从下而上对你发起攻击。

德国工程师协会（VDI）的一项研究建议："如果机械制造商想在高速增长的市场，如中国和印度，抢占可观的市场份额，那么它们必须彻底简化它们的产品理念。"[⊖]高科技和工业品制造商需要认真考虑一下关于进入超低价市场的问题。不可否认，这一调整很可能会带来一系列挑战：公司不仅仅要在新兴市场建生产基地，而且还要设立研发部门。幻想在发达市场（如德国或美国）本土开发超低价产品无异于痴人说梦。[⊜]唯一的办法就是公司把它们的整个价值链迁移到新兴市场。很多年前，尼古拉斯·哈耶克（Nicolas Hayek）先生（他一手创立了斯沃琪手表集团并担任该集团首席执行官多年）曾经告诫大家不要轻

⊖ VDI-Nachrichten March 30, 2007, p. 19.

⊜ Ernst H (2009). Industrielle Forschung und Entwicklung in Emerging Markets-Motive, Erfolgsfaktoren, Best Practice-Beispiele. Gabler, Wiesbaden.

易把低价市场拱手让给低成本国家的竞争对手。

在此，我想更进一步挑战那些成熟市场的企业：为什么不尝试从成本方面打败同行？[㊀]本田的梦想和威武摩托车的遭遇为我们提供了有价值的借鉴。要知道，在印度、孟加拉国和越南，有数以亿万计的更廉价的劳动力供给。事实上，在过去 10 年间，我们见证了不少外资企业甚至中资企业缩减在中国的生产规模，转而在东南亚设厂追寻人口红利。

维贾伊·戈文达拉扬（Vijay Govindarajan）和克里斯·特林布尔（Chris Trimble），两人皆在达特茅斯学院塔克商学院（Dartmouth's Tuck School of Business）执教，在他们所著的《逆向创新：非本土制造，无往不胜》（*Reverse Innovation: Create Far From Home, Win Everywhere*）一书中剖析了这一现象。[㊁]维护中高端细分市场的一种有效防御策略就是降维打击，即向下渗透至低端市场。瑞士布勒（Bühler）公司，铣削加工技术领域的全球市场领导者，为了打入中国低端市场，它并购了一家中国公司，为客户提供相对简易的产品。布勒的首席执行官加尔文·格里德（Calvin Grieder）说，这项举措帮助公司更好地匹配产品和消费者预期，这是昂贵、复杂的瑞士本土生产的产品不可能完成的任务。

经编机全球市场领导者，市场占有率 75% 的卡尔迈耶公司（Karl Mayer）就践行了有趣的双元战略。它的目标是确保公司在高端及低端市场稳固、持续发展。以目前现有水平的产品性能和成本为基点，卡

㊀ 2010 年 9 月 23 日，在德国 WHU 奥拓贝森商学院第一届校园营销论坛"超低价战略"专题研讨会上的发言。

㊁ Vgl. Govindarajan V, Trimble C (2012). Reverse Innovation: Create Far From Home, Win Everywhere. Harvard Business Press, Boston.

尔迈耶管理层向它们的研发人员提出一项挑战：为相对低端市场研发出性能稳定但生产成本比原来低 25% 的产品；对于高端市场，研发出性能比原来提升 25% 但生产成本维持不变的产品。它的首席执行官弗里茨·迈耶（Fritz Mayer）说，这两个极具雄心的目标都达到了。通过价格和性能的双向延展，卡尔迈耶公司在中国赢回了它一度失去的市场份额。

超低价产品在高度发达国家有市场吗

来自新兴市场的超低价产品能渗透到高收入国家的市场吗？事实已经摆在我们眼前。雷诺的达契亚洛根汽车本是为消费者收入较低的东欧市场开发的产品，与它同级别的车的价格可能只有大众汽车的一半还不到，但在包括德国在内的西欧市场也取得了可观的销量。在印度，塔塔公司正在研发由 Nano 演化而来的不同车型，以满足欧洲及美国市场相关监管部门的准入要求。[㊀]西门子、飞利浦和通用电气等为亚洲市场开发及生产了功能大幅简化的医疗设备。然而，现在这些超低价设备也逆向在美国和欧洲等成熟市场销售。它们对那些比它们贵很多的同一厂家的产品销售的侵蚀非常有限，因为后者通常在医院或专科诊所中使用。而超低价的医疗设备拥有自己的客户群，如全科医生，他们现在可以有能力购买这类诊断装置并自己完成一些相对简单的看诊工作。[㊁]

高仪（Grohe），卫浴产品全球领导者之一，在它收购了中国国内市场卫浴产品领导者中宇之后，顺势成为中国市场的龙头供应商之一。

㊀ 2010 年 5 月 11 日与塔塔汽车公司首席执行官 Carl-Peter Forster 在孟买的对话。

㊁ 2010 年 5 月 14 日与西门子公司首席执行官 Peter Löscher 在新加坡亚太会议上的对话。

现在，高仪尝试将中宇作为其旗下相对便宜的二线品牌推往海外市场。如果经过简化的产品依然具备令人满意的性能且价格成本极低，那么它们能够在发达国家市场打开销路也就不足为奇了。当一家公司要决定是否走超低价战略这条路的时候，经营者们不应该只考虑新兴市场中超低价细分市场的潜力，同时也应该考虑这对其在发达国家的高端市场会带来什么样的影响，包括好的方面和坏的方面。

超低价战略的成功要素

目前，践行超低价战略的公司是否能持续赚取足够多的长期利润还尚无定论。尽管如此，采取这样的战略所必备的成功要素却是十分清楚的：

- **牢记“简单而实用”：**公司必须把产品精简到极致，同时得小心行事，避免出现功能性缺陷。
- **本地开发：**公司必须在新兴市场进行本地开发。这是确保产品满足超低价细分市场顾客需求的唯一办法。
- **致力于以最低成本价生产：**这就要求产品的设计合理，产地的生产水平满足需求且工资水平最低。
- **应用新的营销手段：**这也同样要求公司尽可能把成本控制在最低水平，尽管这意味着要放弃传统的销售渠道和方法。
- **便于使用，易于维修：**这两方面是非常重要的，因为客户可能缺乏相关背景知识去理解产品的复杂性能，而售后服务商很可能因为资源有限，只能提供最基本的维保服务。
- **提供稳定的品质：**只有当超低价产品的质量合格且稳定时，成功才有可能是可持续性的。

服务超低价细分市场的企业所面临的最大挑战在于精准地定义满足客户基本需求的产品，与此同时，将价格控制在极低水平线，从而吸引足够多的客户。

成功的高价战略

采用高价战略的企业，在理想情况下，高价格带来高盈利率，高盈利率会带来高利润，乍一看，这三者是一个完美的组合。但事实上，它们之间的关系并非如此简单。如果高定价就是成功的保障，那么每一家公司都会选择高价定位。

至少还需要以下两个条件的配合，这个方程式才能成立。也就是说，经营者得管理好成本和销量这两个利润驱动力（还有一个是价格）。如果成本过高，那么高价格也无法确保高利润。只有在把价格和成本之间的差距拉到足够大的前提下，高盈利率才能带来高利润。这看起来容易，做起来难。顾客只有在感知到高价值产品或服务的时候才会支付高价格。相应地，高价值通常意味着需要高成本。骨感的现实是：要提供支撑高价格所需的高价值，企业需要投入高成本，这往往是难以为继的。就算一家公司真的能达成高盈利率这一目标，它还需要卖出足够多的产品才能赚取高利润。如果产品价格很高但销量很低，那么企业还是很难赚到钱。我们现在来看一看高价战略中的两种细分类别：高端定价和奢侈定价。

高端定价

要比“一般”或者“平均”价格高多少才能称得上高端价格？当

然，这不可能有一个普遍性的答案。一份 16 盎司（约 453 克）的 Ben & Jerry 开心果雪糕售价 3.49 美元，每盎司（约 28 克）22 美分；一份 32 盎司（约 907 克）新英格兰本地品牌 Brigham 雪糕只要 2.99 美元，每盎司 9.3 美分。两个牌子每盎司价差高达 133%。同样一盒 24 色蜡笔，绘儿乐（Crayola）售价 1.37 美元，但 Craz-Art 只要 57 美分，价差幅度 140%。纯天然花生酱，一种仅含两三种原料的食品的售价也千差万别。一罐四季宝牌（Skippy）的花生酱售价 2.68 美元，而盛美家牌（Smucker）的售价 2.98 美元，一家新英格兰本地品牌泰迪牌（Teddy）的售价 3 美元，而专门的供应商在网上销售的花生酱，每罐售价在 5.58～7.79 美元。以上这些产品的容量是一样的（16 盎司），除了四季宝牌（正如在前面一章所说的那样，因为罐子底部的凹口，实际容量是 15 盎司）。

买一台美诺牌洗衣机，你可能需要花买一台美泰克（Maytag）或通用（GE）牌洗衣机两倍的价钱，这意味着它们之间有数百欧元的价差。巨大的价差甚至也存在于工业品市场。3M 公司旗下有很多市场领先的工业品凭借出色的产品性能以远高于竞争对手的价格出售。中国市场中，来自德国或瑞士的高端机械设备比国产同类产品的价格动辄高达 20%～30%，甚至更多。

相对较高的价格并没有妨碍高档品牌成为所在市场的领导者，并获得比相对廉价的竞品更高的市场份额。怎么可能呢？这对于利润意味着什么呢？答案就在于被客户所认知的价值或效用是关键。高价值感知源于卓越的产品质量或服务表现。提供高价值回报是高端定价的前提。

苹果与三星[㊀]

2001年9月3日，我去了一趟首尔，和当时任三星内存部门首席执行官的黄昌圭（Chang-Gyu Hwang）博士见面。黄博士现在担任韩国电信公司KT的首席执行官，当时他送我一台袖珍电子设备，用于储存和播放音乐。设备上预存的音乐音质非常出色，但外观设计稍逊色。令人糟心的是，产品设计很不人性化，我怎么也无法在设备上存储额外的音乐。

若干年后，我买了一台iPod nano。和三星不同，那时苹果已经是一个享誉全球的知名品牌。iPod的人机界面设计很棒，我无须翻查说明书就能毫不困难地开始使用。更重要的是，通过iTunes我可以在iPod里面轻松存储其他音乐。之后的几年里，我常常和黄博士见面。我们每次见面，iPod的故事都无可避免地被提起。他与已故的史蒂夫·乔布斯（Steve Jobs）一同研发了iPod，其中的核心技术和2001年他赠送给我的那台三星播放器并无二致。

苹果做了哪些不一样的改变？作为MP3播放器终结者的iPod融合了以下四个重要的特性：强劲的品牌形象、酷炫的外观设计、良好的用户体验和生态系统。这种融合大幅改善了客户的认知价值，在帮助iPod实现更高价格和更多销量的同时，它为苹果公司带来了天文数字般的利润。据苹果官网统计，截至2019年底，iPod累计销量超过4亿台。虽然随着iPhone和其他智能手机的发展，iPod的黄金时期已经过去，在不远的将来，它很可能会彻底消失，但它已经成功地完成了自己的使命。

之前，我们提过一些产品品类中的高档品牌与二线品牌或者不知名品牌之间的差异巨大。音乐播放器也是如此，iPod的价格随随便便

㊀ 本小节中的“我”特指赫尔曼·西蒙。

就是其他同类产品的两三倍或者更多。苹果在 iPhone 和 iPad 上也采用了相似的策略：创新、有设计感、强劲的品牌形象、良好的用户体验和生态系统。2012 年 8 月，市值达到 6220 亿美元的苹果公司超过微软，一跃成为全球市值最高的公司，并在此后多年蝉联全球最高市值公司的桂冠。蒂姆·库克接手后的苹果公司虽然缺乏现象级的创新产品，但苹果强大的品牌感染力、尽善尽美的用户体验和生态系统已经深入人心，维持在高位的客户价值感知为苹果延续高端定价战略提供了有力的支持。在每年的苹果新品发布会上，粉丝们最期待的依然是压轴的“还有件事儿”（one more thing）所带来的惊喜。持续创新是科技公司维持高端定价的根本。

美诺洗衣机

我们在前文已若干次提到家电制造商美诺，它的质量毋庸置疑：你可能还记得我母亲的美诺洗衣机一直正常运作了近 40 年。美诺的定价比它的竞争对手至少高 20%。美诺的联席总裁马库斯·美诺（Markus Miele）解读美诺获得溢价的关键原因：“我们在高端市场已经驾轻就熟了，我们的产品在工艺方面能确保 20 年的使用寿命。无论是在技术方面还是环保方面，美诺都是消费者的最好选择之一。事实上，人们乐于为质量承诺支付更高的价格。”[⊖]

马库斯·美诺的这番话很好地抓住了高端定价的精髓。但就算是美诺这样的高端品牌也要时刻留意竞争对手。用美诺的话来说：“当然，美诺也需要确保将自己的价格和竞争对手的价格的差距控制在合理的范围内。出于这个原因，我们在成本结构方面做持续的努力。我们从

⊖ “Erfolg ist ein guter Leim, Im Gespräch: Markus Miele und Reinhard Zinkann, die geschäftsführenden Gesellschafter des Hausgeräteherstellers Miele & Cie.”, Frankfurter Allgemeine Zeitung, November 13, 2012, p. 15.

来都没有忘记我们公司的座右铭——‘永远更好’。如果要比谁的产品价格最低，我们不会赢，但如果是比谁的产品质量最好，我们一定会赢。”㊀

美诺虽然在德国国内市场还称不上顶级的家电品牌，但是在世界的很多地方，它被认为是真正的奢侈品。莱因哈德·津坎（Reinhard Zinkann），美诺公司其中一位创始人的孙子，同时也是美诺的联席总裁说：“在亚洲和俄罗斯，有钱人都想用最好、最贵的产品。这就是为什么我们在那些市场上把自己定位为一个真正的奢侈品牌。”㊁2018～2019年度，美诺的全年营收为42亿美元，利润数据并未公布，但美诺拥有高达45.7%的产权比率，同时它的资产负债表上外债显示为零，这意味着美诺能够年复一年地创造可观的利润，为品牌的有机发展提供充足的养料。它的座右铭“永远更好”百年来保持不变，是美诺战略的核心和灵魂所在，是其作为高端品牌取得长期成功的基石。

日默瓦㊂

相比拗口的中文译名，你可能更熟悉“Rimowa”这个来自德国科隆的高档旅行箱包品牌的本名。如果你听说过这个牌子，那你想必也知道这是一个价格相当不亲民的品牌。一个经典款的Rimowa铝合金登机箱售价840欧元，而其他品牌同品类的行李箱价格大多在200欧元以下，价差在4倍以上。尽管如此，Rimowa不仅在德国本土受到追捧，在中国更是中高端消费者心目中的首选旅行箱包品牌。

我曾在多个面向企业家和经理人的定价研讨会上分享我的一个

㊀ 同P101注㊀。

㊁ 同P101注㊀。

㊂ 本篇参考Yang JY (2020). The Premium Mass Product. In: The Pricing Puzzle. Springer, Cham. https://doi.org/10.1007/978-3-030-50777-0_12。

观察：在浦东机场国际航班到港的行李大厅里，通过观察传送带上 Rimowa 行李箱的比例，你可以很好地估测出这个航班上中国旅客的比例。这时听众们大多会会心一笑，因为他们中的绝大多人确实是 Rimowa 的拥趸，拥有至少一个 Rimowa 的行李箱。诚然，我的样本数量有限，其代表性值得商榷。但我认为，他们仍然是中国中高端消费者的一个缩影，对他们来说，市场上有两种旅行箱——Rimowa 和其他。

现如今，在全球各大城市的空港里随处可见 Rimowa 箱包的身影，而中国的中层收入者及富裕人群是 Rimowa 销量强劲增长背后的主要推动力。以往的中国消费者普遍有一种“够用就好”的心态，这意味着与功能性和价格相比，品质诉求往往被放在次要的位置。但近几十年，随着经济的发展，中国社会经历了深刻的变化，正在从世界工厂转变为世界市场，这为高档产品成为市场主流创造了新机会。根据 Rimowa 首席执行官自己的说法，中国中层收入者的兴起及其对旅游品质的关注使他们成为 Rimowa 的忠实用户。中国客户已然是 Rimowa 最大的海外客群。

戴森

戴森（Dyson）作为一个来自英国的高档品牌在中国获得了现象级的成功。自 2012 年进入中国市场起，戴森凭借卓越的设计和性能，迅速赢得了广大中国消费者（尤其是女性消费者）的欢心。戴森多年称霸“双十一”生活电器榜榜首或者榜眼的位置，是 Top 10 中唯一的国外品牌。在 2020 年京东公布的“双十一”小功率吸尘器销售榜上，戴森占据了前五名中的四个位置。戴森的四款上榜产品售价分别是 3999 元（第一）、3490 元（第二）、2799 元（第四）、5490 元（第五）。排名第三位的是国货品牌德尔玛，售价仅为 159 元，连戴森价格的一个零头都不到。戴森的电吹风也在价格和销量方面超越了中国本土品牌。

戴森的成功是中国中层收入者消费升级的最佳诠释，也为诸多中国新锐企业提供了一个发展思路：高端定价的产品同样可以实现高速发展。戴森对于核心技术“数码马达”的专注使得它获得了竞争对手难以企及的核心竞争力。创始人詹姆斯·戴森（James Dyson）被誉为“家电行业的乔布斯”，他在20世纪80年代发明了吸尘器G-Force，其中的双旋风技术被认为是自1908年吸尘器诞生以来取得的第一个重大突破。对于一般消费者来说，无线、无储尘袋的工业设计带来了看得见摸得着的好处。优越的产品体验使得越来越多的消费者心甘情愿地为戴森支付几倍于传统产品的价格。[一]

客户导向的产品创新无疑是戴森成功的根源，但戴森在过去几年间采取符合中国市场情况的销售及传播策略也功不可没。中国日渐庞大的中产阶级乐于将戴森视作能够改善他们生活品质、消费得起的奢侈品。就这点而言，它与iPhone有很大的相似之处。尽管如此，戴森的高价策略还是常常会受到质疑，尤其当消费者看到其与竞品动辄几倍起的价差的时候。

詹姆斯·戴森如是答：如果我解决了你的问题，你愿意付多少钱？事实上，戴森几乎以一己之力拉高了电吹风和吸尘器市场的平均价格。[二]

保时捷

当一家公司要为即将推出的新产品进行价格定位的时候，是否应该遵循行业惯例？不一定。相比约定俗成的行业惯例，真正把握目标客户对产品价值的感知更为关键。保时捷卡曼（Porsche Cayman）的定价案例充分体现了理解客户价值对于定价决策的重要性。Cayman S是基于保时捷博克斯特（Boxster）敞篷跑车演变而来的双座硬顶跑车。保时捷应

㊀ 参考https://www.industryweek.com/leadership/companies-executives/article/21949653/dyson-conventional-wisdom-be-damned。

㊁ 同㊀。

当以什么样的价格把卡曼推向市场呢？汽车行业的惯例是：硬顶跑车的价格必须比同类型敞篷跑车的价格低大约 10%。当时，市场数据显示硬顶跑车确实比敞篷跑车的价格低 7%～11%。当时博克斯特的价格是 52 265 欧元，根据行业惯例，卡曼的价格应该定在 47 000 欧元左右。

但彼时保时捷的首席执行官文德林·魏德金（Wendelin Wiedeking）先生决定逆流而行。魏德金是“价值定价”这一理念的忠实粉丝，他想更进一步了解卡曼在目标客户心中的价值。他委托西蒙顾和在全球范围内进行市场调研，研究潜在客户对卡曼的价值感知。我们的研究发现，保时捷在卡曼的定价这件事情上有不走寻常路的资本。潜在客户对卡曼的价值感知高出预期值一大截，个中原因包括：吸引人的设计、更强劲的引擎，当然还有保时捷自带的运动品牌光环。消费者倾向于将硬顶跑车视作更纯粹的运动跑车。如果与同是硬顶的保时捷旗舰车型 911 相比，卡曼还有很大的向上定价空间。有鉴于此，我们大胆地建议卡曼的定价应该比博克斯特高 10% 左右。保时捷最终采纳了我们的建议，以 58 529 欧元的价格推出卡曼。尽管价格不菲，这款新车型的销售依然火爆。这个案例再次证明，高端定价的基础是对客户价值的深刻洞察，企业在进行新产品定价的时候不应囿于行业惯例和竞争对手的定价策略。

爱纳康

相对于普通消费者，工业品买家在购买前会进行更全面的产品价值调查和更理性的性价比评估——高价格的负效用有更大可能被高品质的正效用抵消。工业品制造商如果能够向客户证明他们的产品和服务的价值，将更有机会实现可持续的溢价。

爱纳康（Enercon）创立于 1984 年，是世界第三大风机制造商。

这家公司拥有世界上超过40%的风力发电技术专利，是典型的隐形冠军。[㊀]它的风力涡轮机价格比竞争对手高20%左右。风能发电设备的均价大约是130万美元/兆瓦，20%的溢价可以给爱纳康带来比同行高26万美元/兆瓦的收入。2018年，爱纳康新装机容量2800兆瓦，溢价创造的额外收益（纯利润）超过7亿美元。爱纳康的高价格并没有妨碍它成为德国最大的风机制造商，2018年，它占据了43%的市场份额（按装机容量），年销售额达68亿欧元。它的风力涡轮机采用特殊的机械构造，无须齿轮驱动，而齿轮是一般风力涡轮机最容易出故障的部件，这意味着相对竞争对手的产品，爱纳康的产品发生故障的概率更小。从客户的总体投入成本的角度考虑，爱纳康有了要求合理溢价的事实依据。

除此之外，爱纳康独特的售后服务定价模式也进一步降低了客户的使用门槛。“爱纳康伙伴计划（Enercon Partner Concept，EPC）”是一种采用风险分担模式的售后维保协议，包括日常监控、维护、维修等多项服务，并保证97%的设备正常使用率。而客户所支付的价格是可变的，依据风力涡轮机的实际发电量而定。在这种定价方式下，爱纳康与客户共同承担设备出现故障的风险，此举大大降低了客户的经营风险。“爱纳康伙伴计划”一经推出就大受欢迎，超过90%的客户选择加入该计划。

“爱纳康伙伴计划”通过巧妙的设计放大了爱纳康的竞争优势。任何对客户的服务承诺都是有成本风险的。爱纳康独特的无齿轮设计降低了故障风险，是竞争对手难以抄袭的竞争优势。因此爱纳康敢于向客户承诺97%的设备正常使用率，而竞争对手一般最多只能承诺90%的设备正常使用率。理论上，爱纳康的风机可以实现99%的正常使用率，因此“爱纳康伙伴计划”的承诺并不会给它造成额外成本。这是

㊀ 爱纳康既没有在美国和中国发展业务，也没有发展离岸业务。尽管有种种限制，它依然是世界第三大风机制造商。

一个制造商和客户双赢的典范，能有效地打消客户的疑虑。不仅如此，爱纳康在与客户长达 12 年的伙伴计划合同中的前六年，只收取正常服务费用的一半。一家新的风力发电场从建成到实现全面运营需要几年的时间，投资者在最初几年的爬坡期常会面临财政拮据的局面。爱纳康的这一举措大大缓解了投资者们的资金压力，解决了他们的痛点。

害虫防治公司

对于一家害虫防治公司来说，什么样的服务是高价值的？害虫防治公司产品性能的最高价值十分简单：害虫不是短时间内消失了，而是永远消失了。“Bugs” Burger Bug Killers（B. B. B. K.）公司承诺可提供此类服务，并毫无条件限制，没有任何例外或任何理由。究竟 B. B. B. K. 是如何表述的，值得一看（见图 4-1）。

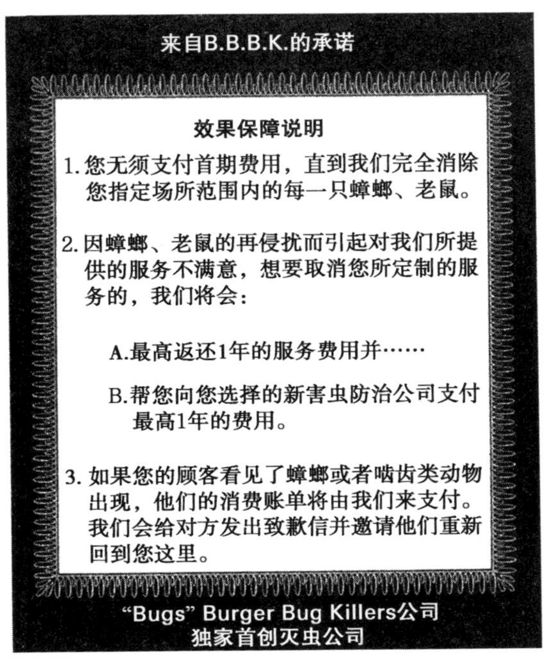

图 4-1　通过绝对的承诺来传递最高可能性的价值

想要向客户传递比这个更有价值的服务是不可能的。这类承诺是服务保证最有力的信任状。B. B. B. K. 提供超高客户价值的福报：其收费价格是同行的 10 倍。[㊀]

高端战略也有折戟的时候

不是所有创造更高价值的举措都能带来成功，节能灯泡就是一个例子。20 世纪 90 年代初出现的新型灯泡的节能能力远胜于传统的白炽灯。它们不仅耗电量与白炽灯相比微不足道，并且寿命是其 10 倍。一个节能灯泡的生命周期内节省下来的成本可达 65 美元。然而制造商却无法实现与高价值相匹配的高价格。尽管初代的节能灯泡以 20 美元的单价推向市场，但随着进口的便宜产品进入市场，它的价格无可避免地逐年下降。相比本地产品，进口的节能灯泡质量欠佳，使用寿命也较短。灯泡是典型的低投入产品，一般消费者不会花费时间去研究不同产品的优劣。所以他们在选购节能灯泡时很难意识到本地产品和进口产品之间的差别对整体使用成本的影响。另外一个不可忽视的因素是，进口灯泡的低价对消费者关于节能灯泡价格的心理预期施加了巨大的影响，高端价格很难站得住脚。

电动轻便摩托车面临同样的问题。由于其电池产生的额外成本，它们比同类型采用燃油发动机的轻便摩托车的售价更贵。但后者每行驶 100 公里需要消耗 8 美元的汽油，相比之下，前者只需要消耗 1 美元的电能，每 100 公里可节省 7 美元。如果两者之间的价差是 1300 美元，电动发动机与燃油发动机的整体投入成本在几年时间内就能持平，具体时间点视用户的实际行驶情况而定。尽管每公里节省 7 美元听上

㊀ Hart CWL (1988). The Power of Unconditional Service Guarantees. Harvard Business Review pp. 54-62.

去很吸引人，但大部分消费者不会花时间和精力去分析计算电动轻便摩托车的整体投入成本与燃油机车持平所需的行驶里程临界点。他们更多地依赖自己看到不同价格时的主观判断。尽管理性经济人会计算“生命周期成本”或者“所有权的总成本”，但我们已经知道，消费者的很多购买行为其实是非理性的。在这个案例中，电动轻便摩托车的行驶里程临界点是 18 000 公里。

企业要想最大化创新的商业价值，应当考虑采用更能体现产品价值的非常规定价参数。节能灯泡的制造商可以按“x 元 / 小时”的方式收取照明费用，而不是按单只灯泡收费；电动轻便摩托车的制造商可以按“x 元 / 公里”的方式收取移动出行费用，而不是按单台摩托车收费。法国轮胎制造商米其林正是采用了这样的定价策略。米其林的卡车轮胎按使用里程收费，以“x 元 / 公里”为计价单位。我们将在第 8 章中更深入地探讨这种按使用计费（Pay-per-use）的定价方式。

高端定价战略的成功因素

成功的高端定价战略背后有哪些共性？我们又能给出什么样的建议？

- **卓越价值必不可缺：**为客户提供可持续的卓越价值是高端定价战略的大前提。
- **高价值是决胜的竞争优势：**高端产品依靠产品的高价值（客观的、可量化的绝对值）来建立和夯实竞争优势。
- **创新是基石：**总的来说，创新是成功的、可持续的高端定价的基础。这既可指革命性的创新，也可指持续不断的改进，如同美诺的座右铭“永远更好”。
- **始终如一的高品质：**这个前提条件再怎么强调也不为过。成功的高端产品供应商既要确保产品一贯的高品质，又要保证相关服务也是同样的高水准。

- **强大的品牌影响力**：唯有强大的品牌才有可能把短期的技术优势转化为长期的品牌优势。
- **不吝啬宣传投入**：酒香也怕巷子深，唯有客户体验到的价值感知才作数。因此，企业必须重视宣传产品的价值。
- **远离价格促销**：对于高端产品来说，任何促销和打折活动都是毒药。太频繁的打折或者太大的折扣力度都会损害高端定价战略。

奢侈品定价

高端产品之上就是奢侈品，两者之间并没有明确的分水岭，所以并不存在“高端产品的价格到此为止”或者“奢侈品的价格从这里开始”之类的说法。[㊀]不过，我们可以确定的是，奢侈品的价格无上限。声望效应、逆反效应和凡勃伦效应在这类产品中发挥着十足的影响力，比产品的客观品质更重要，尽管真正奢侈品的品质毫无疑问地必须达到最高质量标准。质量不好，不可原谅。

一块奢侈品牌手表要多少钱

全球一年的手表产量大约是 13 亿块，平均每块手表的价格在 100 美元以下。但手表行业无疑是一个奢侈品牌扎堆的行业。表 4-1 摘录了部分在 2013 年日内瓦高级钟表大赏上出现的手表型号及价格。

㊀ 如果想全面了解奢侈品的定价问题，可以参见 Henning Mohr, Der Preismanagement-Prozess bei Luxusmarken, Peter Lang-Verlag, Frankfurt, 2013。

表 4-1　精选奢华手表型号和价目表

型　号	制造商	价格（欧元）
Grand Complication（限量 6 块）	朗格	1 920 000
Royal Oak Offshore Grand Complication	爱彼	533 700
Tourbillon G-Sensor RM036 Jean Todt Ltd. Ed.	理查德·米勒	336 000
Emperador Coussin Ultra Thin Minute Repeater	伯爵	187 740
Rising Hours	万宝龙	26 900
Luminor 1950 Rattrapante 8 Days Titanio	沛纳海	13 125
The Calibre de Cartier	卡地亚	8110
Sporting World Time	拉夫劳伦	7135
Chronograph Racer	万国	5000

一块定价为 5000 欧元的 Chronograph Racer 腕表算不算奢侈品？答案或许因人而异。标价 192 万欧元的朗格 Grand Complication[⊖] 在日内瓦高级钟表大赏上受到众人瞩目，它的价格是 Chronograph Racer 腕表的 384 倍。奢侈品广阔的定价空间由此可见一斑。朗格 Grand Complication 腕表还揭示了奢侈品另外一个特性：当价格高出天际，可供应的产品数量也应随之减少至如同那里的空气那么稀薄，少至近乎消失——全世界只有 6 块朗格制造的 Grand Complication 腕表。

“限量版”在奢侈品定价中的运用司空见惯。供应商必须严格遵守自己设定的产品数量，否则会严重损害品牌自身的信誉和声誉。有限的产品决定它的稀有性，从而支撑奢侈品的价值。奢侈品定价成功的重要前提就是掌握事先确定产品价格和数量的技巧。

在这里，我们需要重点强调“前提”和“技巧”这两个词。正如

⊖ 朗格 Grand Complication 腕表并非全世界最昂贵的手表。“最昂贵”这个头衔属于宇舶腕表旗下的一款手表，于 2012 年在巴塞尔钟表展上展出，定价 500 万美元。

以下这个故事所示，要做到这两点绝非易事。在一次巴塞尔钟表展[一]上，有一家制造商展出一款重新设计的手表，它的老款定价 21 300 美元。因为手表很受市场欢迎，所以供应商把新款的价格提高了 50%，售价 32 000 美元，并限量 1000 块。然而，仅在巴塞尔钟表展上，此制造商就接到了 3500 笔此型号手表的订单。如果制造商以 40 000 美元而不是 32 000 美元卖出这限量的 1000 块手表，那么它原本有机会额外赚取 800 万美元的利润。错失的利润潜力令人扼腕。

奢侈品牌手表是典型的“销量”和“价值”相杀的产品品类。瑞士制造的手表只占全世界手表年销量的 2%。虽然这个比例是很小的一个数字，但背后代表的是瑞士手表市场价值占全球手表市场总值的 53%，高到令人难以置信。[二]瑞士手表平均出口单价约为 2400 美元，消费者终端均价是 6000 美元。[三]2019 年瑞士手表制造商创造了 245 亿美元的出口收入。[四]手表制造业是瑞士的第三大支柱产业，仅次于制药 / 化工和机械制造。劳力士、卡地亚、欧米茄的年收入分别约为 48 亿美元、20 亿美元、19 亿美元。奢侈品的市场潜力不容小觑。

酩悦・轩尼诗 – 路易・威登及其他

在过去的 20 年里，奢侈品细分市场经历了强劲的增长。就算全球

[一] 巴塞尔钟表展是世界上最大的钟表展，有 1800 个参展商和超过 10 万名访客。日内瓦高级钟表大赏的定位则更高端，只接待 16 个参展商和 12 500 名访客。

[二] Große Pläne mit kleinen Pretiosen. Frankfurter Allgemeine Zeitung March 12, 2012, p. 14.

[三] Revill J (2013). For Swatch, Time is Nearing for Change," The Wall Street Journal Europe, April 11, 2013, p. 21. 关于这个问题的数据是矛盾的，另一份报告显示瑞士腕表平均单价是 430 欧元，而一家瑞士钟表制造商的首席执行官则使用平均单价均为 1700 欧元这个数字。

[四] Statsita 2020 年数据。

经济衰退，都只是在短时间内稍微减弱了各大主要奢侈品公司的增长速度，并没有影响其长期的盈利能力。一些全球奢侈品领导品牌最近的财务表现印证了这一点。全球奢侈品市场领导者，法国酩悦·轩尼诗－路易·威登集团（Louis Vuitton Moët Hennessy，LVMH）2019 年销量增长 15%，全年营收达到 537 亿欧元。2020 年，受新冠肺炎疫情影响，LVMH 前三季度营收同比下滑 21%，但从第三季度起中国市场的销售就开始明显回温，拉动集团整体营收和利润向好。事实上，在全球奢侈品市场 2020 年萎缩 23% 的大环境下，中国境内奢侈品消费增长创新高，预计实现约 48% 的增长。[㊀]奢侈品市场潜力巨大，长期向好。

新冠肺炎疫情也无法阻挡富人变得更富。据《福布斯》估计，2020 年全球 2200 多名亿万富豪的财富总额增加了 1.9 万亿美元，同比增长 20%，其中中国的顶级富豪们贡献了 7500 亿美元，这差不多是总增量的 40%。财富集中的趋势同样出现在中国以外的发展中国家。

新富阶层强大的购买力带动了奢侈品消费的增长。如今，你在很多行业都会发现为高端人群量身定制的奢侈品或者奢华服务。美国运通卡的百夫长黑金卡的开卡费用是 7500 美元，年费是 2500 美元，自 2020 年 4 月起，其年费跃升至 5000 美元！在洛杉矶，你可以以 900 美元一天的价格租到宾利敞篷跑车。迪拜的七星级帆船酒店（Burj Al Arab Hotel）单人套房的价格高达 1930 美元一晚，外加 10% 的税和 10% 的服务费。达拉斯的丽思卡尔顿酒店专门新建了一个面积为 551 平方米的私密空间，用于招待 VIP 客人及他们的随从人员（包括保姆、

㊀ 参考《2020 年中国奢侈品市场：势不可当》。

厨师和安保人员等)，价格是 7500 美元一晚。[一]租用私人飞机飞行，费用从塞斯纳野马（Citation Mustang）每小时 2400 美元到湾流 G550（Gulfstream G550）每小时 8700 美元不等。[二]换言之，奢侈品的供应和需求之大超出一般民众的想象。

定价有多个路线，有低价的，有大众的，也有高价的。上述几个案例可能会使你产生“高价路线是定价的王道”的想法，但是，这种想法很可能是水月镜花。即便出现巴塞尔钟表展上那家瑞士钟表制造商的“计算失误”，仍然可以赚个盆满钵满，50% 的提价已经为公司带来了比原来高很多的利润。毕竟，“高价路线是定价的王道”只是幻觉。

迈巴赫

一家公司推出专有的限量版产品，而需求又远远大于可供应量，这是一件既甜蜜又令人沮丧的事。在奢侈品世界里，如果出现相反的情形就相当尴尬了。

创立于 1909 年的奢侈汽车品牌迈巴赫（Maybach）不幸掉进了这样的坑。迈巴赫在 2004 年取得 244 台的历史最佳销售纪录，彼时每台售价约为 65 万美元。到了 2010 年和 2011 年，销量逐渐下跌到两位数。2014 年 12 月 17 日，最后一台作为独立品牌存在的迈巴赫从生产线上驶下。自 2015 年起，迈巴赫只能以奔驰副品牌的身份续命。

迈巴赫曲高和寡是因为价格过高吗？又或者说像迈巴赫这样的老古董注定要成为历史？隶属于大众汽车的布加迪（Bugatti）同样创立于 1909 年，它与迈巴赫形成了鲜明的对比。

[一] Boom time ahead for luxury suites. The Wall Street Journal, March 21-23, 2014.

[二] 参见 Aviation-Broker.com。

布加迪威龙（Bugatti Veyron）的售价逾170万美元，并从一开始就限定一年300台的销量。虽然300台全部售罄，但布加迪威龙依然不赚钱。事实上，大众汽车并不指望靠布加迪威龙来挣钱，相比利润和销量，它更看重布加迪威龙作为豪车带来的光环效应。

高昂的制造成本及运营成本是顶级奢侈品光环下的阴影。奢侈品买家不只要求产品的品质绝对卓越，还希望享受到顶级的服务。这对于汽车这样对售后服务要求较高的产品来说是一个巨大的成本陷阱，在全世界范围为限量版车型提供卓越服务所产生的成本远远超出任何公司能够承受的范围。不仅是汽车，任何计划推出密集型服务的奢侈品制造商，在将产品推向市场之前，都需要谨慎评估可行性。对于一块手表，提供服务并不是一件难事。对于一台豪车，提供服务的难度会呈指数级增长，甚至可能让企业经营陷入泥潭。

营销挑战

显而易见的是，奢侈品的高昂价格建立在最高标准的质量之上，不管在什么情况下，客户都不会接受哪怕一点点的瑕疵。这包括产品本身，以及所有相关的服务、设计、包装、沟通、媒体、分销渠道，在幕后支持所有这些活动的员工也同样重要。奢侈品是一个对专业营销要求极高的行业。

奢侈品的品牌运营需要一流的人才，雇用最好的设计师，以及在传播和分销方面投入大量的资金。只有在整个价值链的各个环节都做到了无懈可击，你才有机会让高净值客户和他们的朋友心甘情愿地掏钱购买价格高昂的奢侈品。这让奢侈品成为一项高风险的生意。一方面，市场的进入门槛很高；另一方面，一个微小的失误就可能引发不可逆转的破坏，导致满盘皆输。

在经营上，奢侈品制造商有时也采用各式各样的营销“小把戏”，而这些营销“小把戏”你原本可能以为只有那些更主流的公司才需要使用。在奢侈腕表市场，有些腕表型号供不应求，而另一些则乏人问津。钻石也是如此，品质有好有坏。钻石市场全球领导者戴比尔斯（De Beers）是怎么做的呢？戴比尔斯没有采用单颗出售的办法，而是把品相好的和品相相对较差的钻石捆绑出售。在这件事情上，客户没有选择的余地：他们只能接受或者拒绝捆绑套餐。如果某位客户拒绝的话，他将无缘戴比尔斯的下一次拍卖活动。然而，随着戴比尔斯在钻石市场中的实际垄断地位发生松动，它已无法再继续采取如此强硬的策略。

这种捆绑销售的做法在奢侈手表市场也同样存在。经销商偶尔会被要求打包进货，其中包括一些很难售卖出去的型号。而这些原装正版手表的下场一般都是流通到灰色市场，在那里以超低折扣价出售。这种价格侵蚀对奢侈品品牌的伤害显而易见。没有一个消费者愿意见到自己花了 25 000 美元买的手表，在别处花 15 000 美元就能买到。

正因为如此，奢侈品制造商都会竭尽全力打击灰色市场。它们追踪每一件产品的去向，雇用专业机构进行神秘购物调查，收集产品在不同零售终端的售价。但终端打折出售的行为依旧很难杜绝，根本原因之一是渠道商的利润空间足够高，他们有动机也有条件以低价换取更多的销量（虽然你应该也知道，这样的做法可能得不偿失）。不管怎样，如果采用第三方的销售渠道，奢侈品公司将长期面临渠道监管的压力。奢侈品公司无奈之下只能把销售权收回到自己手里，自建零售网点。所以，你会看到在各大机场、酒店及高档购物场所中的奢侈品自营专卖店的数量在过去几年中急速增长。

奢侈品品牌自建销售渠道也并非没有风险，原来的可变成本（以前支付给经销商和分销商的佣金或营销支持等费用）转化为租金和店铺人力等固定成本。这样一来，就增加了企业的财务风险。尤其在经济低迷时期，自建销售渠道的劣势更会被放大。2020 年新冠肺炎疫情暴发后，中国香港地区的旅游业和零售业遭受重创，多家知名奢侈品品牌，包括 LV、普拉达、华伦天奴、劳力士等关闭了它们在中国香港地区热门商圈的旗舰店。

支付了高昂价格的消费者理所当然地期望购置的奢侈品能实现长久价值。这就意味着奢侈品公司不能依靠特价或者打折这些促销手段去实现业务的短期增长。诸如此类的促销活动不利于维护产品品牌的高端形象，更会伤害到现有客户的感情。就算是在经济危机中，销量承受巨大压力的时候，奢侈品公司也不能为提升销量而轻易降价。降价是奢侈品公司的“毒药”。

保时捷前首席执行官魏德金曾多次在公开场合强调：保时捷的价格、价值和声誉都不允许提供大幅折扣。打折会让市面已经在使用中的汽车的剩余价值下跌得更多更快。这番言论对保时捷来说尤为重要，因为保时捷生产的 70% 的汽车还在正常使用中。魏德金尤其明令禁止现金返还的销售手段。保时捷美国的一位负责人在“勇敢”地挑战这项原则后，马上就被解雇了。

克制冲动

自制力是奢侈品公司必须掌握的一项关键技能。哪怕业务增长势头再好，奢侈品公司也必须抵挡住扩大产量的诱惑。“高价格 – 低产量”是奢侈品必须遵守的不二法则。坚守产量上限是维护品牌专属性的唯一办法。

美国人皮特·舒茨（Peter Schutz）在20世纪80年代领导保时捷的时候常说："在同样一条街道上发现两台保时捷是一场灾难。"当皮特的接班人魏德金问我们以下这个问题的时候，他其实是在表达同样的观点："世界上到底能容纳多少辆保时捷？"这并不是一个容易回答的问题。但如果一家公司想要维持高端价格定位，这个数字不会太大，并且必须严格自律。

法拉利的全球销量在2019年首次突破1万台，达到10 131台。这与大众汽车1000万台以上的销量相比，简直不值一提。但如果你用法拉利37.7亿欧元的年销量额除以销量，可以得出售出的汽车平均单价是372 125欧元，折换成人民币将近300万元。这让我们对法拉利的价格有了一个大概的印象，尽管这个数字并不是准确的价格。法拉利的售后服务、零配件和冠名商品也为公司带来收入，但不管如何，当一台汽车的售价将近300万元的时候，它的潜在客户数量注定是有限的。同年，保时捷全球范围内卖出28万台，是法拉利的28倍，相比之下，保时捷更像是大众化的主流品牌。从价格上来看，也是如此。采用前面提到的估算方法，保时捷的"平均单价"为56万元，虽然价格不菲，但与法拉利不可相提并论。

法国鳄鱼（Lacoste）大概是从奢侈品品牌沦落为大众主流品牌案例中最知名的一个。几十年前，高级衬衫成衣公司黑玫瑰（Schwarze Rose）也经历了类似的情形。20世纪50年代，通用汽车旗下的品牌欧宝（Opel）凭借Admiral和Kapitän等车型曾经一度在高端市场占据强势地位。自1962年它向大众市场推出Kadett车型后，就逐渐衰落了。20世纪80年代末期，西蒙顾和受委托检验欧宝是否还具备重返高端市场的可能性。我们的结论是否定的。通用汽车采纳了我们的建议——收购当时颇具实力的瑞典品牌萨博（Saab）作为进军欧洲高端市场的跳板。然而，通用汽车几经尝试仍无法让萨博在高端市场站稳脚跟。2010 年通用汽车将萨博卖给一家荷兰公司。2012 年萨博破产，几经波折后被中资背景的国能电动汽车瑞典有限公司（NEVS）收购。时间快进到 2020 年，恒大集团全面接手命运多舛的萨博。恒大汽车的首款车型正是基于萨博的凤凰知识产权平台打造的。

奢侈品定价策略的成功因素

总结一下我们对于奢侈品定价的建议：

- **永远做到尽善尽美：**这条原则适用于任何一个维度，包括材质、质量、服务、沟通和销售等。
- **声望效应是重大驱动力：**除了提供完美的客户体验，奢侈品还必须自带光环，能够传递和彰显使用者的社会地位。
- **价格既能提升声望效应，又是质量的风向标：**更高的价格并不一定意味着牺牲销量。实际上，情况可能正好相反。
- **严格控制销量和市场份额：**保持对销量和市场份额诱惑的克制（尤其对于已经做出了限量承诺的产品来说）是奢侈品在市场中生存的不二法则。以品牌资产损耗为代价的短期收益，对品牌形象的长期影响不容低估。
- **远离打折、特价或类似的行为：**它们会严重损害一家奢侈品公司的产品、品牌乃至公司形象（如果还不至于摧毁的话），而且会削弱产品残值。
- **顶尖人才不可或缺：**同其他行业一样，人才是奢侈品公司的核心竞争力。一流的企业需要一流的人才。奢侈品公司在后台需要才华横溢的设计师，在前台需要能够洞察客户心理的销售顾问。

- **掌控全价值链**：奢侈品公司应该争取在尽可能大的程度上掌控包括生产和销售在内的整个价值链。
- **客户支付意愿是定价的决定性因素**：客户的支付意愿是决定性因素，其他可变成本对奢侈品定价的影响微乎其微。固定成本的挑战更大，它会随渠道的垂直整合而急剧上升，进而拉高达到收支平衡所需的销量。如上述第 4 点提到的，追求过高的销量违背奢侈品的价格定位。

哪一种定价战略才是制胜之道

至此，我们已经介绍了从低到高的各种价格定位和相关的战略启示。你可能会问："究竟哪种定价策略才是制胜之道？"很不幸，答案非常官方："无法一概而论。"正如你所看到的，不管选择哪种定价策略，都有赢家和输家，无法一概而论。每家企业都必须在各自的市场中寻找答案。

每个市场里都存在需求迥异的客户群体。有些客户拥有近似无限的支付能力，但对品质有极致的要求。如果能够使他们心满意足，价格标签对他们来说只不过是一个数字。这也是为什么不少奢侈品精品店的珠宝根本不标价。如果有客户询问价格的话，说明他们根本不是目标客户。典型的中层收入消费者会更理性地评估产品对于自己的价值，以及他们所要付出的代价（价格），然后再决定是否购买。他们追求生活品质，能在一定程度上承受高端价格，甚至偶尔也会购置奢侈品。在下沉市场汇集大量对价格敏感的消费者，他们极度节俭且谨慎，但这并不意味他们绝对不会购买价格较高的产品。iPhone和戴森在中国的成功便是佐证。在囊中羞涩的情况下，高价值产品的消费需求会被压抑，但并不等于不存在，这在Z世代的年轻人中尤为明显。但是整体而言，在同等情况下，对价格敏感的客户为了实现收支平衡会寻求最低价、最划算的产品。对于企业来说，提供物美价廉的产品，既是挑战又是机会。

从上述分析可以看出，将市场简单粗暴地划分成所谓的高中低市场是不妥的。事实上，从消费者的角度来看，不同价格细分市场之间的界限是模糊的。根据个人偏好的不同，同一个消费者会在不同产品品类的高中低市场中跳转。以收入水平来界定消费者支付意愿和细分市场的常规做法已然不符合我们的时代精神。设想一下，县城的年轻人为了购买最新款的iPhone或者心仪的包包，可能会每天节衣缩食，甚至通过消费贷款凑钱。在消费主义盛行的当下，企业经营者更应该审慎判断目标市场的潜力，以此决定自己产品的价格和营销定位。

对于一家企业来说，同时服务几个不同细分客户群体几乎是不可能完成的任务。奢侈品公司有其独特的企业文化，其在设计、销售、售后服务等各个业务环节保持高度一致的品牌形象和执行标准。对它们来说，成本控制的重要性很低。而对面向大众市场的品牌来说，成本控制无疑是重中之重。

采取高端价格定位的企业需要时刻关注成本和价值之间的平衡点，在提供高质量产品的同时也不能放任成本失去控制。如果一家公司试图通过低价尤其是超低价战略获取成功，那么它必须拥有高超的技巧和能力，将整个价值链的成本控制在尽可能低的水平。采取超低价战略的企业的企业文化与奢侈品公司形成鲜明对比，遵守极致的低调和节俭原则。不要低估低价定位战略的挑战。企业同样需要采用有针对性的营销手段并吸引有能力的人。如之前提到的，供应低价产品的企业遇到的最大挑战莫过于把握目标客户的心智，精简相对不重要的产品性能和服务。

一家公司要同时实施高价战略和低价战略是一件相当困难的事，毕竟高价和定价战略所依托的企业文化截然不同；唯一的可行途径是通过去中心化的公司治理结构来克服这一困难。斯沃琪（Swatch）是为数不多的成功范例之一："斯沃琪在钟表市场的定位独特，品牌跨度从廉价的斯沃琪手表，一直上触到高端品牌如宝玑（Breguet）和宝珀（Blancpain）。"[一]

我们可以尝试用数字来回答"哪一种定价战略才是制胜之道"这一问题。迈克尔·雷纳（Michael Raynor）和穆姆塔兹·阿哈姆德（Mumtaz Ahmed）在他们的一项研究中分析了超过25 000家在1966～2010年美国上市公司的财务数据。[二]这两位学者使用资产回报率（ROA）来衡量企业的经营情况。他们将那些自上市起资产回报率每年都排在前10%的公司划入第一梯队，并把它们称作"奇迹创造者"。25 000家公司中仅有174家（占样本数量的0.7%）符合这一条件。第二梯队被命名为"长跑选手"，这些公司的每年资产回报率处于样本前20%～40%。此类公司的数量同样稀少，仅170家。其余的公司被划归到他们称为"普通选手"的第三梯队。

接下来，这两位学者对比研究了9个不同行业中"奇迹创造者""长跑选手"和"普通选手"的表现。他们的研究揭示了两条成功法则，

[一] Revill J (2013). Swatch boosts profit, forecasts more growth. The Wall Street Journal Europe, February 5, 2013, p. 22.

[二] Raynor ME, Ahmed M (2013). Three rules for making a company truly great. Harvard Business Review online, April 11, 2013.

即“价值优于价格”和“收入优于成本”。“‘奇迹创造者’的竞争力源自价格以外的差异化，它们通过提高毛利率而不是降低成本来提高盈利水平。”与之不同的是，“‘长跑选手’在关注成本管控的同时，致力于提高毛利率。”

这项有趣的发现说明，采取高端价格战略获取持续成功的可能性可能会略高一些。正如你亲眼看见的，成功的低价公司凤毛麟角。一将功成万骨枯。这是信奉“成本领先”的企业的宿命。大多数市场至多给予一到两家“低价格－高销量”公司生存空间。这一现实与雷纳和阿哈姆德的另外一个发现吻合：“成本导向的企业很少可以实现高利润率。”

一般情况下，大多数市场都可以容纳多家采取高端价格定位的公司，并提供可持续的增长空间。以西蒙顾和过往 30 余年的经历来看，我们有理由相信企业通过低价战略走向成功并占据行业顶端的道路异常艰辛。大而全的成本导向型公司或许可以取得一时的成功，但倾覆往往也只是在一瞬间。与之相比，那些更聚焦目标客群的小而美的“隐形冠军”企业，往往有可能获取更长久的成功。无论在什么时候，奢侈品市场都有个特殊的挑战，价格和销量的平衡是一个难题。

本书的前四章中，我们了解到我们的生活与价格的联系、行为心理学对我们购买决策的影响，以及不同的价格定位和定价战略的利弊。接下来，我们将更深入地探讨定价的内部机制。

第5章

价格与利润

有时，大企业的经理人对价格与利润的理解甚至还不如小微企业的企业主。若干年前，我[1]雇用了一个园丁帮我打理后院。我跟他说如果他能再给我3%的折扣，我可以马上一次性付清账单。这种“提前支付优惠”(Early Payment Discount）在很多商务合同中非常普遍。

“门都没有。”他不假思索地一口回绝。

怀着惊讶和好奇，我让他解释为什么。

[1] 本章中的“我”特指赫尔曼·西蒙。

“我的净利润率是 6%，”他说，“如果你马上给我钱，这很明显能够增加我的现金流。但如果我给你那 3% 的折扣，这意味着我需要两倍的人手、干两倍的活，才能赚到同样多的钱。这笔账怎么都算不过来。我没法不拒绝。”

我无言以对。我很少碰到经理人和企业经营者能够如此言简意赅又如此正确地诠释价格决策。也许这种透彻的理解是因为园丁这样的小微企业主挣的（亏的）每一分钱是他自己的，利润关乎他的切身利益。他所表现出来的谋生本能，和我小时候在农贸市场所感受到的一样。

你猜一家公司平均盈利水平是多少？假设销售额是 100 美元，平均有多少可以剩余下来成为利润，收入该公司的囊中？

如果你让消费者按照第一反应快速给出一个答案，他们通常会给出一些非常大胆的估算。在一项调查中，美国消费者猜测的毛利率或销售回报率是 46%；在德国一项类似的调查中，人们预估的毛利率为 33%。事实上，大多数企业的销售回报率和我园丁的净利润率非常接近。

当利润率为 1%～3% 的时候，很多批发商和零售商就已经非常满意了。截至 2020 年 10 月底，2020 年《财富》世界 500 强企业中排名第一的沃尔玛在过去 12 个月的净利润率是 3.5%。[⊖]如果一家实体企业的销售回报率能够达到 10%，那么它已经高于行业平均水平了。

当然，这条规律也有例外的情况。苹果公司在 2020 年世界《财富》世界 500 强中排名第四，排名相较上年虽然略有下滑，但它的

⊖ Fortune 2020.

净利润率达到了惊人的21.8%。[一]好吧，我们必须承认苹果不是平均水平的公司。如果平均每家企业的收益都像苹果那样，我们就会生活在一个完全不一样的世界——一个超出我们想象的乌托邦。个位数销售回报率是绝大多数企业必须直面的惨淡现状。价格每一个百分点的变化都对利润率产生巨大的影响。你的利润率越低，你就越需要打起十二分精神。如果一家净利润率只有1%的企业想通过降价来提升市场份额，那么经营者们必须意识到，这一行为很可能会导致企业赔光所有的利润。

追求利润既是优质定价的动力，也是优质定价的结果。这两个话题是无法分割的。利润是最终指引企业经营的唯一有效的指标。道理很简单：利润是唯一一个既考虑收入又考虑成本的指标。一家追求销售业绩最大化的公司容易忽略成本的方面，一家追求市场份额最大化的公司可能在很多方面使业务误入歧途。总之，想要最大化市场份额，最简单的方式就是把价格定为0甚至是负数。

不幸的是，很多人对“利润”这个词的印象是负面的。过去30年间，好莱坞电影常常将利润与“赚黑心钱”“挥霍无度”“自我放纵”等联系在一起。我们不否认这些情况发生的可能性。毕竟，那些电影中很多情节都改编自真人真事。但是，在我看来，维护“利润”并不等同于维护贪婪和挥霍。企业为了生存和发展必须赚取合理的利润。管理学大师彼得·德鲁克曾说过：“利润是企业赖以生存的前提。它是未来的成本，是继续留在这个行业的成本。”[二]或者正如受人尊敬的德国经济学家埃里希·古腾堡（Erich Gutenberg）所说：“没有生意曾经因为赚取利润而垮掉。”

㊀ 同P125注㊀。

㊁ Drucker PF（2001）. The Essential Drucker. Harper Business, New York, p.38.

利润是企业的终极目标，是企业的生存根本。企业不能在年末的时候把利润看作锦上添花或者一份“意外惊喜”。换一种说法就是：如果你所工作的公司不赚钱，或者所采取的行动将会严重损害利润，那么你的饭碗可能危在旦夕。功能手机时代的一代霸主摩托罗拉就是一个典型的例子。在2006年第四季度大幅降低其核心产品刀锋系列（Razr）的售价后，摩托罗拉宣称其迎来了有史以来最好的销售季。然而，真相是摩托罗拉那个季度的利润陡降48%，市值缩水数十亿美元。在这个消息被爆出后几周，摩托罗拉宣布裁员3500人。[㊀]

由于利润是企业生存不可或缺的条件，这意味着卓越定价是企业赖以生存的手段。企业需要像对待成本那样，以同样的精细度和严谨度来制定价格。很多公司因为忽视定价而走向万劫不复的深渊。同时，我们也关注到不少成功的案例，那些企业在创造高价值的产品和服务的同时，通过合理定价实现了健康的销售和盈利。

似是而非的经营目标

不同国家的企业的盈利水平存在显著差异。我们对这个主题的数据跟踪了很多年，并把一部分原因归结于不同国家的文化和价值观。图5-1对比了22个国家企业的平均税后利润率。[㊁]中国企业的平均税后利润率为5.2%，位居中间，在美国和西班牙之后，略高于荷兰；德国企业的平均税后利润率为4.2%，排名偏后；不出意料地，日本企业平均只有2%的税后利润率，排名倒数第二，仅略高于希腊。样本

㊀ Motorola Plans to Lay Off 3 500. Associated Press, January 20, 2007.

㊁ 数据来源于德国经济研究所，2013年。

内所有国家的企业平均税后利润率接近6%。这虽然是前几年的数据，但现在的情况也差不多。

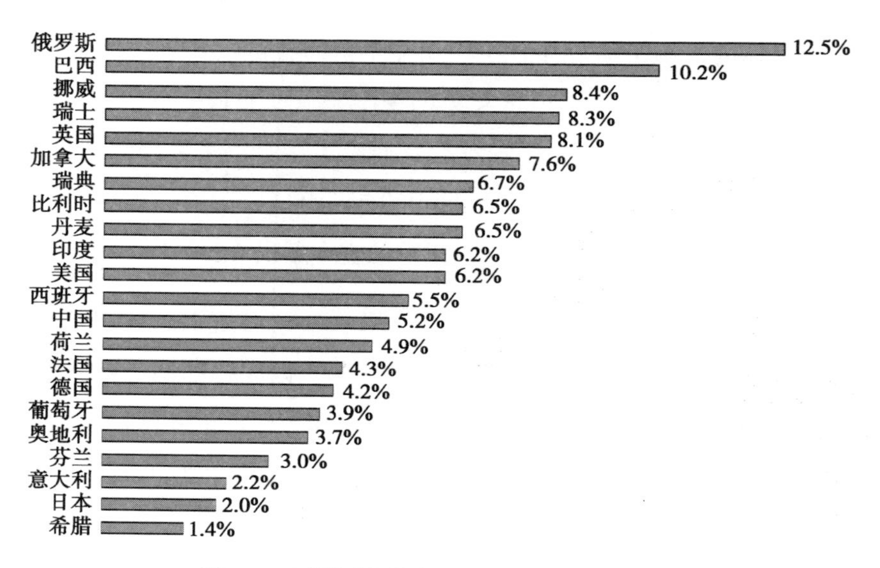

图 5-1 不同国家的企业平均税后利润率比较

资料来源：德国经济研究所，2013。

是什么导致了如此显著的利润率差异？很大程度上是因为它们追求错误的目标。尽管我们不认为这些数字完全验证了它们的命运，但确实在一定程度上反映了各国企业经营者对于利润的态度。太多企业把目标，而不是利润放在了更重要的位置。在西蒙顾和的一个项目中，一位全球领先汽车主机厂的高管比较客气地总结了现今主流的态度："让我们实话实说，官方地说，是的，利润是我们企业的目标。但在现实当中，如果利润下降20%，没有人会在乎。然而，如果我们丢失了哪怕是0.1%的市场份额，人头就会落地（好吧，这是种夸张的说法）。"

一家大型跨国银行的执行副总裁设法不用“市场份额”这个词来表达同样的观点。他希望我们优化他们银行的定价策略，改善盈利表现，但有一个不可妥协的前提条件：“我们不能失去任何顾客，一个都不可以。”

我曾在一家工程公司的董事会任职多年，它们素来有“签大单不赚钱”的惯例。有一天一位高管骄傲地宣布，他从某个大客户那里接到了一个 1000 万美元的订单。在竞争激烈的市场里拿到如此大额的订单，实属不易。我很好奇他是怎么做到的。

“我们需要给他们额外 17% 的折扣。”他说。

“你此前预估的项目利润率是多少？”我问。

“14%。”他答道。显然，他根本没有意识到这么简单的算术结果背后，这个让步将会让公司付出多大的代价。

尽管我尝试敦促管理层重新考虑这些不赚钱的生意，甚至是远离它们，但遗憾的是，积习难改。管理层最关心的是要让他们的员工有活可干，利润从来没有主导过他们的思考和行动。可惜了这家公司如此多才华横溢的工程师，他们拥有那么多好点子可以帮助客户改善公司的运营。最终我辞去了董事会成员的职位。最后的结果应验了彼得·德鲁克的话：不注重盈利的企业的命运早已注定，覆灭只是时间问题。这家企业在五年后申请了破产。

因为过度关注市场份额、销量或产能利用率等目标，从而牺牲了不必要的利润。这并不是只发生在某一个国家的专有现象。比如，对市场份额的迷恋是日本企业的共性，难怪日本企业在图 5-1 的末端。我们与日本企业无数次关于定价和改善利润的讨论，都止于对方高管们的如下结语："但那样的话我们就会丢失市场份额。"秉承这个理念，他们会客气地拒绝任何对他们激进定价和打折政策进行收缩的建议，因为丢失市场份额在日本是禁忌，是一件很丢脸的事。在日本文化中不存在撤退，这或许与其地理位置有关。企业经营者被要求有背水一战的觉悟。

在德国，就业保障是企业应该背负的重要的社会责任。从这点来看，德国与日本有相似之处。经济强国中，英国和美国在盈利方面做得相对较好。这或许得益于这两个老牌资本主义国家资本市场的繁荣，股市对经济的影响力远胜于其他国家，而盈利能力对企业估值又有很大的影响。尽管如此，我们认为美国企业更加强调追求市场份额的目标——美国企业的平均税后利润率比英国企业要低 2%。

从图 5-1 中，我们还很惊讶地看到一些经济规模较小的国家的企业实现了更高的税后利润率。乍看之下，人们会以为是相反的状况，也就是在更大市场中的企业应该从规模经济中获利更多。怎么解释这个相反的结果呢？我猜想有两个原因：第一，在更大市场中的企业更追求市场份额；第二，在更大市场中竞争更充分，价格区间往往较小，小市场中竞争相对不充分，导致市场价格趋高且区间较大。

一家企业同时追求销售收入、销量和市场份额目标本质上并没有错。大多数公司都努力在不同目标中取得平衡。然而，这三个次要目标对价格设定并没有提供有用的指引。价格设定需要对以下两方面有透彻的理解：一是客户对产品的价值感知是怎样的，二是你需要保持或提升这个价值感知的利润水平。

如果市场份额是你的首要目标，你为什么不向客户赠送你的产品呢？或者甚至花钱请人来使用产品？中国消费者有幸近距离欣赏到这出戏。从“百团大战”到共享单车，再到最近的社区团购，中国的创业公司在私募资本和互联网巨头的支持下不断挑战低价的底线。跑马圈地“割韭菜”成了中国互联网企业的标准打法，超低价格乃至负价格层出不穷。然而，烟花散尽后一地鸡毛。中国消费者也逐渐意识到这种情况不可持久，况且，很多情况下其实自己就是买单人。

除却少数互联网企业的极端打法，不可避免地，绝大多数以长久存续为目标的企业，都在要利润还是要销量，抑或是要市场份额之间长期纠结。然而，理想中的平衡很可能止于理想。

在涨价和降价间徘徊

对于大多数公司来说，产品销量下滑远比降价痛苦。但降价给企业造成的危害很可能超出你的直觉和想象。举个例子：在初始情况中，产品价格为10元，销量为100万件，所以收入为1000万元。假设成本为800万元，那么利润为200万元。此外，我们假设所有的成本均为可变的，这意味着成本与销量呈完全正相关关系（见图5-2）。

方案一的影响如图5-3所示。保持销量不变，我们将价格从10元降到9元。假设我们真的做到了保持销量不变，那对财务会有怎样的影响？见图5-3。

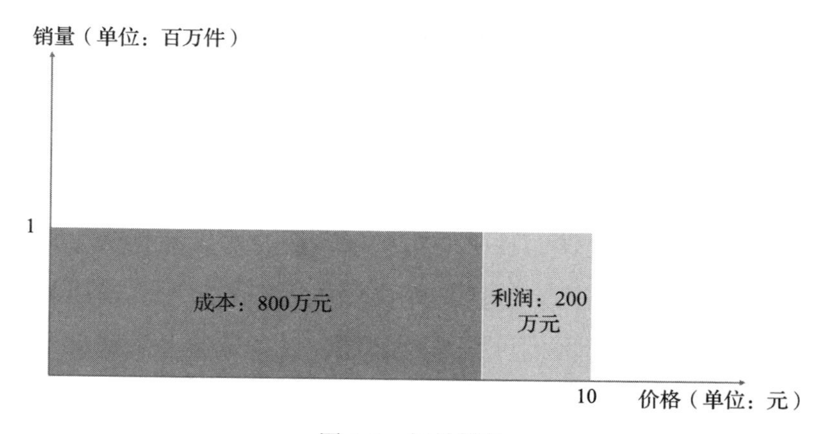

图 5-2　初始情况

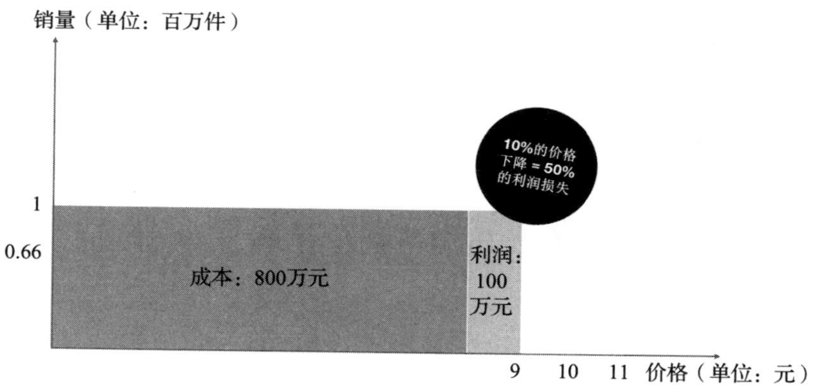

图 5-3　方案一：降价 10%，假设销量不变

图中浅灰色区域代表利润。降价 10%，利润减半！你会重新考虑你的决定吗？等等！我们关于销量不变的假设不合理？降价不是应该带来更高的销量吗？有道理。那让我们来看看需要提升多少销量，才能回到初始情况中的利润水平（见图 5-4）。

看似无伤大雅的降价 10% 的杀伤力，远比想象中要大。要想维持原先的利润水平几乎是不可能完成的任务——销量必须翻倍才行。这意味着价格弹性高达 −10！这么多的销量增量应该从何而来？降价

10% 会使得客群突然扩大一倍？还是现有客户的需求会突然增加一倍？这两种情况怎么看都不太可能。在这里，我们还没有考虑影响降价结果的另一个重要的外界因素——竞争对手会不会跟风降价？如果竞争对手也跟着降价 10%，会使得大家又重新回到同一起跑线，降价不会带来任何销量提升，只会侵蚀利润。

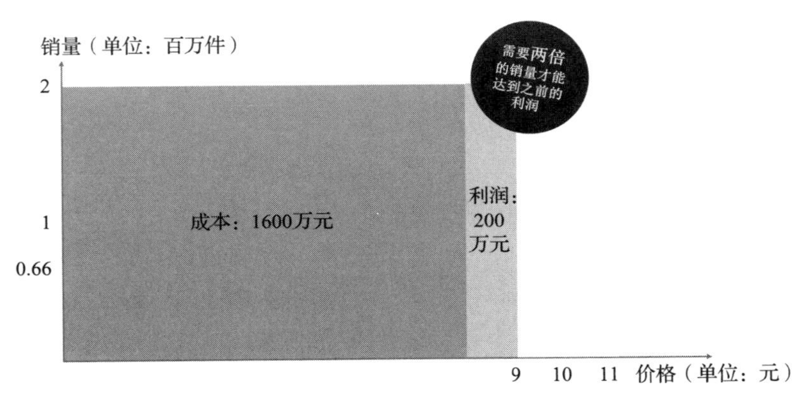

图 5-4　方案一：降价 10%，假设可以实现初始利润的销量

降价是很多企业在经济不景气时的膝跳反应。但事实一再证明，盲目降价并非最优选择。我们充分理解支持降价的理由，诸如：扶持陷入经营困境的老客户，保持足够的市场曝光度，应对社会舆论和工会的压力，保障就业，以及出于失去供应链合作伙伴的担忧等。我们并不反对降价，但敦促经营者须在降价前思考以下三个问题：

- 降价会赢得新客户吗？
- 现有客户会购买更多产品吗？
- 竞争对手会跟着降价吗？

在没有清晰的答案前，什么都不做或许是更好的选择。在分析了降价的风险和前提条件后，让我们来看看硬币的另外一面：把价格提高 10%，会发生什么事情？见图 5-5。

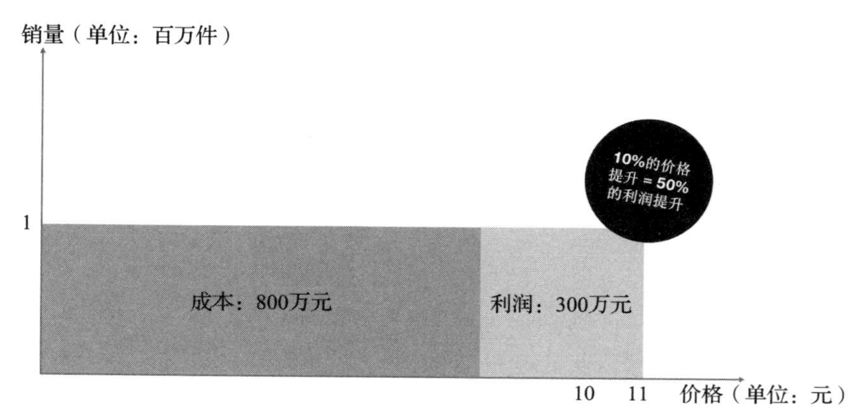

图 5-5　方案二：涨价 10%，假设销量不变

在提价 10% 的情况下，如果销量维持不变，利润将攀升至 300 万元，利润增长高达 50%。类似方案一，关于销量不变的假设是否能够成立？如果不成立，提价带来的利润增长会不会是水月镜花？我们来算一算，结果见图 5-6。

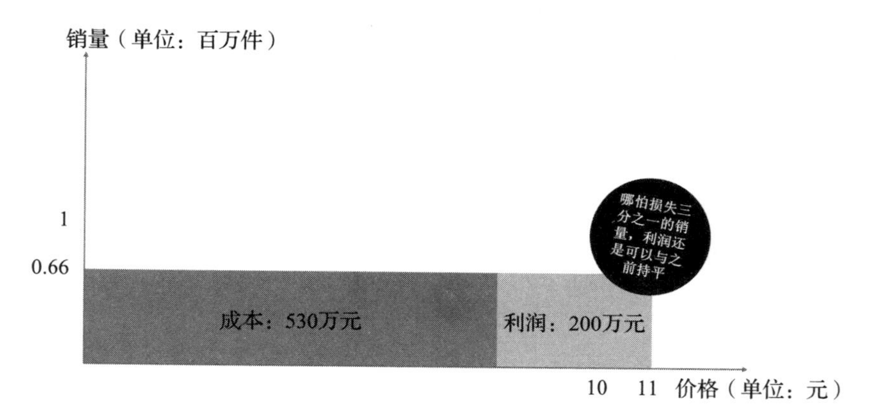

图 5-6　方案二：涨价 10%，假设可以实现初始利润的销量

通常情况下，销量会随价格提升而降低——要么购买的客户减少，要么现有顾客的购买量减少，要么两者兼而有之。不管是哪种情形，我们可以从图 5-6 中看到，只要销量滑坡不超过三成，涨价就可以实现更高的利润。这种极端情况对应的价格弹性是 −3.3，这是一个较高的数值。根据我们的经验，企业经营者通过采取有针对性的措施，通常可以将价格弹性控制在这个水平之下。换言之，涨价的风险是可控的。

在面对困境时，如果企业经营者不确定应该选择降价还是涨价，我们有个很现实的建议：涨价是相对安全的选择。毕竟数字不会撒谎。

最有效的利润杠杆

收入是价格和销量的乘积。利润是收入和成本之间的差额。这意味着所有的生意仅有三个利润驱动力，即：价格、销量和成本。所有这些利润驱动力都很重要，但它们对利润的影响力不可相提并论。我们的经验显示，经营者将大部分的时间和精力花费在成本控制上。换言之，他们倾向于将提升运营效率作为提升利润的主要手段，在经济不景气时期尤为如此。据我们估计，经营者们花费 70% 的精力在成本上，20% 在销售上，仅有 10% 留给价格管理。次“受欢迎”的利润驱动力是销量。在成本控制之余，经营者更愿意将时间和资源花在扩大销量和提升市场份额上，而忽视价格对销量及利润的影响。大多数企业中的价格管理是被动的，并且缺乏系统性，这一现象在中国更为明显，中国企业缺少专门的人才和流程对定价进行管理。定价总监等高级别岗位在欧美领先的企业已经非常普遍了，但在中国仍然是稀有物种。

讽刺的是，企业经营者重成本而轻价格，看似注重效率，其实本末倒置。让我们来看一家西蒙顾和服务过的电动工具制造和销售公司的案例。数据来源于西蒙顾和的一个项目，数字有所调整以保护客户隐私。一件工具的制作成本是 60 美元，然后以 100 美元卖给经销商和批发商。固定成本是 3000 万美元，最近几年每年卖出 100 万件工具，这将产生 1 亿美元的收入和 9000 万美元的成本。因此这家公司每年盈利 1000 万美元，达成 10% 的可观利润率，符合一家典型的工业品企业的盈利情况。接下来，我们逐一改进每一个利润驱动力——价格（提高 5%）、可变成本（降低 5%）、销量（提高 5%）和固定成本（降低 5%），同时保持其他的利润驱动力不变。让我们来看看将会发生什么变化。

价格提高 5% 将会推动利润提升 50%。相比之下，销量增长 5% 只带来 20% 的利润增幅。可变成本和固定成本减少 5% 将分别提高 30% 和 15% 的利润。显而易见，在同等情况下，价格对利润改善的贡献最大（见图 5-7）。

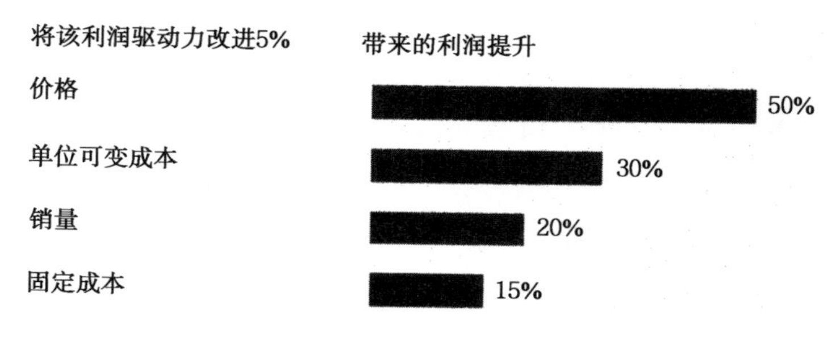

图 5-7　利润驱动力的改善对利润的影响

通用汽车内部员工价计划

时间回到 2005 年春天，通用汽车的生意境况不佳。4 月销量同比下降 7.4%。5 月销量略有回升，但同比仍下降 4.7%。

不甘坐以待毙的通用汽车市场营销部门头脑风暴出一个好点子。常规的折扣或现金返还优惠已不足以挽回颓势。非常时需行非常事：通用汽车向消费者开放了原本只有员工才能享有的内部购车优惠。这个行动在 2005 年 6 月 1 日大张旗鼓地开展，并且持续了四个月。尽管通用汽车并没有公开宣传明确的折扣额度，但透露："通用汽车的内部员工价等于经销商实际购买汽车的价格。"[㊀]

用"火爆"来形容接下来两个月的销售情况恐怕太轻描淡写了。

这次前所未有的营销行动拉动了如此迅猛和巨额的销量，甚至让通用汽车和它的经销商们始料未及。仅仅在 2005 年 6 月，销量同比 2004 年 6 月激增 41.1%。尽管美国汽车三巨头中的另外两家——福特和克莱斯勒很快跟进，采取类似的激进折扣政策，当年 7 月通用汽车仍延续了不错的增长势头，销量同比增长 19.8%。如果这样的势头持续下去，通用汽车将面临无车可售的窘境。

至此，一切看上去很美。然而，一名头脑冷静的企业经营者应该问自己：这些新客户从何而来？除了房屋和高等教育，一辆新车也许是普通人一生中最大的开销之一。我们讨论的不是买双袜子或者一件衣服。消费者对于大笔开支会采取更审慎的态度。在图 5-8 中你会看到这个问题的答案。几乎所有新客户都来自一个地方：未来。

㊀ GM's Employee-Discount Offer on New Autos Pays Off. USA Today, June 29, 2005.

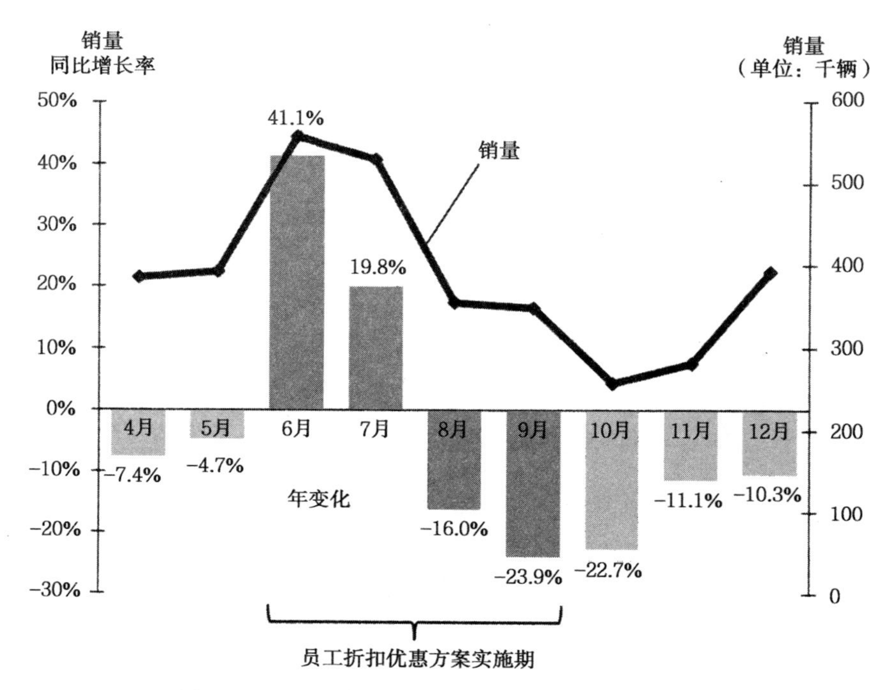

图 5-8 通用汽车内部员工价计划对销量的影响

尽管销量从 8 月开始下滑，但通用汽车仍然坚持将促销延续至 9 月底。2005 年 9 月的销量同比下跌了 23.9%，10 月同比下降 22.7%，销量下滑趋势一直到年终也未能逆转。

通用汽车的内部员工价计划并未创造新的需求，而只是预支了未来的需求。降价拉不动伪需求，图 5-8 的实线显示了销量下滑的迅猛态势。它从 7 月接近 60 万辆的峰值一路下跌至 10 月的不足 30 万辆。

还有一个必须直面的问题：如此激进的定价措施的代价有多大？在 2005 年，通用汽车给每一辆汽车的平均折扣是 3623 美元，亏损总额达 105 亿美元，股票市值从 2005 年 8 月的 209 亿美元的高点一路下行，到 12 月时市值已蒸发近半。一年以后，通用汽车的主席鲍勃·鲁茨反思了当初的决策："我们现在变得更理性，像内部员工价计划这种提升市场份额但严重损害汽车在二手市场的价值的垃圾业务，我们正从当中抽身出来。相比以低毛利卖出更多的车辆，维持高毛利卖出较少的车更合理。相比卖出 500 万辆零利润的汽车，卖出 400 万辆有利润的汽车更好。"[⊖]这毫无疑问是对的，只可惜他太晚才意识到这个道理。

通用汽车从 1931 年开始蝉联 77 年全球汽车销量第一的桂冠，在 2008 年拱手让人。次年 6 月，这家传奇汽车公司依据破产法第 11 章申请破产保护。

价格、利润率和利润

价格是最有效的利润杠杆。这里的利润指的是利润绝对额，而不是利润率。边际贡献指的是价格和可变成本之间的差额。在刚刚提到的电动工具案例中，边际贡献为 40 美元，因为每件工具的可变成本是 60 美元，出厂价为 100 美元。如果你的总边际贡献超过了你的总固定成本，那么你就享有净利润。

企业经营者对边际贡献很敏感，这解释了成本加成定价的思维定式——企业在自己成本的基础上加上目标利润率（目标边际贡献），从而计算出目标价格。这种看似精准的定价方式只应存在于象牙塔中。我们在本书第 2 章就已经阐述了客户的价值感知是价格的决定性因素。成本加成定价既未考虑客户对产品的价值感知，也没有考虑价格对销量的影响。

⊖ www.chicagotribune.com, January 9, 2007.

如果定价太高，哪怕边际利润率再高，无法形成规模化销售也于事无补。这是所谓的因定价过高而脱离目标市场的情况。定价太低的命运同样堪忧。试图通过销量提升来弥补降价带来的利润侵蚀在大多数情况下只是不切实际的幻想。

盈亏平衡分析是评估定价合理性的一个有效工具。沿用前文提到的电动工具案例，实现盈亏平衡的销量（最低销量）的计算公式如下：

$$\text{盈亏平衡的销量}=\frac{\text{固定成本}}{(\text{价格}-\text{可变成本})}=\frac{30\ 000\ 000}{(100-60)}$$
$$=750\ 000\text{（件）}$$

在卖出75万件以后我们开始赚钱。如果把价格降至80美元，那么我们需要卖出150万件产品才能实现盈亏平衡；如果我们把价格提升至120美元，我们则只需要卖出50万件就能盈亏平衡。无论是降价还是涨价，经营者需要解决的关键问题是：客户从何而来？他们是否理解产品价值，目标市场规模是否足够支撑目标销量？涨价有可能使企业损失潜在客群，但如果高价值感知的客户群体量足够大，涨价带来的利润提升仍可以抵消销量下滑带来的利润损失；降价有可能吸引到对产品感兴趣但支付意愿较低的客群，但销量提升能否充分抵消边际贡献下降（因降价而产生）所导致的负面影响？请在下文中寻找答案吧。

一个独特的营销工具

大部分人，包括企业经营者们，从来没有在日常生活当中想到过“价格弹性”（Price Elasticity）这个概念。然而，我们潜意识中对“弹性”

的理解超乎想象，并潜移默化地影响我们的决策。每当我们在判断改变某些东西是否会带来影响，或者应该做出多少改变时，我们直观地或下意识地考虑“弹性”。

我们每个人都曾经遇到过这样的情形：我们决定不再继续下去，因为“不值得”或者继续下去“并不会带来什么变化”。我们也曾经经历过这样的遭遇：一个很小的调整或改变给人生带来了巨大的变化。

一位经济学家把“事倍功半”（big effort, little change）用来形容“缺乏弹性”，而用“事半功倍”(little change，big impact）来形容“富有弹性”。道理同样适用于价格。价格对销量和市场份额的作用举足轻重，我们可以利用价格弹性来衡量这个影响。价格弹性是销量变化百分比和价格变化百分比之间的商。它通常是负数，因为价格和销量通常是反向变动的。但为了简便，人们在表述上往往会省略负号。下文中出现的价格弹性除非有特别标注，否则均为绝对值。

价格弹性为 2 意味着销量变化百分比是价格变化百分比的两倍。也就是说，1% 的价格下降将会带来 2% 的销量增长；相反地，1% 的价格提升将会造成 2% 的销量下跌。根据对数万种产品的分析，我们知道价格弹性通常在 1.3～3 浮动。[㊀]尽管价格弹性会根据产品、地域和产业的不同而千差万别，但中等浮动大约维持在 2。

其他的营销工具同样具有弹性。广告宣传就是其中一个例子。我们将销量变化百分比除以广告费用百分比可以得到广告弹性。销售团队弹性的计算方式类似，只是将广告费用替换成对销售团队衡量的投入。平均而言，广告宣传的弹性处在 0.05～0.1，而销售团队的弹性则

㊀ Friedel E. Price Elasticity — Research on magnitude and determinants. Lang, Frankfurt, 2014.

处于 0.20～0.35。因此，平均为 2 的价格弹性大约是广告宣传弹性的 10～20 倍，大约是销售团队弹性的 7～8 倍。换句话说，你需要增加 10%～20% 的广告投入或者增加 7%～8% 的销售团队投入，才能实现与降价 1% 同样的效果。

当特惠促销正在进行的时候，例如通用汽车的内部员工价计划正在实行时，价格弹性通常会比平时高。当它和更多的广告宣传及更优的店面陈列结合的时候，促销对销量的刺激作用会进一步扩大。在极端的例子里，类似的促销所产生的价格弹性可以高达 10，杠杆作用显著。但是不能孤立地看待促销的效果，否则会失之偏颇。正如前文提及的，你需要了解需求的源头。你吸引新客户了吗？你在竞争中赢得客户的心了吗？还是说通过低价吸引了客户提前消费，透支未来？或者在清理库存的情况下，卖给客户现在的旧款，放弃了销售价值更高的新产品的机会？还有一个商家必须面对的促销的副作用：客户养成了对折扣的预期，不打折不买。

和类似广告宣传或者销售等营销手段相比，价格有另外一个明显的优势：价格调整通常可以非常迅速地实施。相比之下，开发或调整一个产品需要几个月甚至几年。广告宣传等其他营销活动同样需要大量的时间准备与实施，而活动的效果需要更长时间才会完全实现。在此期间，如果市场情况发生变化，之前预计的广告效果很可能会大打折扣。在极端情况下，投入甚至可能会完全打水漂，比如当品牌代言人爆出令人设崩塌的负面消息的时候。

当市场发生变化时，你几乎可以马上对价格进行调整以适应市场，除非你的合同条款或你已经发布了的产品手册不允许调整价格。领先的大型电子商务平台现在已经可以利用自动算法在一天内实施百万数量级的价格调整。越来越多的线下实体超市也开始采用电子标签，可做到与线上价格同步。

定价的快速反应和强大的影响力是一柄双刃剑。价格非常容易调整，竞争者可以迅速地采取反应措施，使得你从一个价格调整行动中所获取的任何优势随之消失殆尽。这些竞争性反应往往是敏捷而猛烈的。这个现象本身就帮助说明了为什么企业很少能够在价格战中获得全胜。除非你拥有一个不可撼动的成本优势，否则通过降低价格来建立一个持续的竞争优势几乎是不可能的。2015 年曝光的“柴油门”排放量造假事件使得大众汽车深陷丑闻，销量一路下滑，德国工厂几乎面临停工的危险。为了维持工厂运转，大众汽车管理层在 2017 年决定以“环保车补”名义为新车主提供高达 5000 欧元的购车补贴，这是大众此前平均折扣补贴的 10 倍。这是一个让消费者无法拒绝的价格，足以让他们暂时忘却“柴油门”事件；这也是一个让竞争对手无力回击的折扣，5000 欧元的补贴远远超出了竞争对手每台车的利润。所以，大众在透支自身未来销量的同时，很可能也截取了原属于竞争对手的客户。大众的工厂和就业岗位虽然保住了，但是利润损失不言而喻。一年后，大众汽车叫停了完成历史使命的“环保车补”。

最后，价格还是唯一一个你不需要提前投入任何资金就能够调遣使用的营销工具。它对于财务紧缺的中小企业或初创公司而言是一个尤其强大的营销工具。我们希望通过本章所讲的知识帮助经营者厘清价格对企业经营的重要性，并且摒弃一些关于定价的不切实际的想法。开展广告宣传活动，建立销售团队和实施调研及新研发都需要在前期投入大量的资金，需要时间沉淀才能见到效果，唯有定价措施可以立竿见影地影响企业的经营结果。大企业应该重视定价，中小企业或初创公司更应关注定价，在产品研发的早期就应该考虑如何定价。更多相关内容会在第10章中进一步展开。

所有的这些独到之处使价格成为一个无比迷人而有趣的营销工具，但它对真实世界的影响也常常被误解或忽视。一旦深入了解定价之后，你就会发现企业经营者是可以对价格施加积极影响的。专业化价格管理的投资回报相当可观，这也正是我们撰写本书的一个重要目的。积极拥抱定价吧。

第6章

价格与决策

几个关键问题

定价者是谁？这主要取决于市场结构。比如农贸市场，从我记事以来，那里交易成员众多，交易的产品高度同质化，没有任何人可以决定价格，市场价格由供需情况决定。卖方提高他们收入和利润的唯一方法是增加供给，当然，前提是他们认同并遵循市场当前的定价和背后的定价机制。如今，在大多数市场里的卖家或多或少拥有一定的定价权。这在新兴产品和稀缺产品的销售中尤其明显。拥有了定价权，卖方就拥有了更大的利润空间。当然，这也意味着犯错要付出的代价更大。

尽管可能与常识相违背，但事实上，即使是一般的同质化商品也有一定的定价空间。一瓶农夫山泉矿泉水的价格是自来水的30倍，一瓶巴黎水（Perrier）的价格是农夫山泉的6倍，一瓶挪威原装芙丝（Voss）的价格是巴黎水的3倍以上。产品同质化应该被视作经营者管理失败的表现。即使再普通的产品，通过产品改良、包装、服务、营销等手段创造附加值，也可以实现与竞品的有效差异化，从而获取一定程度的定价权。

那么究竟是谁来进行定价决策的呢?“公司”本身作为一个实体是不可能做这件事的。只有企业经营者和相关团队才能做出关于价格的决定。这就意味着这些决定受人的习惯、认知、政治和环境等因素的影响。一般而言，把定价权全权交给一个个人是一种非常不靠谱的做法，不管过程还是结果都会令人非常沮丧。价格是多种因素相互作用的最终产物，不应该由哪一个人对定价负全部的责任。在公司内部，不同岗位的员工在定价方面有各自的看法：市场、销售、采购、财务，当然还有管理层。总之，人人有想法，个个是专家。然而，屁股决定脑袋。每个人不同的立场决定了他们对定价的看法很可能是主观的、片面的。

如果你问我们，公司的哪个部门应该对定价负最终责任，我们无法给你一个肯定的、放之四海而皆准的答案。从来没有定价权本质上应该属于哪个部门这一说法。无论是高度集权、等级鲜明的公司，还是权限下放、管理扁平化的公司，定价这个行为都可以发生在任何一个部门的任何一个层级。客观来讲，一家公司的组织架构和产品情况决定了哪个部门或哪类职务的员工在产品定价决策方面拥有更大的话语权及最终决定权。在一些仅有几款主要产品的行业（这让人立马想到大型机械制造业），往往是最高管理层对产品定价拥有最终决定权。如果是一家产品数目及品种众多的公司（如零售业、航空业、旅游业、物流业等），产品价格的数量及更新频率决定了高层管理人员可能只负责制定整体的定价战略，而具体的定价或价格调整由下面的团队或者员工根据定价流程及指导原则进行。如果一家公司的产品价格一般要通过买卖双方的谈判才能确定（实际上很多公司都是这种情况），那么公司通常会授权销售人员，让他们在提前设定的价格范围内与客户谈判，并确定成交价格。

那么，定价决策的内容包括哪些呢？在极端的情况下，答案就是一个单独的价格。但迄今为止，我们还没有发现一家只有一个价格的公司，即使它只有一种产品。我们总能发现价格的其他表现形式：折扣、特别价格、特殊条款，以及服务特定收费，如运费或差旅费。即使是单一产品的公司，也会因为服务不同需求的客户而提供不同的附加服务，这种多样性无疑增加了定价的复杂度。一些公司采用基础价格加可变价格的定价方式来匹配不同客户群体对产品和服务的差异化需求，并试图以此更好地捕捉差异化的支付意愿。但有一点是可以明确的，不管第一印象如何，价格很少是“一个决定、一个数字”这么简单，在一个价格背后隐藏着多个需要经营者进行决策的价格参数。领先企业的价格管理就像是一台精密的仪器，是基于大数据分析和一系列复杂决定的综合体。

现实生活中，人们是如何做定价决策的呢？尽管定价看起来很像是一门精密科学，但其实它还是一个有待人们探索的领域。广告大师大卫・奥格威曾经说过："人们通常想当然地认为市场营销人员是用科学的方法来决定产品价格的。其实定价就是猜测。这是事实。几乎在每个案例里，决策的过程就是猜想的过程。"[⊖]这番话是他 60 年前讲的，放到如今依然适用。

诚然，不是所有行业、企业的定价都是靠随意猜测的。一些行业和公司自有一套非常专业和系统的定价方法，其中包括生命科学和医药公司。另外，我还想重点提一下高端汽车制造业，很多高端汽车主机厂在挖掘客户价值和科学定价方面都有很深入的研究，它们会搜集一手的客户数据，并在此基础上制定定价策略。领先的电商平台在制定定价策略时，广泛运用复杂的大数据分析和机器学习等新技术。但我们得搞清楚复杂的定价和专业的定价，这两者是不一样的。航空公司普遍采用了高度自动化的复杂定价系统，但是对于管理层来说，定价逻辑也往往是一个暗盒。即便是作为动态定价的标杆企业，亚马逊自动化定价算法计算出的价格有时也令人感慨——人毕竟比机器要聪明一点。

为了建立合理的定价机制，我们必须对定价有一个系统的了解。如果没有深入了解定价决策及其影响因素，那么我们将很难对我们在实际生活中观察到的各种定价方式进行分类和评估。

定价的连锁反应

我们在前 5 章尽可能使用简单易懂的语句和数学语言进行叙述。

⊖ Ogilvy D（2004）. Confessions of an Advertising Man. Southbank Publishing, London（Original 1963）.

在大多数情况下，我们都假设商业情境中只有价格是唯一的变量。如果价格的变动不大，那么这个假设尚可成立。然而，一旦价格调整超过一定阈值，就会触发一系列连锁反应，从而让价格管理更加复杂。现在，是时候直面定价的复杂性了。

价格的变动对行业有着多方面的重大影响：正面的、负面的，偶尔甚至是相抵触的。图 6-1 表明了这些相互影响的重要关系，同时也展示了从价格到利润的路线既不是唯一的，也不是线性的。图中的虚线代表确定的关系；收入，顾名思义，是价格和销量的乘积；利润是收入与成本的差。

图中的实线代表因果关系。价格的变动会影响销量，而销量的变化会影响成本。我们前面讨论过供需关系，所以相信你已经了解价格和销量之间的关系。需求曲线，或者从严格意义上说，应该是价格反映函数，精确地解释了价格和销量之间的直接函数关系。深刻理解需求曲线是科学定件的前提，它能帮助你更好地评估和量化价格决策的影响。

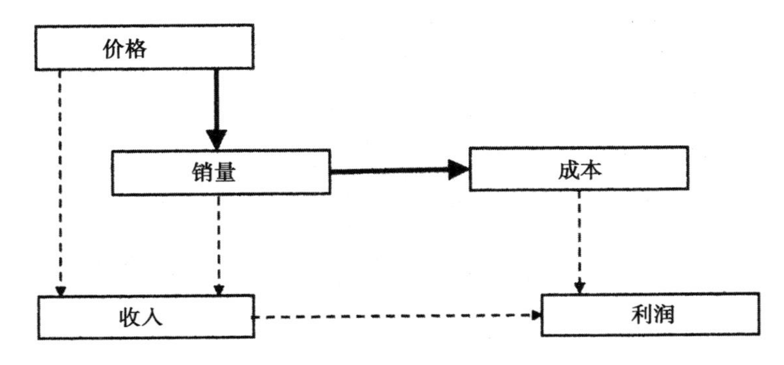

图 6-1　价格管理的相互关系

需求曲线和成本曲线相互作用，精准描绘出价格变化对利润影响的连锁反应。更具体地说，如图 6-1 所示，从价格到利润有三条不同的通道：

价格→收入→利润

价格→销量→收入→利润

价格→销量→成本→利润

图 6-1 反映的是最简单的情况：一个特定的供应商和一段特定的时间。其实图 6-1 漏了三个要素：竞争、时机和分销商，如：批发商、经销商或者零售商。这三个要素在真实世界普遍存在，虽然还不能说无处不在。加入这三个要素之后，价格和利润之间的连锁反应就越发复杂了：

价格→竞争者的价格→市场份额→销量→收入→利润

价格（当下）→销量（将来）→收入（将来）和利润（将来）

价格（当下）→销量→成本（将来）→利润（将来）

价格（供应商）→价格（分销商）→销量→收入→利润

以上这些只是最显而易见且最重要而浅显的路径。然而，你会发现所有通往利润的路径都始于价格，绕过价格到达利润是不可能的。在真实的世界里，这些路径是很难被追踪，更难被量化的。由于缺乏系统的科学方法的支持，所以尽管价格对利润有如此重要的影响，但在定价的过程中，许多定价从业人员更多地依赖自己的经验和直觉。不难想见，通过这种方式找到最优价格的概率是很低的。

价格与销量

一般来说，价格对销量的影响是负面的：价格越高，销量越低，这是最基本的经济学规律。我们通过需求曲线用数学形式把它表现出来。将任意一个价格放到这个公式里，然后曲线会告诉你，你能卖出多少件产品。需求曲线通常适用于一个完整的市场或者某一细分市场。这些曲线实际上是许多条个体需求曲线的合成。产品类别不同，需求曲线的构成也会有所差异。

- **耐用品**：这种情况下，需求曲线就是买家“是或否”的购买决定的反映。人们买一台洗衣机、一部智能手机、一台照相机或者一台电脑，或者他们什么都不买。也就是说，需求曲线就是个体决定的总和。
- **消费品**：这种情况下，产品价格影响买家的单次购买量。想一下你家的冰箱里的汽水，储藏室里的面巾纸或者衣柜里的衣服。这种情况下的需求是可变的。这里的销售曲线反映的就是所有买家购买商品数量的总和。

相比之下，前者更容易被量化。古典经济学告诉我们，如果产品或服务的价格低于客户的感知价值，那么他就会买下它。理论上，最高的价格就是客户对产品的感知价值。经济学家有时会称之为保留价格（Reservation Price），保留价格反映客户的支付意愿。

消费品的可变需求可以被视为一系列单独的“是或否”决定的集合。价格越高，客户买的就越少。换言之，随着产品消耗数量的增加，客户的支付意愿一般会随之下降，因为他对每一单位产品的感知价值会随产品数量的增加而下降。对于一个饥肠辘辘的人来说，吃第一个包子获得的幸福感（价值感）是巨大的，大多数人一般吃到第三个包子，可能就不会再想要吃了吧。这就是所谓的边际效用递减规律。

如果一家公司的产品价格由个体销售人员在实际交易中谈判而定，那么根据面临的实际情况："是或否"还是可变需求，销售人员要有不同的目标设定和不同程度的定价权。如果买方的决定是"是或否"类型的，那么销售人员就要从买方身上寻找各种暗示或线索去确认对方的最高心理价格，并尽可能以最接近那个价位的价格达成交易。但是在交易沟通谈判活动中，销售人员面临的最大挑战就是：信息的不对称对买家更有利，尤其是需要一线销售人员做出定价权决策时候。

在可变需求的情况下，卖家至少有两个选择：他们可以固定产品单价或者可以根据买方的采购量来决定产品价格，后者是一种非线性定价。从数学上讲，我们要推导出可变需求情况下的需求曲线比"是或否"情况下的难。要做到这一点，你要对每个新增单位产品的边际效用有比较准确的评估。

在特定的价格下，每位买家的个体采购数量汇总成需求曲线。理论上来讲，这些买家是同质的，但在实际中他们几乎总是异质的，因为不同的客户细分群体或者个体对产品的偏好和对产品价值的感知是不同的。再次提醒，在所有的常见情况下，总的需求曲线呈下滑的趋势。但纳入考量的个体买家的数量越大，需求曲线就越平滑。

为了进行科学定价，经营者需要综合考虑自己公司的目标、客户群体的消费习惯和竞争对手的行为。把所有这些因素都考虑进来不是一件容易的事。经营者需要付出很多努力，在不同的目标之间权衡，才能艰难地做出决定。面对现实挑战，经营者往往有意无意地只选择根据其中一种因素的相关信息来做定价决策。最常见的定价方法不外乎两种：①成本加成；②竞争导向。

成本加成定价

如标题所示，这种定价方式的主要依据是成本，在一定程度上兼顾公司本身的目标，但并不怎么考虑客户和竞争对手的行为，至少不把它作为定价决策的核心依据。

如果你问那些经销商、批发商或零售商在实际操作中是如何定价的，他们很可能会说：成本加上目标利润得到目标价格。如果一件产品的成本是 5 美元，而通常的加价率是 100%，那么商家就把产品标价 10 美元卖给客户。虽然我们对这种定价方式持怀疑态度，因为它忽略了市场中很多很重要的方面，但不可否认，这种方法也有它自己的实用价值。首先，它基于客观的成本数据，而不是无端的猜想。其次，通过这种方式，卖家可以清楚地知道每卖出一件产品具体带来多少利润。最后，如果竞争对手采用同样的定价方式，并且采购价格相仿，那么这种方式可以最大限度地减少价格战的可能——竞争将在价格以外的其他方面展开。成本加成的定价方法盛行的行业，往往会诞生实质上的价格联盟，市场价格稳定且更容易预测。所有这些因素很好地解释了为什么这种定价方式会如此受欢迎。

然而，这种方式存在一个致命缺陷：卖家没有考虑客户的支付意愿。让我们就上面的例子继续展开讨论。有可能只有少量客户愿意花 10 美元购买这个产品。如果真是这样，那么 10 美元的定价明显妨碍了销量的增长，还很可能促使潜在客户转而购买符合自己需求且相对便宜的替代品。相反的情况也可能出现——客户可能愿意花 12 美元的价格购买这个产品，这就意味着卖家白白错失了 20% 的潜在收入和相应的利润。

这个例子的教训在于：除非你很幸运，你通过成本加成得到的价格刚好和客户的支付意愿相吻合，否则成本加成的定价会让你流失很多客户（价格过高）或者错失很多利润（价格过低）。这是因为便利而选择使用成本加成定价法的企业经营者必须承担的风险。

竞争导向定价

顾名思义，竞争导向定价的依据是竞争对手的价格，这也意味着你要么完全照抄竞品价格，要么有意识地把自己产品的价格定得比竞争对手高一点或低一点。类似于成本加成定价方法，这种定价方法的一大好处就是易于操作。你可以看看以下一番言论。一家安全防护设备公司的市场营销总监是这么看待定价的：

“定价很简单。我们只需要盯着市场上高端品牌供应商的价格，我们都比它们低 10% 就好。”

这种简单粗暴的定价方式并不仅限于企业级市场。据我们所知，一家大型零售超市最畅销的 600 种商品的价格，曾一度完全照搬廉价超市奥乐齐的定价。它们有专门的团队对奥乐齐超市的商品价格进行侦查并跟踪价格变动的情况。这 600 种商品的收入占这家超市总收入的 50% 以上。然而，这家超市的管理层或许不明白他们在做什么。是的，他们简化了定价流程，并把自己定位为廉价超市中龙头企业的正面交锋对手。但是，这种定价方式也意味着他们把自己的定价权拱手让给了奥乐齐。你也可以这么说，他们把这项核心的企业经营职能“外包”给别人了。他们过半的收入都被奥乐齐牵着鼻子走，细思极恐。

当然，一家公司需要密切关注竞争对手的价格，并以此作为自己定价的一个参考因素。但机械化的、程式化的竞争导向的定价方式不可能帮助企业找到最优定价。在以上的案例中，这家大型零售超市，尽管在价格上追随奥乐齐，但问题是，它几乎不可能拥有与奥乐齐相同的成本结构或者相同的需求模式。如果拿到的考卷不一样，抄好学生的答案又有什么用呢？

市场导向定价

在做定价决定的时候，经营者们需要仔细研究需求曲线，才有可能避免使用成本加成或者竞争导向的定价方法带来的不利因素。如果他们知道客户对不同价格水平的反应，就能找出帮助自己达成利润最大化的价格。

让我们再次回顾之前电动工具的案例，但这一次我们要使用需求曲线找出能实现收入和利润最大化的价格。你可能想起了电动工具部门的固定成本是 3000 万美元，而每件工具的可变成本是 60 美元。通过历史销售数据推导得出的电动工具需求曲线大概是这样子的：

$$销量 = 3\,000\,000 - 20\,000 \times 价格$$

从之前的讨论中，我们得知单价为 100 美元的时候，其销量是 100 万件，而利润是 1000 万美元。但什么价格才是最优价格（我们将实现利润最大化的价格视为最优价格）？为了计算出那个最优价格，我们来比较一下以 7 个不同价格计算得出的关键财务数据，范围为 90～120 美元。结果见表 6-1。

表 6-1 最优价格的测算

价格（美元）	90	95	100	105	110	115	120
销量（百万单位）	1.2	1.1	1.0	0.9	0.8	0.7	0.6
收入（百万美元）	108.0	104.5	100.0	94.5	88.0	80.5	72.0
可变成本（百万美元）	72.0	66.0	60.0	54.0	48.0	42.0	36.0
边际贡献（百万美元）	36.0	38.5	40.0	40.5	40.0	38.5	36.0
固定成本（百万美元）	30.0	30.0	30.0	30.0	30.0	30.0	30.0
利润（百万美元）	6.0	8.5	10.0	10.5	10.0	8.5	6.0
利润变动（%）	−42.9	−19.1	−4.8	0	−4.8	−19.1	−42.9

最优价格是 105 美元，以这个定价公司能赚取 1050 万美元的利润。当你向最优价格的左边和右边看过去的时候，应该也留意到一些规律。价格降低，收入会上升，但总的可变成本以更快的速度递增，导致边际贡献和利润相对较低；价格升高，收入和可变成本同时下降，但收入降得比成本更快，同样导致边际贡献和利润减少。以 105 美元为起点调整价格——不管是涨价还是降价，减少的利润额都是相同的，下降的趋势是对称的。

这个例子再次验证了那则俄罗斯谚语：价格太高或者过低同样糟糕。两种情况下，你都牺牲了不必牺牲的利益。话虽如此，但我们必须承认，在现实中，把高价格降低要比把低价格抬高来得容易。在这个意义上，在不确定如何定价的时候，选择一个在合理范围内的较高价格，或许是一个更好的选择。

从表 6-1 我们还可以看出，如果定价与最优价格有些许偏差是不会引起利润大缩水的。如果定价与最优定价差 5 美元，不论高或低，你所得到的利润都比最优价格实现的利润少 4.8%。然而，如果与最优定价相差 15 美元，那么你将牺牲 42.9% 的利润，这是一项非常重要的发现。这意味着即使你没有把最优价格非常精确地计算出来也没有什么大不了（边际效益递减在这里同样适用），更重要的是要确保它在最优价格附近。价格偏离最优价格越远，错失的潜在利润也就越大。

价值均分

如果无法使用如表 6-1 那样的表格，那么要如何才能寻找到最优价格呢？如果你面对的是一条线性的需求曲线，任何时候你都可以应用这个简单的法则找到它。最优价格正好位于最高价格（销售为零）和单位可变成本的中间。电动工具的最高价格就是：

$$p_{\max}=3\ 000\ 000\div 20\ 000=150\text{ 美元}$$

你可以通过这个公式来找到最优价格：

$$\text{最优价格}=\frac{1}{2}\times(150+60)=105\text{ 美元}$$

这条简单的公式还衍生出一些其他有用的教训和规律。比如，产品的单位可变成本上升了，那么你应该把多少增加的成本转移给客户？以上这个公式能为你提供显而易见的答案：二分之一，也就是说供应商和客户各自承担一半的额外成本。

如果电动工具制造商的单位可变成本增加 10 美元，涨至 70 美元，那么新的最优价格应该比原来的 105 美元高 5 美元，而不是高 10 美元。新的最优价格是新的单位可变成本 70 美元和最高价格 150 美元的中间值。同理，如有任何成本下降的情况，聪明的供应商只会让利 50% 给客户，而自己保留一半节省下来的成本。假使这家公司使用成本加成定价法，它会将成本变化都转移给客户，错失实现利润最大化的机会。

万一客户的支付意愿改变了，该怎么办？还是以电动工具为例，假使客户愿意支付的最高价格提升了 10 美元，涨至 160 美元，那么新的最优价格就应该提高 5 美元。你永远不应该尝试将客户感知价值和支付意愿的变化量独吞，全部装进自己的口袋。再说一次，经验法则告诉我们，要和客户平均分担改变所带来的影响，无论它是正面的还是负面的。

至此，你可能会质疑这充其量不过是个理论上的数学公式，在实践中到底管不管用？答案是肯定的。从人性角度出发，客户更希望与供应商共享额外产生的利益。如果你的产品能比竞品向客户多提供 20% 的价值，那么你应该在产品价格中体现你只收取价值差的一半。有经验的销售人员都知道："双赢"才是维持长期合作的秘诀。

表 6-1 同时还让我们更深入地理解价格弹性。如果你把产品的价格定在 100 美元，那么你能卖出 100 万个单位的产品。如果产品的定价变化 1 美元或者 1%，那么销量也随之变动 20 000 个单位或者 2%。这个时候价格弹性等于 2，就是说每个百分点的价格变动导致的结果就是销量的双倍变化，以百分比来计算。如果你把价格提升 5%，那么销量会减少 10%。我之所以说在这个节点价格弹性系数为 2，是因为当需求曲线是线性的时候，价格弹性不是稳定不变的。在线性的需求曲线上，不同节点处的价格弹性不同，价格弹性如何变化取决于你从哪个节点开始选取。

价格弹性在最大利润价格附近肯定是大于 1 的——只有销量变化百分比大于价格变化百分比时，利润才会下降。同理，实现收入最大化的价格对应的价格弹性必然等于 1。如果向表 6-1 的更左边看去，我们可以看到公司把电动工具的单价定在 75 美元的时候能实现收入最大化。这时的销量可达 150 万，而收入上升到 1.125 亿美元。但问题是，产品定价为 75 美元的时候，公司毫无利润可言。实际上，这个价格意味着公司损失了 750 万美元的利润。正如我们在第 5 章就已谈到的，过度追求收入最大化是“有毒”的，企业需要均衡的营收目标。

至此，我们假设的需求曲线都是线性的。这一假设在现实生活中未必成立。但过往几十年的相关项目经验告诉我们：在一定的价格变化区间之内，线性需求曲线与现实情况是足够接近的，对定价实务具备指导作用。因此，如果当企业经营者不清楚自己面对的需求曲线的形状时，线性假设是一个合理的起点。

需求曲线

既然需求曲线在定价中扮演如此不可或缺的角色，那么它是从何而来的呢？要怎样才能找到它并确保其有效性？如何才能把你的直观印象和经验转化为客观的数字？这里的重点在于“数字”这个词。你凭借直觉或许可以判断降价或涨价对销量影响的大小，但这对定价决策的帮助有限。量化价格对销量的影响是科学定价的前提。价格归根到底就是数字，成本和销量也是。这既是计算收入和利润的三个基本要素，又是企业经营者评估定价决策成效的硬性财务指标。用一句最简单的话来说：没有实质的数据，你不可能定出一个好价格。

好消息是，我们现在拥有一套完备的方法和工具，帮助我们描绘出需求曲线并利用它来迎接实际的经营挑战。在过去的 30 多年里，西蒙顾和致力于推进定价相关领域的前沿研究及应用，对各个市场的需求曲线和价格弹性有着深入洞察。通过实践，我们发现了若干推导需求曲线的有效方法。有些只需要进行粗略的计算即可推导出来，而其他一些则涉及更复杂的分析。接下来我们将会做更详细的阐述。

专家意见：定价沙盘

价格弹性最直接的获取方式就是听取专家的意见。乍一看，这可能显得不科学，并且是很不量化的方式。事实上，那些对目标市场的客户、产品及竞争对手有丰富认知的人，潜意识中已经形成了较为准确的需求曲线。我们要做的是把他们的经验转化成可以用来支持决策的数字。如何提问是获得有效信息的关键。

“你认为我们产品的需求弹性有多大?”这样的问题，固然足够直接，但往往会让受访者无从回答。“如果把产品价格提高 10%，销量会下降多少?”这样的问题可以让受访者更容易地代入他们以往的经验，从而给出更精准的答案。如果答案是 50%，就意味着你产品的价格弹性等于 5。这就给了你非常明确的提醒：需求对价格的变化非常敏感，涨价会使销量大幅下滑，必须非常谨慎。相反地，如果受访者告诉你，产品价格下降 10%，销量能提升 50%，那么降价可能是一个很不错的选择。定价沙盘[⊖]是西蒙顾和在定价项目中常常使用的一个工具。在进行这个练习的过程中，往往还会产生很多有意义和有意思的讨论，帮助企业的各部门都更深入地了解市场，进而达成对定价及其他经营决策的共识。

在问了定量问题之后，追问以下两个定性问题：你判断的依据是什么？接下来会发生什么情况？第一个问题会让受访者重新审视答案

⊖ 定价沙盘：一种模拟市场竞争，演练多方价格博弈情景的管理工具。

的合理性——销量增加 50% 是因为我们获得了更多新客户吗？还是因为现有客户会增加购买量？而第二个问题，其实是换个方式问你的竞争对手对你的价格调整行为会有什么样的反应。他们会按兵不动，还是会跟随你调整价格？如果调整价格，幅度会是多大？根据竞争对手的不同反应，我们又应该如何应对？由此，你可以看到，定价沙盘始于一个简单的销量预测问题，但在此基础上可以展开对客户行为和竞争对手行为的深入讨论。借助西蒙顾和的分析工具，我们可以将讨论结果量化，模拟不同定价决策的战略和财务影响。定价沙盘练习的一个非常有用的“副产品”是帮助企业内部达成关于市场情况及应对策略的共识。

为了确保输入信息最大限度的独立性和完整性，我们建议邀请组织内不同职能部门的相关成员参与定价沙盘练习，如管理层、客户经理、销售管理团队、市场营销及产品经理等。在开始集体讨论前，我们会让每个人先分别写下他们预估的价格调整对销量变化的影响。通常情况下，我们会测试多个不同的价格点，包括涨价和降价的情况。在汇总所有人的答案后，我们利用电脑软件自动生成所测算的价格区间内的需求曲线和收入曲线。如果成本信息可得的话，我们还可以绘制相应的利润曲线。

讨论的范围并不局限于价格、销量、竞争对手的反应这几个方面，有经验的咨询顾问会追问数字背后的逻辑：是什么因素驱动客户进行购买决策？价格是不是撬动销量的唯一因素？有没有其他更好的提升销量的办法？客户是否能够感知我们和竞争对手之间的差异？如何扩大我们的竞争优势？等等。这一系列的问题可以帮助企业经营者更全面更客观地评估市场形势。

尽管定价沙盘看上去受主观因素左右，但我们的亲身经历一再证明它是一个行之有效的定价工具，可以用有限的时间和资金投入换取可信度较高的需求曲线，并且与战略决策迅速形成闭环。自证预言对我们的启示是：如果你的团队真的是市场专家，你应该选择相信他们。当内部分歧大到难以调和时，我们建议进行一手的客户意见调研。

客户调研：直接提问

我们可以直接问客户，他们对价格变化有什么反应。更准确地说，我们可以调查他们将如何调整他们的购买行为。如何问这个问题，要根据你出售的产品的类别而定。如果你出售的是耐用品，我们应该问“是或否”的问题；如果你出售的是“可变销量”的消费品，则应该问他们由价格调整引起的采购量变化的问题。你还可以问客户阈值价格的问题，即价格具体涨到哪个位置他们会转而购买你竞争对手的产品。这样可以帮助我们更深刻地了解客户的购买行为。另外，直接提问的方式包括 Van Westendorp 价格敏感度测试——询问客户可接受价格、最高价格、过于便宜的价格等，以及 Gabor Granger 价格梯度测试——询问客户在不同价格调整幅度下的购买量变化，等等。

直接提问的最大好处就是实施较为简单，你可以很快地收集大量数据，最大缺点就是它很可能会放大客户对价格的敏感度。在现实的购买决策中，消费者会考虑多种因素，然而，当受访者被当面直白地询问关于价格的看法时，他会更在意价格本身而忽视产品的其他特性，导致调研结果出现偏差。当受访者被问到是否愿意以更高的价格购买某种产品时，他会如实给出心中的答案吗？这种情况下，品牌的光环效应对受访者的答案又有什么样的影响呢？

这些缺点无疑会影响调研结果的有效性。尽管如此，如果采用巧妙的设计，并在分析过程中兼顾价格敏感度可能偏高的风险，直接问题还是可以产生有价值的客户洞察的。此外，我们通常会使用多种调研方法，包括直接提问和间接提问，这样对调研结果进行交叉验证，可以有效减少出现误差的概率。

客户调研：间接提问

相比直接提问，间接提问能为你带来更多关于价格敏感性的有效及可靠信息。“间接”意味着不要单独询问受访者对价格的看法，而是尽可能还原真实的购买场景，将价格和决定产品价值的因素放在一起进行比较，从而更全面地掌握价格对购买决策的影响。间接提问调研中最有代表性的一种方法是联合分析法（Conjoint Measurement）。

在联合分析调研中，受访者要从不同的产品选项中选择最符合他们期望的产品。所测试的产品由一系列产品关键属性定义。以汽车为例，产品属性可以包括品牌、发动机功率、外饰、内饰和价格等。不同产品选项中呈现的关键属性类别相同，但是每一项属性的参数可能会有差异，比如一个产品的发动机功率是 220 千瓦，另一个是 180 千瓦。通过分析受访者在多轮测试中的产品选择，我们可以了解他们是如何在不同产品属性间进行取舍的，并且可以量化对受访者的购买决策产生影响的各种产品属性参数，包括价格的效用值。

在真实的购物场景中，消费者会在潜意识中分析不同产品给自己带来的效用，进而选择购买某一家公司的某一个产品，视产品类别和渠道不同，购买决策过程可能不尽相同，有的可能发生在转瞬间（例如在超市购买洗发水），有的可能会经历几天甚至更长时间的考虑（例如在网店选购手机或者家具），但消费者在产品属性或功效上的取舍是真实存在的。联合分析使得我们可以全面了解消费者的决策依据，这不仅可以帮助我们更好地进行价格决策，同时也为如何提高产品竞争力提供有用的线索。

联合分析法诞生于20世纪70年代。随着我们对营销学研究的深入和电脑计算能力的提升，联合分析法经历了多次革命性的优化和拓展。得益于数字化技术的发展，现在我们可以根据受访者的背景信息和他们的回答设计个性化、动态调整的产品选项。最近，通过增强现实技术（Augmented Reality）的应用，联合分析在模拟真实购物体验的道路上又迈进了一大步。技术的进步可以帮助调研获取更客观、更可靠的数据，这无疑是企业经营者的福音。然而，联合分析的设计和实施需要相关的专业知识，企业往往需要外部咨询顾问的支持才能顺利实施。

价格实验

如今，先进复杂的调研方法在模拟消费者真实的购买行为方面表现卓越。但模拟毕竟只是模拟，无法完全还原现实场景。受访者即便嘴上这么说，但真正行动时可能又是另外一回事，这是人之常情。这就让所谓的现场实验变得格外有价值。在现场实验中，零售商以系统的方式更改货架上或者网店产品的价格，并实时追踪消费者对价格变化的反应，帮助企业获得一手的数据。然而，过去受技术限制，价格现场实验的运用场景有限。近年来，随着科技的发展，包括电子标签、人工智能识别、大数据分析等技术的突破，使价格实验渐渐具备成为主流价格调研方法的潜力。我们预计在未来的几年里，价格实验在定价领域会扮演越来越重要的角色。

大数据迷思：利用市场数据来推导需求曲线和计算价格弹性

各大商业杂志刊物的头条都在尝试让你相信：我们终于进入了大数据时代。“大数据”是数字化大时代的基石，似乎为定价顾问乃至所有营销从业人士提供了更深入了解客户、优化定价的机会。然而，我们对此缺少了一点点兴奋，只有一种“似曾相识”的感觉。

计量经济学在 20 世纪 70 年代取得了重要突破，计算机也飞速进化，人们开始憧憬“大数据”能从根本上改变市场营销和定价策略。人们认为，对需求曲线和价格弹性系数的精准评估将变得可能。企业可以成功追踪所在市场产品价格、市场份额和销量的变动，迅速对数据进行分析并形成决策依据。

然而，美好的愿望到头来不过是黄粱一梦。

彼时，对大数据的希望破灭与数据的获取、数据的深度和广度，以及处理数据的能力没有任何关系。相反，它和数据本质上的相关性有关。在这里，我们要区分以下两种类别的数据：第一种是像前面说到的从现场实验中获取的最新数据，第二种是通过正常的商业渠道取得的历史数据，不包括实验数据。

1962 年，芝加哥大学的莱斯特·戴尔瑟（Lester G. Telser）教授就曾预言："历史的市场数据对于预测未来行为的价值非常有限。"[⊖]根本原因就在于实测变量的波动幅度。如果在一个高价格弹性的市场，那么你很可能会发现竞争对手的价格几乎没有多大变化。就算没有数据支持，市场参与者也知道价格的变化会引起产品销量的大幅波动。所以没有人敢贸然对价格进行大幅调整。如果其中一家公司改变它的产品价格，那么其他公司很可能随之做调整，最终各个市场参与者的相对价格保持不变。从计量经济学的角度来看，你可以说自变量（价格）的可变范围太窄，从而导致你无法对需求曲线进行有效评估。

如果是在一个价格弹性很低的市场，价格波动和竞品间价格差异都会更显著，但它们对销量的变化却几乎没有什么影响。这时候，计量经济学家会说因变量（销量）的可变范围太窄，从而导致你无法对价格弹性进行有效评估。

西蒙顾和对早期的大数据浪潮也同样抱以很大的希望，但现实是骨感的。1985 年我们公司刚成立的时候，计划运用计量经济学方法处理历史市场数据，以做出更好的定价决策。这正是公司的联合创始人埃克哈特·顾和的博士学位论文的研究方向。自那时算起，我们公司在全球范围内已经执行逾 8000 多个定价项目，而其中只有不超过 100 个项目把计量经济学作为主要的定价参考方法。

从这点看，戴尔瑟教授的观点无疑是对的。一般情况下，当日子好过、市场稳定的时候，企业经营者一般不太重视定价。只有在市场发生重大的结构性变化的情况下——如新竞争对手的加入、老竞争对手的退出，以及新技术或新分销渠道的出现，才被迫重视定价，做更多分析

⊖ Telser LG（1962）. The Demand for Branded Goods as Estimated from Consumer Panel Data. The Review of Economic Statistics No. 3. pp. 300-324.

工作，包括外聘专门的顾问。当制药公司的某项专利到期，仿制药开始进入市场的时候；当实体产品以数字化的形式出现在市场的时候；或者当公司在积极地开拓新分销渠道的时候（如线上渠道），历史市场数据对现在和未来的定价决策是没有任何参考意义的。新产品定价同样属于结构性变化的范畴。特别是创新产品的定价常常会让经营者挠头，毕竟客户的价值感知和支付意愿都是未知数，没有历史数据可以参考。

我们的经验就是：在探寻需求曲线和价格弹性的尝试中没有“万金油”。在实务中，我们强烈建议客户综合应用多种方法进行交叉验证定价调研的结果，帮助客户收窄真实价格弹性的置信范围。当多种调研方法都指向类似的结果时，我们对分析的结果将有更大的把握。

竞争环境

在之前大多数的例子中，我们都尽可能地把事情往简单说，以确保我们的基本观点能完整地表达出来，这就需要把竞争对手面对你的价格变化会如何反应，即竞争环境这一主题的内容省略掉。在真实的定价情境中，当我们需要把竞争性反应纳入考虑范围的时候，两个棘手问题就随之而来了：竞争对手的价格变动对我们自己产品销量的定量影响，以及判断竞争对手将采取什么措施的定性挑战。前者解释和解决起来都相对简单，而后者更难。

让我们从竞争对手的价格对公司自己产品销量的影响开始说起。显然，在同一个市场中，不同供应商的价格会影响客户的购买决定。

我们可以通过交叉价格弹性来量化这方面的影响。交叉价格弹性是我们产品销量的百分比变化除以竞争对手价格的百分比变化。假设竞争对手的价格降低 10%，而我们的销量因此下降了 6%，那么我们就可以得出交叉价格弹性为 6 / 10＝0.6。和我们自己产品的价格弹性相反，交叉价格弹性通常是正数，因为我们产品的销量往往和竞品的价格变动方向是一致的。即，如果竞争对手提高他们产品的价格，我们产品的销量自然随之上升，反之亦然。交叉价格弹性的绝对值一般比价格弹性要低。竞品间的产品差异化程度越小，这两个弹性系数的值就会越接近。

很明显的一点就是，我们需要在我们的需求曲线中体现竞品的价格这一影响因素。有若干种方法去做这件事：我们可以用自己产品和竞争对手产品的价差替代我们自己的价格作为自变量；也可以用相对价格，即我们的价格除以竞争对手的价格，将得到的商作为自变量。此外，还可以把竞争对手的价格作为一个独立的自变量加入我们的需求曲线公式。采用上述任意一种方法，都可以量化竞争对手的价格变动对我们的需求曲线的影响。

价格博弈：让游戏开始吧

如果你要做定价决策，不管任何时候你都需要问自己一个问题：你的竞争对手会以何种方式应对？这种相互依存关系（任意一家企业的定价决策都会影响到所有的市场参与者）是寡头市场的典型特征。寡头市场玩家构成命运共同体，没有谁可以在决策时不顾及其他人的反应。

如果竞争对手采取行动，除了会对其他竞争对手的销量产生直接影响外，还可能引起一系列的连锁反应，让我们陷入博弈论所描述的局面。博弈论于 1928 年由数学家约翰·冯·诺依曼（John von Neumann）确立，同时他还是计算机的发明者。[⊖]把竞争性反应纳入定价考虑范围使得定价更为复杂，但这是我们必须面对的现实。

假设现在我们对产品进行大幅降价。如果我们的竞争对手不采取任何行动，只是维持产品价格不变，那么自然可以预计我们的产品销量会提升。然而，如果我们的竞争对手如法炮制，那么我们的产品销量很可能不会有什么变化，或者变化会小很多。这会是一个双输的局面：我们与竞争对手的销量和收入都没有提升，反而利润下降了。从更宏观的角度来看，这不利于整个行业的良性发展，低价会迫使企业压缩成本，代价往往是产品品质下降。即便行业范围内的降价会促使整体需求上升，但正如前文提到过的，新增需求很可能是在透支未来，是不可持续的。

提价同样不乏挑战：如果竞争对手不跟着提价的话，那我们的价格劣势可能导致我们的销量和市场份额下降。如果出现这样的情况，首先发起提价的一方往往会选择取消涨价，回归到原本的价格水平。如果竞争对手跟随涨价，市场平均价格会提高，尽管市场整体销量有可能略有下滑，但是所有竞争方都能实现更高的利润。

如果你想以更系统的方式对竞争性行为进行预测并评估其潜在的影响，那么我们建议你使用前面提到的定价沙盘模拟竞争对手的反应和我们的应对措施。除此之外，通过客户调研通常可以获得更多洞察，联合分析法是一个很有用的工具，可以量化模拟市场对价格调整（包

⊖ von Neumann J(1928). Zur Theorie der Gesellschaftsspiele. Mathematische Annalen.

括我们和竞争对手）的反应。如我们之前所说，没有一种单一方法是完美的，综合使用多种分析方法有助于找到最优解决方案，至少可以降低犯大错的可能性。

这一点尤其重要。如果你身处一个寡头市场，了解和预测竞争对手的行为是绝对有必要的。很多现代市场本质上都是寡头垄断性质的，所以了解和预测竞争性行为是企业经营者面临的最重要的挑战之一。从博弈论的角度来看，如果你能够预判竞争对手的行为，并通相应措施影响竞争对手的行为方案，你将立于不败之地。接下来，我们将就价格领导力[㊀]和释放信号等相关主题展开讨论。需要强调的是，与竞争对手联手操纵市场的行为在世界上绝大多数国家都是违法行为。我们的讨论仅限于法律允许的范畴，但在你采取本书涉及的任何措施前，都应该咨询法律顾问，避免违法行为。

价格领导力

了解和预测竞争对于反应的最简单方式就是直接坦白地问他们。但是，我们当然不会建议你这么做。价格操控在大多数国家是违法的，在有些地方甚至构成刑事犯罪，违法者将面临牢狱之灾。

如果设身处地地将自己放在一个寡头市场或者具备寡头市场特征的市场中，你在进行价格决策时会关注哪些竞争对手？是比你强大的对手，还是比你弱小的对手？比你强大的对手显然是个更合理的对手。现实情况中，大多数公司也都是这么做的。在市场中排位偏后的企业会密切关注头部企业的一举一动，包括产品、营销策略，自然也包括

㊀ 价格领导力（Price Leadership），意指一家企业引领整个行业价格水平的能力。

价格策略。所以，一个市场中的领先企业的价格策略很大程度上影响着整个行业的价格水平和盈利情况。通用汽车是美国乘用车市场的龙头，市场份额曾经一度高达50%左右。在那期间，通用汽车每年都会提高产品价格，而其他竞争对手亦会跟随其进行价格调整。

奥乐齐是德国零售业多个产品品类的价格领导者。很多友商在定价时都会锚定奥乐齐的价格。曾有媒体这样形容奥乐齐的价格领导力："如果奥乐齐提高盒装牛奶的售价，那么可以预见很快整个零售业都会跟着提价。"[⊖]德国的烟草行业是一个典型的寡头市场，市场基本上被几家国际烟草巨头所垄断。近年来，涨价似乎成了惯例，并且所有竞争对手在调价时都会不约而同地对标市场领导者菲利普·莫里斯（Philip Morris），根据它的调价幅度来制定自己下一年的产品价格。通常情况下，调价的幅度会默契地保持一致。有意思的是，大包装香烟（香烟支数30支以上）涨价的形式往往以减少相同包装内的卷烟数量来实现。假设去年一盒大包装的香烟有40支，今年变成39支，到明年很可能变成38支或者37支。这么做的原因是，实证发现卷烟的支数弹性小于价格弹性。

一家中国制造业企业的董事长曾自豪地向我们介绍他的企业："我们的产品和技术都是行业一流"，并对同行业最大的一家竞争对手甲公司不屑一顾。当问及他们与甲公司的价格差距时，他说："我们的价格很有竞争力，基本上会与甲公司持平，或者低10%到20%。"我们当时是这样回答的："既然你自信你的产品和服务这么优秀，可以为客户带来实在的价值，为何你对自己的定价这么没有信心？"他顿时觉得醍醐灌顶。不久后，我们受邀参加这家企业的高层会议。会上，董事长

⊖ Aldi erhöht die Milchpreise. Frankfurter Allgemeine Zeitung, November 3, 2012, p. 14.

宣布："我们是行业老大，应该有老大的样子，不仅产品要比竞争对手优秀，也要敢于向客户要求比竞争对手更高的价格。"这无疑是一名定价顾问的高光时刻。

价格领导力不仅影响竞争对手，也影响客户。德国快递市场的龙头企业 DHL 的大客户都知道 API 这个缩写的含义。每逢年底，这些大客户的采购都会主动致电 DHL 的销售询问来年的 API，以便于他们编制来年的快递费用预算。API 是 Annual Price Increase（年度涨价）的缩写。价格领导力是市场领导者的天然禀赋，但是很遗憾，不是所有的市场领导者都意识到了这一点，或者意识到了也不懂得聪明地利用它。

释放价格信号

价格的变动往往意味着风险。竞争对手会在我们涨价时按兵不动，趁机截获更多的市场份额吗？或者他们会单方面大幅降价以响应我们的降价举措，从而引发价格战吗？这些问题充满高度不确定性，犯错误的风险还是很大的，而搞错这些答案的代价是利润大幅削减。当竞争对手对你的涨价措施无动于衷而迫使你不得不撤销涨价的决定时，你受损的不仅仅是收入，还有公司的声誉。

减少这种不确定性的一个方法就是提前释放价格信号。在按计划调整价格之前，企业应该积极寻求向市场发送"信号"的机会，并密切追踪客户、竞争对手、投资者或者监管部门的反应。你无法排除竞争对手糊弄你的可能性，但竞争对手肯定也会谨慎对待，言而无信对任何企业都会造成负面影响。所以，竞争对手的可信度往往是释放价格信号成败的关键。

释放信号本身并不违法，只要公司能把信息传递给市场中的所有相关群体，包括客户和投资者等，那么通常都是合法的。需要留意的是，发送的信号不能暗含任何旨在达成某种协议或者契约的意思，例如：如果某竞争对手提升产品价格，那么我们肯定跟随。

价格战困扰了德国汽车保险行业多年。2011 年 10 月，媒体报道："德国最大的保险集团——安联（Allianz）打算大幅提价，从 2012 年 1 月 1 日开始生效。"㊀其他所有保险公司随即公开发表声明，他们也会提价。2012 年，汽车保险价格平均上涨了 7%。

"2013 年，价格应该会再度上涨。"安联保险的最大竞争对手 HUK-Coburg 的总裁说。德国汽车保险行业多年的价格下降趋势就此终结。㊁

为了将竞争对手诸如降价之类的计划扼杀在摇篮中，企业还可以利用释放信号的方式宣告打击报复的可能性。韩国汽车主机厂现代的首席运营官 Im Tak-Uk 曾经宣称："……如果日本汽车主机厂为提高销量采取更激进的价格措施，从而导致我们的销售目标亮起红灯，那么我们也会考虑采取更高的客户激励措施。"㊂这番声明的意思再清楚不过了：日本主机厂很清楚，如果它们升级客户激励措施，现代汽车会做出什么样的反击。

竞争性反应和定价决策

市场中的企业如何预测和应对竞争性反应，对价格及由其决定的利润都有着深远的影响。不把这些反应列入考虑范围，或者对它们做

㊀ Financial Times Deutschland. October 26, 2011, p. 1.

㊁ MCC-Kongress, Kfz-Versicherung 2013, March 20, 2013.

㊂ Hyundai Seeks Solution on the High End. The Wall Street Journal Europe, February 19, 2013, p. 24.

了不正确的假设，都会带来严重的后果。

为了更好地理解这个复杂的主题并发掘一些有价值的信息，我们从以下这个基本的公式说起。假设市场上只有两家竞争对手：A 和 B。他们势均力敌，而且拥有相似的需求曲线（价格响应函数）：

自己的销量＝1000－50×（自己的价格）＋25×（竞争对手的价格）

这是一个经济学中所谓的对称性寡头市场。某家公司自己的价格对自己产品销量的影响是竞争对手价格的 2 倍。这就意味着 A 的最优价格不但取决于 B 的价格，还取决于 B 是如何回应 A 的价格调整的。让我们假设 A 和 B 的可变单位成本都是 5 美元，固定成本都是 5000 美元。

在目前的情况下，如表 6-2 的第二列所示，价格为 20 美元的时候，每家公司赚取的利润是 2500 美元。有没有可能在此基础上进一步提高利润？这取决于 A 和 B 的竞争性行为，以及它们各自对对方竞争性反应的假设。张伯伦假设和库尔诺假设是其中最经典的两大竞争性反应。

表 6-2 不同竞争性反应的情景分析

	起始情况	张伯伦假设	库尔诺假设
价格（美元）	20	22.5	16.67
销量（单位）	500	437.5	583
收入（美元）	10 000	9 840	9 718
可变成本（美元）	2 500	2 190	2 915
固定成本（美元）	5 000	5 000	5 000
利润（美元）	2 500	2 650	1 803
利润变化（%）	0	+6.0	−27.9

- **张伯伦假设**：竞争对手会照搬另一方的价格变动。表 6-2 的第三列说明，如果其中一家公司把价格升至 22.5 美元，而另一

家公司也跟随调整的时候会发生什么情况：利润上升了 6%，达到 2650 美元。尽管事实是 A 和 B 的最优价格取决于对方的行为，但作为竞争对手的 A 和 B 的定价决策却表现得像一个垄断者。这种现象常出现于价格领导力特征明显的市场。1982 年诺贝尔经济学奖得主乔治・斯蒂格勒（George Stigler）宣称：对于身处竞争非常激烈的寡头垄断市场的企业来说，价格领导力是最佳解决方案。

- **库尔诺假设**：不管竞争对手的价格如何变化，另一方都不会调整价格。实践中，这个假设通常是错误的。以实现利润最大化为目标，竞争对手会做出一样的价格决策。在这个案例中，A 和 B 的价格双双下降到 16.67 美元，而利润下跌 27.9%，低至 1803 美元。

在西蒙顾和组织的定价培训中，经常会安排学员参与基于类似上述案例场景的定价游戏。学员们被分成两组来模拟一个双寡头市场的价格决策。这通常会是一个分六轮展开的多轮博弈。在博弈开始前，主持人会告知学员市场的需求曲线公式。每一轮竞争中每一组需要且仅需要决定他们下一轮的价格。在主持人宣布双方的价格和对应的销量及利润结果后，双方进入下一轮博弈。你猜在我们的定价游戏中，哪一种假设出现的频率更高？

是的，你大概猜对了。库尔诺假设几乎碾压张伯伦假设。这个结果令人唏嘘。要知道在定价游戏玩到半程时，主持人会给两组一个向市场公布自己价格决策的机会。当然，如同在真实市场环境中，直接公布自己的价格是被禁止的，但玩家可以讨论他们对市场的看法和自己的定价策略等。虽然我们不能轻易将实验等同于现实场景，但是以我们的经验来看，在现实生活中库尔诺假设出现的概率同样远远大于张伯伦假设。这愈加衬托出价格领导力的宝贵。

这个案例非常清楚地表明了企业正确预测其竞争对手应对措施的重要性，这对两个方向同样适用。如果你提价，竞争对手会跟随提价吗？只有这样，提价才有意义并能收到预期的效果。如果你降价，竞争对手又会如何应对呢？如果你预计他们会跟随降价，那么你最好放弃你的降价计划。因为这种情况下，竞争对手间的相对价格不变，降价不会带来任何额外销量，只会让利润下降。如果你预测的结果是不对称性反应（如竞争对手不会跟随提价行为，却会跟随降价），那么让价格维持原状应该是明智的选择。这个结论解释了为什么寡头垄断市场中的价格结构通常都是非常僵化的。这就像是一场看谁先眨眼的比赛——每个人都在等待对方眨眼。

如果你的公司刚好是寡头市场中的一分子，那么请牢牢记住以下这三点：

- **明确的最优价格是不存在的**：相反，最优价格来自你对竞争对手行为的假设、你手上拥有的关于对方的信息和他们的实际行动。
- **在满足一定的前提条件的情况下，张伯伦假设的结果是可能达成的**：前提是竞争参与方拥有相似的成本结构、市场位置和目标，并有一定程度的相互信任和战略情报支持以上的相似点。如果所有竞争者都足够聪明，能理解大家之间的互动关系并按趋利避害的原则采取行动，那么成功的可能性就更高了。
- **如果上述条件都不满足，那么最好还是按兵不动**：在面对不确定性时，保持原价是明智的选择。唯一的例外是：整个行业的成本上涨了，所有市场竞争者都面临相似的成本压力。在这种情况下，实现同步涨价行为的可能性会大幅提升。

截至当前，我们在本章所谈到的成本变动都是一次性事件。如果你还记得的话，我们建议企业与客户共同负担上涨的成本。但如果成本的变动非常频繁或者变化会持续很长一段时间，那么又会对价格决策产生怎样的影响呢？通货膨胀就是这样一个所有企业经营者必须面对的实际挑战。

通货膨胀

通货膨胀发生期间价格迅速上扬，使得消费者的实际购买力大打折扣。一般消费者对通货膨胀都深恶痛绝，却又无可奈何。想必很多读者对近年来的“向钱葱”“姜你军”“蒜你狠”等现象都感同身受。这些副食品的价格波动，大多由短期的供需不平衡导致，在供给恢复正常后，价格一般会回落到正常水平。而核心通货膨胀率是影响经济和民生发展的重要因素，是全世界几乎所有政府或央行的货币政策关注的核心经济指标。

通货膨胀会损害那些只懂攒钱的人和以微薄的固定报酬为生的人的利益。同时，通货膨胀对那些欠钱的人来说是好消息。[㊀]你可以将通货膨胀视为把储户、债权人的钱向债务人转移的一种财富再分配机制。通货膨胀的主要诱因是货币供应量的增加。在通货膨胀的情景下，赢家是那些最早拿到新增货币的人——他们还可以在通货膨胀的影响完全显现之前以相对较低的价格购买商品和服务。越迟拿到新增货币，失去的就越多，因为物价在此期间会不断攀升。这被称为“坎蒂隆效应”，以爱尔兰经济学家理查德·坎蒂隆（Richard Cantillon，1680—1734）命名。[㊁]由于通货膨胀的上述这些特点，它对企业经营包括价格

㊀ Polleit T(2011), *Der Fluch des Papiergeldes*. Finanzbuch-Verlag, München, 2011, pp. 17-20.

㊁ Cantillon R（2010）. Essai sur la nature du commerce general; 1755, 英文版 : An Essai on Economic Theory. Ludwig von Mises-Institute, Auburn(Alabama).

决策造成深远影响。

通货膨胀还会使价格的一项重要功能——反映商品稀缺性的能力减弱甚至失效。通货膨胀期间，消费者对价格的认知会变得扭曲和混乱，很难判断是否应该囤积商品。对于投资者而言，通货膨胀会让他们更难判断资产价格反映的是真实的稀缺性还是货币的贬值效应。掠夺性游资对特定资产的投机行为会导致资产价格与基本面脱节，在短时间内大爆发。这种“价格泡沫”效应时不时就会出现，从17世纪初期的郁金香狂潮，到20世纪末期的互联网泡沫，2008年的房地产次贷危机，到如今以比特币为代表的加密数字货币狂欢。尽管绝大多数人都认为泡沫迟早会破灭，但总有人相信自己能在崩盘前全身而退，所以，下一个泡沫的出现只是个时间问题。

通货膨胀最常见的衡量指标是消费者物价指数。图6-2为大家呈现的是2000～2019年20年间中国的消费者物价指数的变化情况。为了更容易看出其中的百分比变化，我们把2000年的物价指数设定为100。

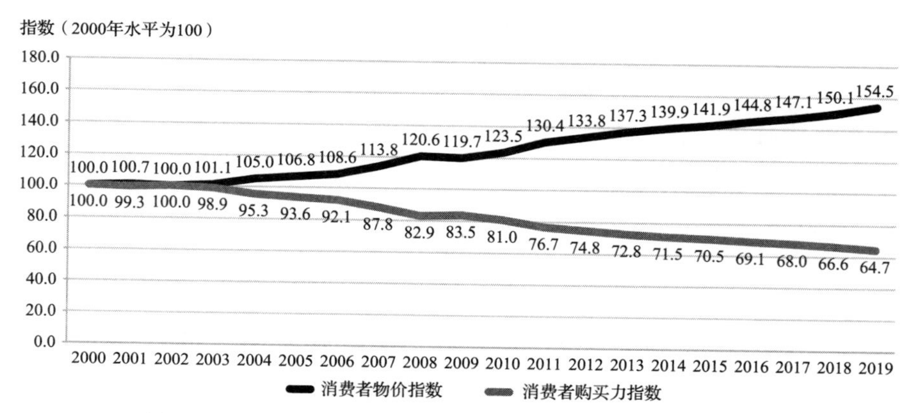

图6-2　2000～2019年中国消费者物价指数及购买力指数

资料来源：世界银行。

图 6-2 中上方中曲线代表的是消费者物价指数。20 年间中国消费者物价平均水平上涨了 54.5%，对应的是 2.3% 的年化通货膨胀率。如果在此期间你没有跟随消费者物价上升趋势获得更多的名义报酬，那么你的实际购买力其实是下降了的。你在 2000 年能用 100 元买到的东西，到了 2019 年你需要花 154.5 元才能买到。换言之，2000 年的 100 元现金到了 2019 年的实际购买力只剩 64.7 元了，正如图中下方的曲线代表的消费者购买力指数所展示的那样。

一个经济体的扩张必然离不开适度的通货膨胀。一定程度上，通货紧缩（现金的购买力增强）对国家政要来说是件更头疼的事，因为很多时候，通货紧缩是经济萎缩的预兆。所以央行们通常试图将通货膨胀控制在一个“较温和”的增长区间内。对于大多数“鸽派”的央行来说，这个区间意味着不越过 2% 或略高一点。尽管过去 20 年间的通货膨胀率处在温和的区间，但是人民币的实际购买力下降了近四成。如果我们将观察期再往前推进 10～30 年，那人民币的实际购买力则下降了七成之多。

关于这个话题的讨论或关注不多，大多数人把这种发展趋势视为必然。我们能够给到个人最好的抗通胀建议是不要把钱都存在银行的储蓄账户里，尤其是通货膨胀势头开始抬头的时候。那么，中国温和的通货膨胀环境对企业的经营策略又有什么影响呢？

尽管物价年年上升，人民币的实际购买力下降，但是为什么中国人民的生活水平逐年提高了？让我们继续用数字说话，见图 6-3。

图 6-3 反映了中国和德国在 2009～2018 年 10 年间的消费者物价和工资趋势。同样为了便于比较和解读，我们以指数的形式呈现数据，以

2009年的数字为基准线（指数100）。粗虚线代表中国的消费者物价指数，10年间上涨了大约25%，而同期工资（粗实线）增幅高达150%以上，远远超过了通货膨胀率。并且，从图6-3中可以看出，工资指数与物价指数之间的楔形面积逐年放大，这意味着中国消费者的整体净购买力仍处于上升通道。对于消费者来说，通货膨胀带来的净效用是正的。强劲的收入增长趋势和预期，提升了消费者对通货膨胀的抵抗能力。所以他们一边抱怨诸如葱蒜和猪肉等副食品价格上涨，一边却并没有减少购买量。

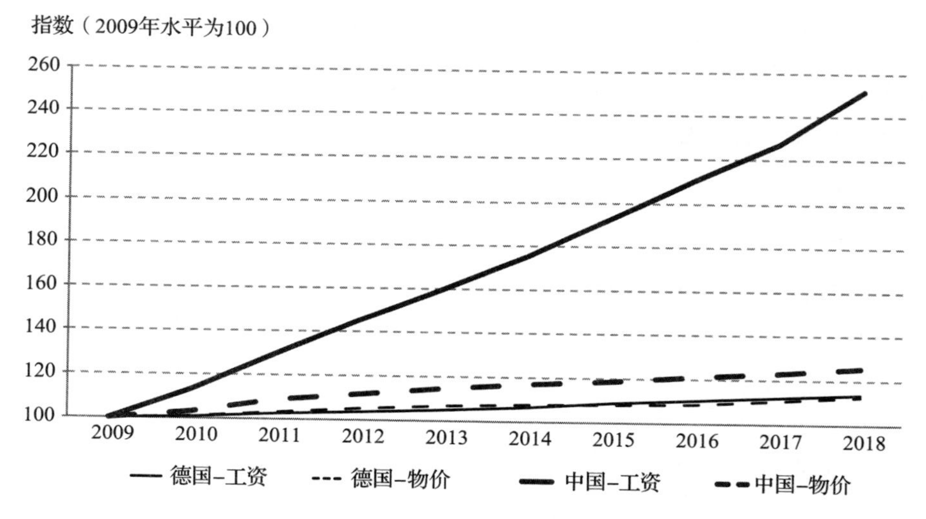

图6-3　2009～2018年中德两国工资及消费者物价指数的对比

资料来源：Statista.

我们再来看一下德国的情况。与中国堪称波澜壮阔的工资发展趋势相比，同期德国的工资变化可以说是波澜不惊，以与消费者物价几乎同样的速度缓慢增长。甚至还出现过通货膨胀率略微高于工资增长率的情况。难怪德国老百姓比中国老百姓对物价更敏感。通货膨胀对他们的净效用几乎为零。

中德之间的收入和价格趋势的差异是新兴市场与成熟市场差异的缩影。成熟市场的价格体系稳定，呈现出典型的寡头市场特点。不管是供给侧还是消费侧的结构都比较稳固，市场预测相对容易。以中国为代表的新兴市场处在高速发展阶段，不管是供给侧还是消费侧的结构都更加多变。随着消费者购买力提升而引发的消费升级，高档或高价位的品牌很可能在短短几年内成为更亲民的大众品牌，前文提到的宜家和洋快餐在中国的遭遇就是证明。客户群体的衍化和随之发生的产品需求的变化，给新兴市场的企业带来成熟市场没有的挑战和机遇。

中国市场的宜家和麦当劳们选择保持原有的价格水平，坐享人口红利，不断扩大服务的市场，但不可避免地会遇到利润率下降、品牌形象稀释、高端客户流失等副作用。特斯拉如今在做同样的事，但迈的步子更大——频繁大幅降价。2021 年初，特斯拉中国宣布国产 Model Y 降价 15 万元，降幅达 30%，其“价格屠夫”的称号名副其实。特斯拉赌的是电动车市场的潜力足够大，价格保持低位可以换来足够大的市场。

而苹果手机一方面通过创新持续推动旗舰产品价格水平的上探，维持较高的利润率；另一方面保持入门款机型的价格基本不变甚至略有下调，以吸引那些对苹果手机感兴趣但又囊中羞涩的客群。尽管入门款产品的利润率较低，但可以贡献可观的销量，并且从长期来看，这些现阶段对价格较敏感的客户随着时间的推移将积累更高的购买力，具备转向购买更高端机型的潜力。产品和价格的差异化策略使得苹果的商业前景有了更大的想象空间。下一章我们将就这个话题进一步展开讨论。

第7章

价格差异化

从利润矩形到利润三角形

到目前为止，我们一直在问自己实现利润最大化的价格在哪里，言下之意是，只有一个最优价格。[1]当我们对产品只采用一个统一价格（Uniform Price）时，以电动工具生意的数据为例，图7-1的左边展示了我们的利润情况。为了简化计算，我们将固定成本去除，黑色矩形

[1] 一条利润曲线可以有两个顶点，这会在古滕堡所定义的、所谓的双拐折需求曲线（double-kinked demand curve）上出现。

代表的就是电动工具制造商的利润。

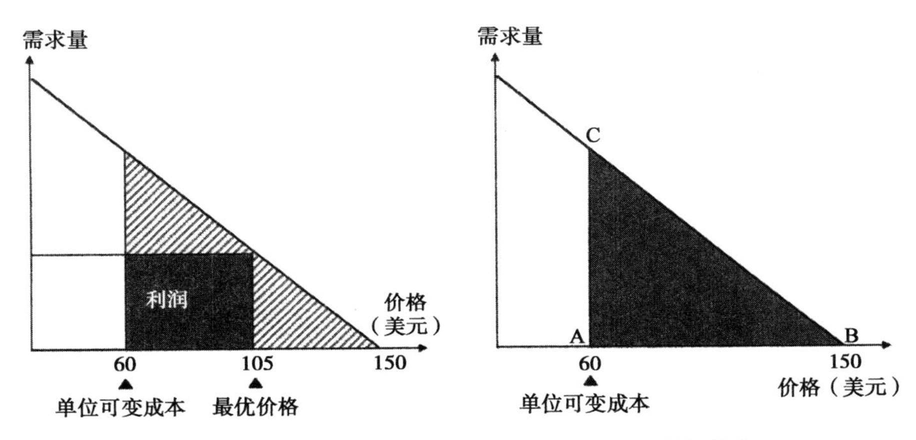

图 7-1　统一价格下的利润和价格差异化下的利润潜力

从图 7-1 的左边，我们可以看到，即使将统一价格设定在最优点，也只能挖掘出市场利润潜力的一部分。图 7-1 的右边展示了完整的利润潜力。它对应的是由 A、B、C 三个点为顶点的三角形的全部面积，远远大于左边位于三角形内部的黑色矩形的面积。

如果需求曲线和成本函数均为线性，那么右边黑色三角形的面积正好是左边黑色矩形面积的两倍。如果我们面对的是非线性需求曲线，那么整体利润潜力和统一价格下实现的利润的差异就会大于或小于两倍。这取决于客户支付意愿的分布情况，但最后的结果仍然非常接近两倍。采取统一价格的定价策略最多只能解锁整体利润潜力的一半，这个发现是惊人的。它意味着即使一家公司成功将价格设定在最优的统一价格上，它仍然剩余一大部分的利润潜力尚未开发。怎么会这样呢？原因其实很简单。

正如图 7-1 的负斜率需求曲线所示，部分客户愿意支付的价格比最优价格 105 美元更高。有一些愿意支付 115 美元，还有些甚至愿意支付125美元。支付意愿最高为150美元。对于这些客户来说，105美元无疑是个很划算的价格，他们对由此产生的消费者剩余（Consumer Surplus，即他们愿意支付的价格和实际支付的价格之间的差额）乐见其成。左图右下方的阴影三角形显示的就是我们在具有更高支付意愿的客户身上所损失的利润潜力。

另外一群潜在客户的支付意愿低于最优价格105美元，但高于单位可变成本60美元。这些客户也许愿意支付95美元、85美元或75美元，但不是105美元。如果我们采用最优值为105美元的统一价格，那么这些客户就不会购买我们的电动工具。如果我们能够以95美元、85美元或者75美元的价格出售给这些客户，他们就会购买，我们就能够赚取35美元、25美元或者15美元的边际利润。这笔和我们擦身而过的利润位于图7-1左图左上方的阴影三角形中。

那关键的问题来了：有没有什么办法可以解锁在统一定价情形下的那两个利润潜力禁区呢？这大概是定价中最有趣也是最有挑战的问题之一，同时也是一个可以为企业带来丰厚回报的问题。我们怎么样才能把图7-1左边的利润矩形变成右边的利润三角形呢？在回答这个问题之前，我们需要做一个重要说明：在正常的情况下，完全挖掘右边三角形中的利润潜力是不可能的。这意味着卖家必须能够判断出每位客户的支付意愿，并且对他们进行有效区分，以确保每位客户都按照自己的最高支付意愿支付价格。

市场上的信息越是不对称，越有可能出现卖家看人定价的情况。旅游景点集市上的商品是不标价的，卖家通过与买家的闲聊猜测他们的支付意愿；一家骨科保健服务中心的医疗顾问通过观察病人的穿着打扮判断他们的预算，从而给出治疗方案和建议，并收取不同的费用；

德国传统的汽车经销商展厅里的汽车标价形同虚设，有经验的销售人员会根据买家的不同情况提供差异巨大的折扣。不管是上述哪一种情景，信息不对称直到最后也无法完全消除——卖家无法确信他们是否真的掌握了买家的支付意愿；买家也不能确定他们支付的价格是否合理。有没有破解的办法呢？

拍卖是一种挖掘买家支付意愿的定价机制。例如，eBay 采用维克瑞拍卖（Vickrey Auction）方式。买家在拍卖中提交他愿意支付的最高价格，但他无法看到其他人的报价，其他人也看不到他的报价。如果他赢得了拍卖，他最终支付的不是自己之前的报价，而是比出价第二高的人的报价略高一点的价格。这种拍卖方式更有可能让买家透露真实的支付意愿。[⊖]

“从利润矩形到利润三角形”阐明了一个简单的道理：统一价格无法实现利润最大化，价格差异化带来的财务回报非常可观。这一点我们通过比较图 7-1 中矩形和三角形的面积就可以有直观的认识。为了尽可能地开发利润三角形中的潜力，企业需要对相同的产品设定不同的价格，或者通过产品差异化进一步支撑价格差异化。

一罐可口可乐多少钱

这个问题看上去很简单，但如果你细想一下的话，就会发现这个问题其实并不是那么简单。答案取决于你在哪里买这一罐可乐。图 7-2 展示了一罐 330 毫升的可口可乐可能的价格。

⊖ Fehr B (1961). Zweitpreis-Auktionen-Von Goethe erdacht, von Ebay genutzt. Frankfurter Allgemeine Zeitung, December 22, 2007, p. 22; Vickery W, Counter-speculation, Auctions and Competitive Sealed Tenders, Journal of Finance, 1961, pp. 8-37.

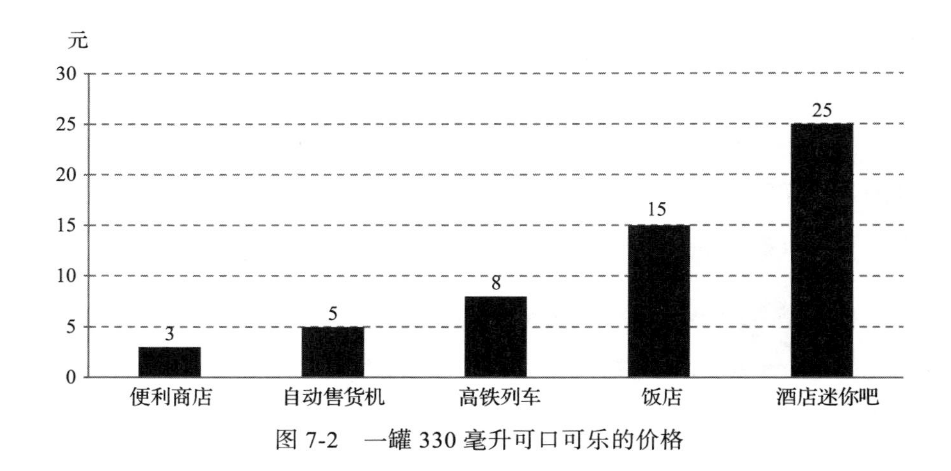

图 7-2　一罐 330 毫升可口可乐的价格

我们至少可以观察到 5 个不同的价格。或许你之前就已经意识到不同地点的可乐售价有差异，但有没有算过价格差异究竟有多大？一罐一模一样的可乐，最高价是最低价的 8 倍以上。产生如此巨大的价差大抵有以下几个原因：

- 客户在不同场景下的支付意愿有天然差异，如饭店出售的饮料通常比便利店的要贵；
- 不同销售渠道的客群有差异，客群效用差异导致支付意愿差异，出入高级酒店的商旅人士对价格敏感度低，所以客房的迷你吧的饮料可以卖出最高价；
- 不同销售渠道的竞争程度也有所不同，高铁列车的餐饮形同垄断市场，缺乏有效竞争和替代产品。

尽管我们身边不乏事实上的价格差异化，但这依然是一个关乎公平的敏感话题。在日本，可口可乐公司曾经计划根据温度高低调整自动售卖机里可乐的售价。[⊖]当天气炎热的时候，能够喝一罐冰的可口可

⊖ Hays C. Variable price coke machine being tested. New York Times, October 28, 1999.

乐显然是件快事，消费者获得的效用值更高，看起来涨价是合理的。在技术层面，实施起来也很容易。只需要给自动售卖机配备一个温度计，设置一个随着温度变化而自动调整价格的程序即可。然而，这个看上去很美的点子激起了民愤，可口可乐被迫搁置了这个计划。

无独有偶，在西班牙，一家叫作 Momentum 的营销公司也想到根据气温来调整可乐的价格。不过，它采用了逆向操作：温度越高，可口可乐的价格反而越低。[⊖]我们刚才讲过，在天气炎热的情况下，消费者有更高的支付意愿购买冰镇可乐。所以 Momentum 这样的做法是失心疯吗？

假设在寒冷的天气下消费者只买一罐可口可乐，但他们愿意支付 2.5 美元，即使降低价格他们也不会消费更多，那么最优价格就是 2.5 美元。如果有 1000 个消费者，那么可口可乐就可以实现 2500 美元的收入。假设单位成本为 50 美分，忽略固定成本，那么利润就是 2000 美元。

现在假设炎热天气下人们愿意为购买第一罐可乐支付 3 美元，第二罐 2 美元，第三罐 1.4 美元。这个时候的最优价格是多少？可口可乐可以售价 3 美元，然后卖出 1000 罐。这可以获取 3000 美元的收入和 2500 美元的利润——优于寒冷天气的利润。但 3 美元是最优价格吗？恐怕不是！请回想一下图 7-1 左边上方的阴影三角形。如果售价 2 美元，可以实现 2000 罐的销量，带来 4000 美元的收入和 3000 美元的利润。如果以更低的 1.4 美元价格出售，预计可以卖出 3000 罐，获得 4200 美元的收入，但利润会跌至 2700 美元——少于价格为 2 美元的情况。如果以利润最大化为目标，2 美元才是最优的价格。乍一想，

⊖ Morozov E. Ihr wollt immer nur Effizienz und merkt nicht, dass dadurch die Gesellschaft kaputtgeht. Frankfurter Allgemeine Zeitung, April 10, 2013, p. 27.

这不符合我们的直觉，但在炎热天气下以更低的价格出售可乐确实比在寒冷天气下同样的举措效果更佳。这个案例告诉我们两件事：第一，不要过分依赖自己的直觉；第二，只有了解需求曲线才能做好定价决策。

根据天气情况调整价格的情况也出现在旅游业。一家游览索道运营商在天气晴朗、能见度高的时候收取的票价是 20 欧元；当天气糟糕、能见度低时，票价会降到 17 欧元，原因是天气糟糕时旅客体验会下降，但运营商仍然希望通过较低的价格来吸引顾客。虽然缺乏数据支持，但我们猜想糟糕天气时采用低价策略并非明智之举。汉莎航空针对特定目的地的航班在特定时间内提供名为“阳光保险”（Sunshine Insurance）的服务：如果旅客前往的度假目的地每下一天雨，汉莎航空就会向旅客支付 25 欧元的赔偿金，200 欧元封顶。

价格差异化以各种形式渗透进我们的生活。相同的产品在不同的销售渠道会有千差万别的价格；快消品尤其是服装产品的大部分销量是通过促销实现的，但是限量的爆款产品很可能要加价才能买到；酒店根据需求情况调整客房价格，三亚的酒店在春节期间是平日房价的好几倍；航空公司动态调整机票价格已不是什么新鲜事，提前预订通常可以获得较低的价格，但也并非绝对；电价在低谷时段要比高峰时段低很多；餐馆午间主要服务个人客户，提供的套餐实惠便宜；晚餐主要服务商务宴请，菜品选择更多，客单价也更高；老人、儿童和军人可以在公园、电影院、餐厅等场所享受优惠。总而言之，价格差异化在如今的经济社会中是一个普遍存在的现象。在客户需求日益多样化的当下，单一产品 / 单一价格显得越来越不合时宜。这不仅会导致客户需求得不到充分满足，同时也会使企业错失本可以把握住的盈利机会。

两个价格和一个价格的差别

因此，唯一的真理就是：差异化你的价格！还是以电动工具为例，当我们设定两个不同的价格，而不是一个统一价格时，会发生什么？假设客户要做的是“是与否”的购买决定，也就是每个潜在客户最多只需要一件工具。那么需求曲线就是个体支付意愿的集合。假设我们可以根据客户的支付意愿对他们进行区隔：从表6-1的数据可知，价格为120美元的时候，我们会卖出600 000件电动工具，而在引入第二个价格90美元后，我们会再卖出600 000件。表7-1对比了按照105美元统一价格及按照120美元和90美元差异化定价的结果。

表7-1 采用两个价格的价格差异化效果

	统一价格	价格差异化（设定两个价格）	
		高　价	低　价
价格（美元）	105	120	90
销量（件）	90万	60万	60万
收入（美元）	9450万	7200万	5400万
可变成本（美元）	5400万	3600万	3600万
边际贡献（美元）	4050万	3600万	1800万
固定成本（美元）	3000万	3000万	
利润（美元）	1050万	2400万	
利润指数（%）	100	229	

如果我们能够识别潜在客群的支付意愿并对他们进行有效区隔，那么采用两个价格（120美元和90美元），可以大幅提升利润。支付意愿等于或高于120美元的客户将会支付120美元；90美元的价格将吸引支付意愿在90～120美元的潜在客户。通过设定两个价格，我们在这个例子中的利润由105美元统一价格的1050万美元激增至2400万

美元，利润增幅高达 129%。

看上去真不错。但这样做有风险吗？当然有！价格差异化成功的前提是能够区隔低支付意愿和高支付意愿的客群。如果支付意愿是 120 美元或更高的潜在客户能够花 90 美元买到同样的产品，那么任何理性人都不会愿意多花一块钱的，我们的利润就会比设定 105 美元统一价格时少很多。在极端的情况下，所有客户都会以 90 美元的价格成交，销量为 1 200 000 件，单位毛利跌至 30 美元。这将带给我们 3600 万美元的边际成本和去除固定成本后 600 万美元的净利润。这比设定 105 美元统一价格所取得的利润少了 43%。如果缺少有效的价格区隔机制，那么价格差异化将会变为实质上的全面降价，这会给企业带来灾难性的打击。我们将在本章的后面部分探讨建立区隔机制的关键点。

为什么第一瓶啤酒应该更贵

我们刚才讨论了“是或否”情境下的价格差异化。当需求可变时，即个体消费者的需求会根据价格的不同而发生变化，价格差异化的实施更具挑战。这正是“可变数量”（Variable Quantity）的案例。让我们来想象一下一个口渴难耐的远足者来到一间偏僻的小酒馆。根据边际效用递减法则，这个远足者喝到的第一杯啤酒的效用比第二杯大，第二杯啤酒的效用比第三杯大，以此类推。那么这个远足者可能会愿意为第一杯啤酒支付 5 美元，为第二杯付 4 美元，为第三杯付 3 美元，为第四杯付 2.5 美元，为第五杯付 2 美元。之后的啤酒不会给远足者带来额外的效用，他不会再喝第六杯，即使是免费的。

对于酒馆老板来说，利润最大化的价格结构是怎样的？答案很简单：第一杯啤酒 5 美元，第二杯 4 美元，第三杯 3 美元，第四杯 2.5 美元，第五杯和之后的都是 2 美元。这是一种“非线性”（nonlinear）的价格结构：每增加的一个销售单位对应一个独立的价格点。在这样的非线性价格结构下，远足者花 16.5 美元喝 5 杯啤酒（平均每杯 3.3 美元）。如果每杯啤酒的可变单位成本是 50 美分，酒馆老板就获得了 14 美元的利润。那么为什么酒馆老板不把事情简单化，直接每杯啤酒要价 3.3 美元呢？很不幸，不可以。原因在于，只有非线性的价格结构才能捕捉到伴随客户边际效益变化而来的支付意愿差异。如果价格是统一的 3.3 美元，那么远足者就只会消费 2 杯啤酒，因为从第三杯起，价格（3.3 美元）高于他的边际效用（3 美元）。这样一来，酒馆老板只能获得 6.6 美元的收入和 5.6 美元的利润，比他从非线性价格结构中获取的利润少 60%。在这个案例中，利润最大化的统一价格应该是多少？答案是 2.5 美元。在这个价格下，远足者会购买 4 杯啤酒，共支付 10 美元，这会给酒馆老板带来 8 美元的利润，仍然比依据非线性结构对价格进行差异化所带来的利润少 43%。如果他将统一价格设定为每杯啤酒 3 美元或 2 美元，实现的利润都是 7.5 美元。

这个案例为我们提供了几则重要的启示：首先，合理的价格差异化能够带来巨大的利润潜力；其次，价格差异化成功的前提是对客户支付意愿的深刻洞察；再次，企业经营者应该对实施价格差异化的复杂性有充分的准备。比如，酒馆老板需要准确记录每一位客户所消费的啤酒的数量，同时还得防止套利（arbitrage），也就是某些客户以低价购买尽可能多的啤酒，然后高价转卖给其他客户。最后，客户们可能会抗拒这样的价格结构。如果酒馆老板“榨干”每一位客户的支付意愿，即消费者剩余（Consumer Surplus）为 0，这可能会引起客户的强烈不满。这些实操的困难也许正是非线性价格策略难以广泛应用的原因。

电影院的非线性定价

边际效益递减法则不仅适用于消费品行业，也适用于诸如影院等服务业。对于大多数人来说，每个月第一次观影产生的效用会比第二次观影要高，假设影片质量无实质性差异。在以下的案例中，欧洲的一家连锁电影院服务三种类型的客户，我们称之为 A、B 和 C 类。区分这三类客户的关键点在于他们对每一次观影有不同的支付意愿。表 7-2 展示了这个案例的数据。

表 7-2 连锁电影院的非线性定价

观影次数	最高价格（欧元）			最优非线性价格结构（欧元）	观看数量（以 1000 为单位）	利润（欧元）(以 1000 为单位）
	A	B	C			
1	9.00	10.00	12.00	9.00	3	27.00
2	6.00	7.50	10.00	6.00	3	18.00
3	3.50	5.50	8.00	5.50	2	11.00
4	2.00	4.00	6.00	4.00	2	8.00
5	1.10	1.50	3.50	3.50	1	3.50
合计					11	67.50
最优统一价格				5.50	9	49.50

最优的统一价格为 5.5 欧元。在这个价格下，一个月中，A 类客户将会观影 2000 次，B 类 3000 次，C 类 4000 次。一个月合计观影 9000 人次，实现利润 49 500 欧元。

接下来，让我们看一下采用非线性定价会带来什么影响。首先需要确定客户第一次观影的利润最大化价格。这个价格是 9 欧元，三类客户都会前往，利润是 27 000 欧元。如果价格为 10 欧元，则只有 B 和 C 类的客户会前往，利润将会跌至 20 000 欧元。如果将价格定为 12 欧元，那么只有 C 类客户才会前往，利润则只有 12 000 欧元。

以同样的逻辑为后续的观影次数设定价格，结果将是在表 7-2 第五列所显示的非线性价格结构。价格范围从第一次观影的 9 欧元至第五次观影的 3.5 欧元。按照“从利润矩形到利润三角形”这句话的精髓，图 7-3 向我们展示了统一定价和非线性定价的利润差异之大令人咋舌。

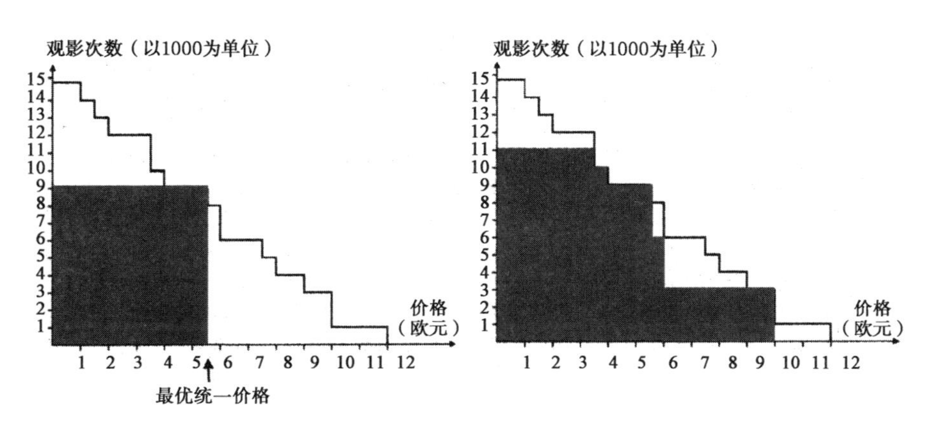

图 7-3 统一定价与非线性定价

价格差异化（右图）在挖掘利润潜力的表现上远胜于统一定价（左图）。非线性定价实现的利润共计 67 500 欧元，比电影院通过统一定价实现的 49 500 欧元利润高 37.7%。观影次数也从每月 9000 增加至 11 000，平均票价从 5.5 欧元上升到 6.14 欧元。销量和价格同时增长的结果是不可能在统一定价和正常需求曲线（斜率为负）的情形下实现的。只有通过这种复杂的非线性价格结构，才有可能释放全部的利润潜力。相比之前提到的小酒馆，电影院实施差异化定价更容易。影院可以给每一个客户派发一张专属的、不可转让的会员卡，会员的每次观影都会有相应的记录，这样，影院就可以根据每个客户实际使用会员卡的情况收取不同的票价。会员卡还可以有效防范套利行为。

价格捆绑

价格捆绑是指卖家将几种产品打包在一起出售，如大众喜闻乐见的麦当劳经典套餐（汉堡 + 薯条 + 软饮料）、微软的 Office 办公软件（Word + Excel + PowerPoint + 其他）、电信套餐（通话时间 + 数据流量 + 附加服务）、旅行社的全包旅游套餐等（机票 + 住宿 + 地陪）。[1]

电影发行业是使用价格捆绑的先驱。“打包预订”（Block Booking）是这个行业的惯例。发行商不会提供一部单独的影片给院线，因为这样可能会导致院线只挑选那些最吸引人的影片。相反，它们会将几部影片打包发行，通常会包括很受欢迎的和不太受欢迎的影片。[2]汽车经销商想要从主机厂拿到畅销的新车型的话，往往必须接受一些销售前景不太乐观的（旧款）车型。

为什么价格捆绑如此有利？我们可以通过葡萄酒和奶酪的简单例

[1] 希望全面了解价格捆绑，请查阅 Georg Wübker. Optimal Bundling: Marketing Strategies for Improving Economic Performance, Springer, New York, 1999。

[2] 美国最高法院在 1962 年禁止电影发行商成批发行电影，将它视为价格歧视。

子来回答这个问题。表 7-3 展示了五名消费者愿意对这两种商品支付的最高价格（最高支付意愿）。我们假设葡萄酒和奶酪组合的最高价格等同于消费者单独购买这两种商品的最高总价。

表 7-3　葡萄酒、奶酪和两者组合的最高价格

消 费 者	最高价格（美元）		
	葡萄酒	奶　酪	葡萄酒和奶酪的组合
1	1.00	6.00	7.00
2	5.00	2.00	7.00
3	4.00	5.00	9.00
4	2.50	3.00	5.50
5	1.80	2.40	4.20

能实现葡萄酒、奶酪和两者组合的利润最大化的价格分别是多少？让我们假设单位可变成本为 0。这样的假设可以在不改变基础论点的前提下让计算变得更简单。先来看葡萄酒，葡萄酒的最优价格为 4 美元，在这个价格下，消费者 2 和 3 会购买。利润等同收入为 8 美元。奶酪的最优价格为 5 美元。在这个价格下，消费者 1 和 3 会购买，利润等同收入为 10 美元。如果设定每片奶酪的价格为 3 美元，三名消费者都会购买，但利润只有 9 美元。综上，如果葡萄酒和奶酪以它们利润最优化的价格单独销售，利润总和为 18 美元。

通过捆绑销售可以获得高于 18 美元的利润吗？可以，如果提供定价为 5.5 美元的葡萄酒和奶酪捆绑组合，消费者 1～4 会购买，只有消费者 5 因为超预算而放弃购买。这个组合的利润等同收入是 22 美元。这就是所谓的纯捆绑（Pure Bundling），因为卖家只提供这个组合，也就是说，客户不能单独购买葡萄酒或奶酪。即使卖家提供比单个商品价格总和低 39% 的捆绑优惠，其利润等同收入仍然提高了 22.2%。这

是怎么做到的？奥妙在于价格捆绑可以更有效地挖掘消费者的支付意愿。对单个产品单独定价的方式会让卖家牺牲高端和低端客户的利润潜力。消费者 1 原本会支付 6 美元购买奶酪，但现在他只需要支付 5 美元。消费者 2 的总预算为 7 美元，高于平均水平，但奶酪的定价高于他的支付意愿，所以他只买了葡萄酒，还有 2 美元没有花出去。但如果卖家以捆绑的方式进行销售，一个产品的剩余支付意愿（实际价格和支付意愿之间的差额）就被转移至另一个产品上，从而实现提升销量的目的。从某种意义上来说，捆绑创造了一个新产品，这个产品帮助卖家触达更广泛的潜在用户。

从 18 美元增加至 22 美元，利润的改善无疑是显著的。但当卖家实施“混合捆绑”的时候，也就是购买者可以选择购买产品组合或购买单个产品时，还能进一步挖掘利润潜力。在我们的案例中，混合捆绑的最优捆绑价格依然为 5.5 美元，单件产品的最优价格为葡萄酒 4 美元和奶酪 2.4 美元。消费者 1～4 仍然会购买这个组合，消费者 5 会购买奶酪，这将使总利润提升至 24.40 美元，利润仍然跃升 35.6%。

价格捆绑不是（A+B）×（1−20%）

一般情况下，捆绑产品或者组合的价格低于组合内单件产品价格的总和。但这不是绝对的。捆绑组合的价格同样是由客户价值感知决定的。在刚刚提到的案例中，不同客户对葡萄酒和奶酪的价值感知存在较大差异，但大部分人（消费者 1～4）对这两个产品的整体支付意愿较接近。因此，卖家可以利用价格捆绑最大程度地挖掘客户支付意愿，但代价是要提供一定的折扣。那有没有捆绑是不打折的甚至是溢价的情况呢？

曼联足球俱乐部在球队高峰期平均上座率在 99% 以上，一票难求，尤其是在关键赛事上。在这种的前提下，曼联的季票是不提供任何折扣的。季票的折扣在一定程度上可以反映出俱乐部受欢迎的程度。因为虚荣效应和光环效应，高端奢侈品捆绑组合的售价也会比单独产品的售价要高。热衷手办收藏的人也不会介意出大价钱购买一整套的稀有藏品。

价格捆绑绝非简单的 (A+B)×(1−20%)——把两个产品进行组合然后以 8 折的价格销售。如何捆绑大有讲究。诺贝尔奖得主丹尼尔 · 卡尼曼的《思考，快与慢》中有一个这样的定价实验。实验受访者被分成两组，分别为两套餐具中的一套打上价格标签。请看图 7-4 中的两套餐具。

	A组	B组
总件数	40	24
餐盘	8件，均状况良好	
汤/沙拉碗	8件，均状况良好	
甜点盘	8件，均状况良好	
茶杯	8件，其中2件破损	
茶碟	8件，其中7件破损	

图 7-4　价格捆绑实验

猜猜看哪套餐具的标价更高？A 组平均标价 23 美元，B 组平均标价 33 美元，价格相差近 50%! 怎么会这样？A 组和 B 组中的餐盘、汤 / 沙拉碗和甜点盘数量和质量都完全一样，A 组比 B 组多 8 个茶杯和 8 个茶碟。理性经济人不是应该认为 A 组的价值更高并给予更高的标价吗？我们对自己的了解可能还不够多，或者我们其实还不够理性。

这个实验带给我们的启示是，消费者在这里判断餐具价值最重要的依据是它们的平均价值。虽然A组包含了B组没有的茶杯和茶碟，但是破损件拉低了餐具的平均价值，导致消费者判定B组的价值更高。这种现象体现了“少即是多”的原则。通俗地讲，就是在一个捆绑组合中，装入合适的东西比装入更多的东西要重要得多。这里的准绳同样是客户感知价值。

可选配件的捆绑定价

一台乘用车的可选配件往往数以百计。汽车主机厂都会提供一份详细的可选配件价目表。一般消费者却无福消受这看似对客户友好的做法，从长达几十页的价目表中逐个挑选自己想要的配件是一件非常烦人的琐事。在这样的情况下，不少人会知难而退——要么干脆放弃选配，要么只选择那些他们熟悉的一目了然的配件；而那些对汽车钻研较深的消费者，在选择了自己心仪的配件之后可能因为超预算而不得不割舍一部分配件。不管是以上哪种情形，对主机厂来说都不是什么好消息，因为这意味着错失的收入和利润损失。同时，赋予客户完全的定制自由度对主机厂的制造和物流都会带来很大的压力，因定制复杂性带来的交货延期对客户体验也有负面影响。捆绑为解决这个问题提供了一个思路。

一家高端汽车主机厂邀请西蒙顾和为其可选配件设计捆绑组合并进行价格优化。我们建议制定三种选配组合（或套餐）：舒适型、运动型和安全型。图7-5显示了因此所产生的利润情况。

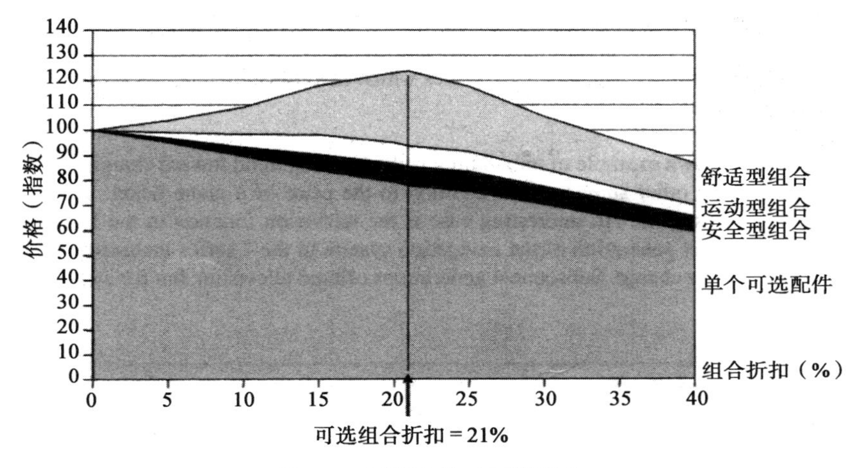

图 7-5　可选配件的捆绑定价

尽管组合价格提供了 21% 的折扣，但相比销售单个可选配件，利润增加了 25%。这是另外一个混合捆绑的例子，也就是说客户可以选择购买一个套餐或单独购买一个配件。套餐带来的额外收入远远抵消了捆绑定价的折扣。汽车制造商从混合捆绑的方法中看到了另外一个有利之处：可选套餐被证实比单个配件更容易宣传和销售。高度标准化的可选套餐降低了内部物流的成本和复杂程度。这个案例再次清晰地阐明了巧妙的价格结构可以释放的利润增长空间。

逆向捆绑

我们已经看到价格捆绑可以给企业带来巨大的利润潜力。但价格捆绑并非总是最佳选择。在特定情形下，逆向操作（也就是说将组合中的各个产品分开销售）会帮助企业获得更好的收益。让我们来看一个宜家产品的例子。萨姆拉（SAMLA）是宜家塑料透明收纳盒的子品牌，不同尺寸的盒子对应不同的使用场景，是一个很受欢迎的实用品牌。一个萨姆拉收纳盒由盒子、盒盖和锁夹三部分组成。

虽然你可能知道并使用过萨姆拉收纳盒，但你有没有注意过它的定价？萨姆拉收纳盒是一个典型的逆向捆绑案例。众所周知，为了节省仓储和物流成本，很多宜家的产品都是可拆卸的，不同部件会存放在仓库的不同区域。但通常整套产品只有一个价格，像萨姆拉收纳盒这样逆向捆绑销售和定价的例子其实并不多见。在德国科隆的宜家商场可以看到萨姆拉盒子售价 1.99 欧元 / 个，盒盖售价 0.50 欧元 / 个，4 个锁夹售价 1.00 欧元 / 组。锁夹的作用是把盖子固定在盒子上，防止盒内储藏的物品掉出来，这是个低科技但有效的解决方案。如果要凑齐一个完整的收纳盒，消费者需要支付的价格是 3.49 欧元 / 套（见图 7-6）。这个价格孤立来看不是很高，然而比一个“裸盒”的价格要高出不少。

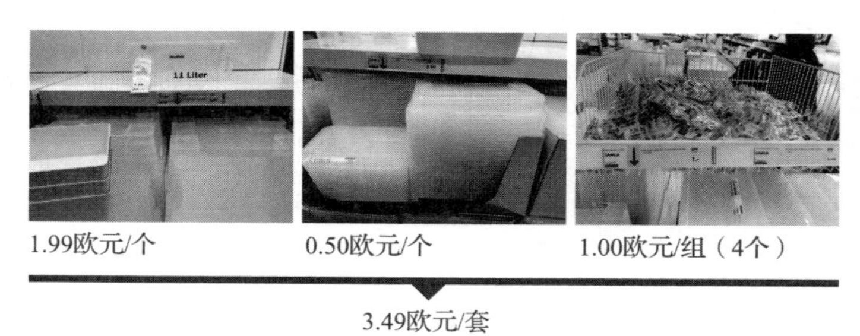

图 7-6　宜家萨姆拉收纳盒的逆向捆绑

在宜家收纳盒的例子中，单独一个盒子看起来很便宜，只要 1.99 欧元 / 个。从产品分类的角度来说，这是一个不错的引流产品：它满足了大多数客户收纳杂物的基本需求；有吸引力的价格降低了购买门槛，有利于客户转化。在使用过程中，用户会自然而然地发现那些自己最初没有购买的附加产品的价值：盖子可以防止灰尘进入，便于收纳盒堆放；锁夹进一步提升了密封性，同时也更方便运输。他们只要多付一点钱就可以升级产品，享有收纳盒的这些额外好处。而那些原本就了解自己的需求并且支付意愿较高的客户，一开始就会购买所有的配件，尽管他们要支付比“裸盒”高75%的价格。所以，对宜家来说，逆向捆绑收纳盒怎么看都是一笔划算的生意。

我们总结了几个适合采用逆向捆绑销售和定价的场景：

- 客户需求呈多样性。任何捆绑产品都无法满足大多数人的需求。换句话说，捆绑会降低客户的价值认知，使客户不愿购买，参见刚才提到的餐具定价实验。
- 捆绑价格过高或超过了关键的心理价格阈值。
- 捆绑中的核心部件（如收纳盒中的盒子）可作为独立产品使用，同时其他部件的作用和价值易于理解。
- 有部分客户对独立产品以外的附加产品有较高的支付意愿。

多人定价

多人定价（Person Pricing）指的是产品或服务的价格随着客户人数或结构的变化而变化。例如，旅行社的旅游套餐，成人需要支付全价，而同行的儿童只需要支付半价；德铁有时会为常旅客提供优惠券，允许他们可以免费携带一名同伴搭乘火车；不少游乐园或者博物馆都会提供团体票，价格视人数不同还会有不同梯度的优惠。

与捆绑价格类似，多人定价的利润增长来源有两个：更好地挖掘需求差异化的客群的消费者剩余，以及转移个人的剩余支付意愿。我们以一则虚构的例子来做进一步说明。为了计算方便，我们假设成本为 0。

一位妻子正在考虑陪伴丈夫一起出差。丈夫最高的支付意愿为 1000 美元，妻子的最高支付意愿为 750 美元。如果机票的统一价格为 1000 美元，那么只有丈夫会出行，利润将是 1000 美元；如果航空公司提供 750 美元的统一价格，那么夫妻将同行，利润会增加至 1500 美元，实现 50% 的利润增幅。但是情况可以更好。利用多人捆绑定价，航空公司为这对夫妻提供了一个飞行总价为 1750 美元的套票，利润可以进一步提升 16.7%。多人定价充分调动每个人的最高支付意愿，以此实现更高的利润。多人定价实施的难点在于识别不同客户的支付意愿，并据此设计合理的价格梯度。

买得越多越便宜吗

销量折扣是实现价格差异化的最常见形式之一。人们买得越多，得到的折扣就越大，这意味着客户实际支付的单位价格越低。如何设计销量折扣体系对利润有很大的影响。

根据实施方法不同，销量折扣主要有两种形式：全额折扣和增量折扣。全额折扣适用于全部的采购量；增量折扣只适用于采购的增量部分，不是全体。这当中的差异看起来并不起眼，但它相当有威力。一起来看一下表 7-4 的数据，这里依然沿用了电动工具的案例。我们假设标价为 100 美元，可变单位成本为 60 美元。为了计算方便，假设固定成本为 0。购买量等于或少于 99 件时，折扣为 0 ；100 件及以上折扣为 10%；200 件及以上折扣为 20%；300 件以上折扣为 30%。

表 7-4　全额折扣对比增量折扣

		全额折扣		增量折扣	
折扣（%）	适用于	收入（美元）	均价（美元）	收入（美元）	均价（美元）
0	99 件及以下				
10	100 件及以上	9000	90	9000	90
20	200 件及以上	16 000	80	17 000	85
30	300 件及以上	21 000	70	24 000	80

使用全额折扣，如果卖出 300 件，卖家能够实现 21 000 美元的收入和 3000 美元的利润。但如果采用增量折扣，那么卖家能够赚到 24 000 美元的收入（提升 14.3%）和 6000 美元的利润（提升 100%）。对于卖家来说，增量折扣的优越性不言而喻。增量折扣的一个潜在优势是卖家可以提供“看上去更高”的折扣，虽然实际优惠远不如全额折扣，但会形成更强的视觉锤[1]，对客户更有吸引力。

是价格差异化还是价格歧视

另一个常见的价格差异化的形式是价格因人而异：不同人群对同样的产品支付不同的价格。这难道不是歧视吗？事实上，“价格歧视”常常作为“价格差异化”的同义词出现。在现实当中，价格差异化是一个敏感话题。如果你发现有人从同一个卖家处购买了同一件商品，价格却比你便宜 25%，你一定会不高兴。亚马逊曾经根据消费者的个人情况或所使用的浏览器的不同而以不同的价格出售 DVD 商品。这个消息传出后，亚马逊遭受到巨大的压力。在公众强烈的反对声中，

[1] 视觉锤（Visual Hammer）是一个可用于品牌识别的视觉非语言信息，最初由美国里斯伙伴咨询公司提出。

亚马逊停止了这种做法，并且对相关消费者进行了赔偿。[一]随着互联网的普及，这种因人而异的定价从技术上来说变得越来越容易实现。另外，卖家也有更大的动力去推动个性化定价。一项研究显示，使用苹果 Mac 电脑和使用非苹果电脑的用户在预订酒店时有显著的行为差异。[二]使用苹果电脑的客户平均每晚房价比使用非苹果电脑的客户贵 20～30 美元。在线上预订酒店的平均每晚房价为 100 美元的情况下，这个价格差异是非常明显的。同时，使用苹果电脑的客户预订四星级和五星级酒店的房间天数要比使用非苹果电脑的客户高 40%。这些发现提供了非常有力的证据，说明根据个人情况不同进行服务和价格差异化是有意义的。尽管如此，卖家应该吸取亚马逊的教训，谨慎使用这些发现。

接下来再介绍一个有争议的案例。萨摩亚航空公司（Samoa Air Ltd.）根据乘客的体重设定机票的价格。从萨摩亚飞至美属萨摩亚的机票价格为每千克 92 美分。萨摩亚拥有世界上第三多的超重人口。首席执行官克里斯・兰顿（Chris Langton）不顾最初的反对声音，仍然坚定地推行这个计划。"我们会坚持按体重定价的方案。"他说。[三]这个定价策略的逻辑是成立的。乘客的体重是航班利润的主要影响因素。为什么货物的运输根据重量来收费，而客运不可以呢？同时，萨摩亚航空在对外宣传时采用了"1 千克就是 1 千克，1 千克只是 1 千克"（A kilo is a kilo is a kilo）这个口号，并称其定价策略为"最公平的运输收费

[一] Spiekermann S. Individual Price Discrimination—An Impossibility? Institute of Information Services, Humboldt University; see also " Caveat Emptor.com ", The Economist, June 30, 2012.

[二] On Orbitz, Mac Users Steered to Pricier Hotels. The Wall Street Journal, June 26, 2012, p. A1.

[三] Craymer L(2013). Weigh more, pay more on Samoa Air. *The Wall Street Journal*, April 3, 2013.

方式”(the fairest way of paying for carriage)。[1]除了萨摩亚以外，部分美国航空公司也已经开始要求重度肥胖的乘客在满舱的航班购买两张机票。公众对此的接受程度还有待时间检验。

此外，很多因人而异的价格差异化方案得到了社会主流的认可。这包括了所有面向儿童、学生、退役军人和老年人的价格优惠政策。对于某个组织或俱乐部的成员可以享受特殊价格或折扣这个做法，人们似乎也并不介意。消费者最介怀的，同时也是卖家最感兴趣的是，如何根据不同的标准，如购买力或价格敏感度，成功地实施价格差异化。在那些买家和卖家单独议价的情形里，根据具体情况决定交易价格符合双方的利益。标价只是个体价格差异化的开端，最终的成交价格取决于消费者的支付意愿，以及销售人员的销售能力。

金融机构利用对客户行为的分析及风险测试实施差异化的价格。在意大利裕信银行（UniCredit S.p.A)，个人贷款的利率取决于贷款人的信用历史和过往贷款行为。高忠诚度和还款及时的客户可以享受更低的利率：在第 1～3 年，银行收取高于基本利率 100 个基点的利息。如果客户在此期间能够做到准时还款，那接下来每年利率将下降 10 个基点（最多不超过 70 个基点)。以 500 000 美元按揭来计算，这意味着贷款人每年可节省 1500 美元。

因人而异的价格差异化在电子商务中更为普遍。淘宝和其他的中国电商玩家们致力于千人千面的产品展示——通过产品差异实现价格差异。有的电商还采用错峰定价策略，即同样的产品，在晚上的价格比白天更高。这种以时间为基础的价格差异化本质上反映的是消费客群的差异。白天，对价格敏感的青少年和在校学生更有可能上网购物。

[1] http://www.samoaair.ws/.

而上班族只有在夜间才有时间购物，但他们的购买力更强，报复性（冲动性）购买的可能性更大，价格敏感度更低。这样看来，在夜间定价更高不是很合理吗？

淘宝和拼多多根据客户的购买记录调整产品推送已经很成熟了。大数据（对个体交易的海量数据的分析）为因人而异的价格差异化开启了不可思议的新机遇。对消费者而言，是否可能通过与算法博弈，为自己创造一个有利的局面，这是一个非常有趣的话题：消费者偶尔购买一件非常便宜的商品，商家会不会由此认定买家对价格高度敏感，从而推送更便宜的产品，或者降低原产品的价格？像不像猫鼠游戏？消费者该如何避免被大数据“杀熟”？

实施因人而异的价格差异化需要投入一定的精力。你需要确定这个潜在的客户属于特定资格的群体（例如学生证、生日证明）或者给客户发放特定的卡（如 Costco 超市或者德克士炸鸡的会员卡）。银行和保险业从很久以前就开始收集每一单客户的交易数据，但它们往往缺乏对这些数据进行处理分析并以之为基础向客户提供个性化服务的能力。

关键问题在于：一家企业能够在多大程度上通过个性化的销售和定价方式影响个体的购买行为？产品推送和定价算法究竟要演化到多智能才能真正掌握消费者的真实意图，尤其是在一般消费者的支付意愿受无数因素影响的情况下。前途可期，但也绝非坦途。

消费者的投名状

无论企业通过什么方法判断客户的支付意愿，总像是隔靴搔痒，更何况“道高一尺魔高一丈”。即便企业能够做到对目标客群进行比较精准的画像，但这个画像仍然是抽象的，很难保证对个体消费者支付意愿判断的有效性。那有没有办法让消费者自己如实地告诉商家：“我对价格不敏感”，或者“我对价格敏感”呢？

这听上去似乎不太可能，但其实是可以做到的。早年，麦当劳的员工会在餐厅周围派发优惠券。消费者可以凭券以优惠的价格购买指定产品。如果要搞促销，麦当劳为什么不直接降价，而采用这种费时费力的方式呢？随着智能手机的普及，人们越来越少使用纸质的优惠券，但优惠券仍在手机 App 中以电子券的形式延续了下来。除了促销，优惠券还有一项特别的功能——泄露消费者的价格敏感度。

设想一下，什么样的人会使用麦当劳的优惠券？答案是对价格敏感的消费者。消费者使用优惠券是有隐性成本的：收集或保存优惠券，寻找当日可以使用的优惠券，考虑怎么和其他购买的产品进行搭配，要记得在付款的时候使用优惠券（电子优惠券可以在手机里携带，但还是需要扫码，有时，优惠码由于各种原因还不一定能够正常使用），等等。所以，那些时间成本比较高的消费者是不会使用优惠券的，他们很可能直接从菜单里选择一个套餐就完事了。优惠券是价格敏感型消费者的投名状——它告诉店家：快看，我是价格敏感型消费者。

优惠券的妙处不仅于此。对价格敏感的消费者自以为薅了麦当劳的羊毛，但羊毛出在羊身上。适用于优惠的产品是经过精心挑选的，提供的折扣是经过精心计算的，背后很可能有专业咨询公司的支持。优惠券使用得当，可以成为有效的引流工具。受优惠券吸引进入店家的消费者的购物筐里往往不只有优惠产品，还有更高毛利的常规产品，可以为企业创造额外的收入和利润。德国的另一家廉价连锁超市巨头Lidl更进一步，其在2020年推出的电子会员卡将优惠券与客户忠诚度计划结合。注册会员在使用优惠券之余，可以通过当月的累积消费分阶段解锁更多优惠券，有效提高了客户黏度。类似麦当劳的例子，羊毛很可能还是出在羊身上，但从表面来看，优惠券是一个皆大欢喜的好东西。

价格和空间

在过去，大型制造商的品牌产品无论在哪个地方，它的价格都是一样的。制造商有权指定所有零售或终端用户的价格。在大部分国家，这样的做法在20世纪60～70年代终止了。在此以后，只有少数产品的终端价格仍受制造商控制，具体的规则在不同的国家有所差异。对于大部分产品，零售商可以自主设定价格，这导致了地域和渠道之间的价格差异。与过去制造商指定价格不一样，零售商制定的价格实际上更贴近市场的实际情况，反映了不同渠道客群购买力的差异，不同地域客群对同一产品的价值感知差异，以及竞争强度差异等。猜猜一瓶进口的澳大利亚黄袋鼠红酒在上海的售价高还是在浙江湖州的售价高？答案是湖州。原因是上海的竞争更激烈。进口商品在北上广深的价格比二三线城市的价格更低是见怪不怪的事。再来猜猜一件德国狼爪的冬装外套在哈尔滨的售价高，还是深圳的售价高？答案是深圳。原因是深圳人民习惯享受日光，寒流来袭时往往会迫不及待地到线下门店购置避寒衣物，支付意愿更高。

同样的产品的价格在相邻的国家也可能出现非常大的差异。这尤其受制度特点、税收和分销体系差异的影响。在卢森堡，汽油的价格比在德国低 20%，这导致了卢森堡和德国的交界沿线成为全世界加油站最密集的地区之一。部分价格敏感的德国车主不惜行驶 100 公里到卢森堡的加油站加油。香烟和咖啡在卢森堡同样更加便宜，很多人在去加油的路上购买这些产品。这可能会导致一些很荒诞的意想不到的结果。德国城市特里尔（Trier，靠近德国与卢森堡的边界）不仅是马克思的故乡，也是德国的肺癌患病率最高的城市之一。虽然没办法证实，但人们不免会认为卢森堡较低的香烟价格与特里尔的高吸烟率相关。

跨区域经营的企业应该如何确定不同区域间的价差呢？如果在距离家 100 公里以外的商店里有一件只是便宜一点点的商品，没有人会驾驶这么远的距离去购买它。另外，如我们在前面所了解到的，理性行为并不是必然的。去卢森堡购买汽油是不是真的那么省钱，尤其是在考虑了时间和金钱等所有成本以后？消费者通常是短视的，只看到他们即时节省的现金成本，而忽视了购买行为的全部成本。

无独有偶，有一项夹克和风衣的研究揭示了人们关于距离的非理性行为。测试组 A 看到的夹克价格为 125 美元，他们被告知在另一家连锁店铺同样的夹克价格比现在的低 5 美元，但需要驾车 20 分钟到达那里。测试组 B 看到了一件 15 美元的风衣，然后也被告知在 20 分钟车程外的同类型商店他们可以以 10 美元买到同款风衣。在这个实验当中，两组节省的成本绝对值均为 5 美元。在测试 B 中，68% 的参与者愿意为了较低的价格驾车 20 分钟，但在测试组 A 中，只有 29% 的人愿意做同样的事情。[⊖]同样是节省 5 美元，初始价格的差异决定了它对客

⊖ Trevisan E (2013). The Irrational Consumer: Applying Behavioural Economics to Your Business Strategy, Gower Publishing, Farnham Surrey, UK.

户行为的影响。我们可以从中得到的启示是：距离的效益（在这个案例里是负的）并不是绝对的，而是相对的，企业需要对不同价位的产品采用不同的跨区域价格区间。

国家之间的价格差异化市场区分尤为有效，但同样有例外的情况。如果价格差异明显，同时套利成本（运输、关税等）较低，那么就会出现所谓的灰色或平行进口，也就是未经生产厂家授权的跨境销售行为。在医药行业，平行进口是侵蚀利润的重大威胁。欧洲大陆不同国家的汽车的售价也大相径庭。据估计，如果整个欧洲市场的价格统一，那么汽车行业的利润将会下跌25%。或者换一种说法：四分之一欧洲汽车主机厂的利润来自国际价格差异化。需要指出的是，因为欧洲各国的汽车准入标准不同，所以想要实现规模化的套利并非易事。

价格和时间

有一句古老的拉丁谚语“Tempora mutantur et pretii mutantur in illis”，意思是“时代在改变，我们也跟着在改变”。把这句话中的“我们”换成“价格”也同样成立。要从利润矩形走向利润三角形，基于时间的价格差异化是最为重要和被广泛应用的方法之一。它的形式千变万化，从每天的不同时间段到每周的不同日期，再到季节性的价格、预订的优惠、最后一分钟的折扣、上市特价、换季清仓，再到“6·18”和“双十一”。基于时间的价格差异化起到了“动态定价”的作用，影响不同时间段里的供需平衡。不过，在当今的零售环境下，泛滥的人造消费节日削弱了消费者的兴奋感，一定程度上抑制了“动态定价”的效果。

如我们讨论的价格差异化的其他形式一样，基于时间的价格差异化的基础是消费者的价值感知变化，就是个体在不同的时间有不同水平的支付意愿。在假日或大型展会期间的酒店价格会比平时高出很多，主动也好，被动也罢，在此期间，人们比在其他时间更乐意向酒店支付更高的金额，高价格有利于缓解供需矛盾；在情人节、春节等重要节假日期间，电影票很少打折（建议在这期间提供折扣商品的商家反省一下自己的行为）。为了犒劳自己通过一次重要的考试或者取得一项重大的成果，你在特定时间点的支付意愿也会被放大。

我们身边也不乏失败的基于时间的价格差异化案例。一个商业区的停车场拥有几百个停车位，在工作日收取每小时 2.5 欧元的停车费；在周末，价格降至 1 欧元。尽管停车费便宜 60%，但是周末停车场仍然门可罗雀。问题出现在哪里？停车场的经营者想当然地以为通过低价可以刺激需求。通常情况下，这个假设通常是成立的，但前提是需求真实存在。周末停车场空置并不是因为每小时 2.5 欧元的收费太高，而是因为商务区周末基本就是空城。周末在商务区停车本身就是个伪命题，需求与价格无关。而对于那些周末在办公室加班的人来说，工作日和周末之间的界限本来就是模糊的。

易损品定价

易损品给基于时间的价格差异化出了道难题：面包房和水果店在结束一天的营业前是否应该调整价格？当天没有售出的新鲜面包和水果放到第二天，价值就会大打折扣，甚至一文不值。易损品并不仅限于物理产品，也包括服务一种易损品，虽然一般人通常不会这么去想，如酒店客房、飞机航班的座位、电影院的座位等。每一个当天没有卖出去的房间、座位对企业来说都是永久损失的收入和利润，今天错过的销售机会明天无法再补回来。

这里的成本是沉没成本，对“最后时刻”的价格决策没有任何影响。这意味着商家应该尽可能地卖掉每一个座位、房间，或者清空货架。任何售价高于 0 的产品或服务，边际收入和利润为正，都比坐着看它们过期要好。但最后时刻的特价很可能是一个利润陷阱：价格敏感的消费者在掌握商家提供特价的规律后会调整自己的购物时间，价格不敏感的消费者不会因为特价提高购买量。结果是，正常价格和特价之间的围墙坍塌了，特价产品侵蚀了正价销售的利润。所以，地铁站里的面包店在下班时间大减价可能不是一个明智之举。正是因为有这样的潜在风险，许多公司宁可产品变质作废，也不愿意使用最后价格。从我们的经验来看，要量化最后时刻的特价的财务影响是件很困难的事情，一般情况下，我们认为尽可能避免最后定价的做法会更为理智。如果一定要打折的话，应当避免让客户形成“特价是惯例”的印象。

收益管理

航空公司、主题公园、酒店和网络广告公司有一个共同点：它们的生产资源是固定的，并且有时间限制。它们的挑战在于：如何通过基于时间的价格差异化使有限的资源产生最大化的收入和利润。对消费者行为的深刻理解和预测是定价成功的关键。在增加了时间维度后，需求曲线的预测和管理变得相当复杂，经营者往往需要借助计算机采取特定的算法来协助制定价格决策。这种复杂的动态定价管理有一个专有名词——收益管理（Yield Management）。

航空公司是运用收益管理的先驱，从 20 世纪 80 年代起，它们就开始广泛运用数据分析和建模预测需求动态调整机票价格，以达到提升利润的目的。机票价格在一天内发生多次变动是很普遍的事情，消费者也已经习以为常。不仅如此，航空公司还结合渠道和产品差异化挖掘客户的支付意愿。不同旅行社、票务公司的机票价格通常是不一样的。航空公司可以根据季节性需求预测调整商务舱的座位数量。近年来开始普及的超级经济舱也是产品差异化的一种尝试。航空公司通过上述这些手段对客群进行了细分，通过产品和价格差异化更好地挖掘客户的支付意愿。

然而，我们观察到很多收益管理人事实上更关注资源利用率最大化，而不是利润最大化。这两个目标往往并不兼容。我与芝加哥市区希尔顿酒店营收经理的一次对话就体现了这一点。

他说："今晚 1600 间客房中有 13 间是空的，虽然芝加哥其他分店的客房已经住满了，但是空出 13 间实在是太多了。"

我问："你确定吗？弄不好你将均价从 100 美元提高至 110 美元，空出 50 间客房，情况还更好。"表 7-5 展示了这两个价格情境下可能出现的情况。

表 7-5 价格与已售客房数量

	13 间客房空置	50 间客房空置	200 间客房空置
价格（美元）	100	110	110
已售客房数量（间）	1587	1550	1400
收入（美元）	158 700	170 500	154 000

如果均价为110美元，尽管有50间客房空置，但酒店的收益将提升7%。但为何营收经理会把目光放在客房空置数量上呢？原因在于：未出售的房间数量是个“硬性”数据，它给价格带来了下行压力；额外的客户支付意愿是个“软性”数据，具有很大的不确定性。芝加哥市区希尔顿酒店的营收经理知道售价为100美元的客房、空置13间就意味着错失了1300美元的潜在收入。但他不确定的是：是否会有1550位客户愿意额外支付10美元，而只有37位客户选择去别的酒店。假如只有1400位客户愿意支付110美元，那么收入将下滑至154 000美元。

随着科技的进步，收益管理的复杂性和可能性都在上升。一方面，消费者有更多的渠道可以进行实时比价，价格透明度越来越高；另一方面，收益管理的工具也越来越发达，企业可以收集到更多的数据标签对消费者进行更精准的画像和定位，并利用机器学习不断优化价格调整的算法。然而，在可见的未来，机器不是万能的，人为的监控和干预还是必需的。

特殊情况下的定价

物资短缺时期或特殊情况下的定价是十分敏感的话题，超出了经济学的一般范畴。需求在短时间内激增，供给短缺，原本正常的供需关系发生扭曲。此时，卖家如果提高价格往往会被指责是哄抬物价，会受到社会舆论的道德审判；维持原来的价格也有很大的弊端：生产厂家缺少在短时间内扩大或新增生产必需物资产量的动力。这正是事件型价格差异化的窘境。

2020年全球性新冠肺炎疫情暴发初期，口罩、消毒液甚至是厕纸都遭到了哄抢，一时间有价无市，这更加剧了一般民众的恐慌情绪。在供给端，除了生产厂家加班加点扩大生产外，很多零售商也对关键物资采取了限购措施，比如，一家一次最多购买2瓶消毒液、2卷厕纸等，但收效甚微，人们还是想尽办法囤货，超市的消毒液和厕纸货架往往只见限购的标识却不见有货。

一家丹麦的超市采取了别具一格的价格措施，虽然没有直接限购，却取得了更好的实质性效果。这是一个价格差异化的措施：第一瓶消毒液的价格是5欧元，此后每一瓶的价格是140欧元。是的，你没看错，从第二瓶开始，消毒液价格是第一瓶的28倍！没有消费者指责这家超市是哄抬物价。通过这样的定价措施，卖家可以有效甄别“使用需求”和“囤货需求”。正常价格满足使用需求，囤货者需要支付高额溢价，此举有效抑制了囤货行为，降低了货架断货的可能性。消毒液充足的货架也减少了消费者的焦虑情绪，进一步遏制了囤货需求。

高低价策略和天天低价

零售业中的高低价（Hi-Lo）策略是基于时间的价格差异化的另一种形式。在高低价策略下，零售商不定期将价格在常规价格和促销价格之间切换，价格呈脉冲状。与高低价策略相对应的是天天低价（Every Day Low Price，EDLP）策略。在天天低价策略下，零售商长期将价格维持在相对较低的水平，价格呈水平直线状。

使用高低价策略的零售商会发现，在啤酒、果汁等多个产品品类中，促销所带来的销售额占据总销售额的70%～80%。在这种情况下，真实的“正常”价格就是促销价而非常规价。零售商以各种方式支持价格促销活动，包括投放广告、发放传单，以及在店里推广等。促销时期的产品销售比常规价格时期的销量增长好几倍，这种情况并不罕见。零售商一般会选择知名品牌的产品进行促销，因为受品牌效应影响，它们在促销期间的价格弹性更高。也就是说，同样的打折力度，知名品牌在促销活动中能实现更高的销量。品牌方对此爱恨交加。一方面，如果使用得当，促销可以带来可观的短期收益，并有利于提升潜在客户的转化率（促销让潜在客户有了试用产品的机会）；另一方面，知名品牌长期出现在促销活动中，难免会给人留下名不副实的印象。

我们很难评判高低价策略的实际效果。这种策略是否促进了实际的增量销售（Incremental Sale）？还是说现在的销量的上涨是以未来的销售量为代价的？高低价策略下源源不断的促销活动是否会把消费者培养成专买便宜货的人呢？购买促销产品的消费者会不会同时购买其他正价的产品呢？什么类型的消费者会选择高低价策略的产品，什么类型的消费者又会选择天天低价策略的产品呢？

有研究结果显示，低收入人群会选择使用天天低价策略的零售商，而较高收入人群更倾向于选择使用高低价策略的零售商。Costco 是个有意思的例外。这家美国零售巨头主打天天低价，但采用会员制，消费者每年必须为会员卡支付至少 60 美元。会员中不乏中产阶级。2019 财年，Costco 实现净收入 1490 亿美元，净利润 36.6 亿美元，净利润率 2.5%。而会员费收入是 33.5 亿美元，也就是说，Costco 的产品销售基本不挣钱。

他和她的定价[1]

中国的美妆和个人护理产品市场增长迅速，已经是世界第二大市场。女性，尤其是来自三四线城市的女性，被视为这种消费增长的推动力。爱美之心人皆有之，男性对美妆和个人护理产品也有一定的需求，所以不少品牌也提供针对男士的产品。同一类产品中，男款的价格更高，还是女款的价格更高？我们带着这个问题进行一个抽样调查。结果见表 7-6。

表 7-6　美妆、个人护理产品价格比较

产品类别	品牌	产品	他的价格	她的价格	他与她的价差
皮肤护理	资生堂	资生堂眼霜1升装	¥410	¥360	14%
	优莉缇	优莉缇保湿面膜3片装	¥155	¥135	15%
	妮维雅	妮维雅美白泡沫洁面乳150毫升装	¥59	¥25	136%
	碧欧泉	碧欧泉活泉润透爽肤水200毫升装	¥206	¥195	6%
	丝芙兰	丝芙兰柠檬籽透亮元气霜50毫升装	¥209	¥180	16%
	李医生	李医生控油补水面膜6片装	¥49	¥25	96%
头发护理	丝蕴	丝蕴净屑去屑止痒洗头膏750毫升装	¥70	¥60	17%
除臭剂	妮维雅	妮维雅无味除臭剂和止汗剂50毫升装	¥39	¥35	11%
	蕊娜	舒耐喷雾除臭剂和止汗剂150毫升装	¥32	¥27	19%
除毛刀片	吉列	吉列锋速3剃须刀	¥32	¥26	23%
					ϕ=35%

结果出人意料。四个产品品类的 10 个产品，无一例外，“他”要比“她”支付更高的价格，平均溢价 35%。为什么会出现这样基于性别的价格差异化？进一步来看，在一个传统意义上的女性产品市场里，男款的定价要高于女款，这应该如何解释？

首先，男款产品的溢价契合目标消费群体的特定特征。注重外表

[1] 参见 Yang JY(2020). The Color of Pricing. The Pricing Puzzle. Springer, Cham. https://doi.org/10.1007/978-3-030-50777-0_3。

的男性，对美妆产品的支付意愿高于男性平均水平，可能与女性持平甚至更高。这一现象在高端产品中尤为明显。如图 7-7 中，资生堂眼霜这样的产品有时在一般女性的美妆包里也难觅踪迹。“他”对自己外表的关注和支付意愿已经超出了我们的传统印象。事实上，中国男性美妆和个人护理产品市场的增速，已经连续几年超过市场平均水平。“他经济”的蓬勃发展为“他溢价”奠定了群众基础。

其次，出于单纯的功能性或必要性的原因，男性对一些特定美妆产品类型的支付意愿比女性更高。这可以解释为什么男款的除毛刀片和除臭剂的价格更高。

再次，女性用品和男性用品面临的竞争环境不同。由于历史原因，女性美妆和个人护理产品的市场竞争更激烈，客户对产品了解程度更深，品牌的价格压力也更大。相比之下，男性美妆和个人护理产品方兴未艾，竞争压力较小，较高端的定位有助于挖掘早期的那部分刚需男性客户。

最后，女性对美妆产品的使用量往往大于男性，因为女性使用美妆更有规律，步骤也更复杂。这一点可以从产品配置上看出来。例如，妮维雅的男士保湿系列有三个产品，而一套完整的女性保湿护理套装由五个不同的产品构成。因此，尽管他和她的产品单价有差异，但一年下来的实际整体使用成本趋同。

虽然美妆和个人护理仍是一个女性为主导的领域，但时代正在改变，社会规范也在变化。年轻的他与她一样，可以不再讳言和投资自己的外貌，这为美妆品牌在产品创新和变现方面提供了更多令人兴奋的机会。

信息与盈利悬崖

经过分析本章的案例，我们了解到，定价策略的艺术毋庸置疑就蕴含在巧妙的价格差异化之中。但我们也要清楚地认识到，在价格差异化的设计和实施中有很多陷阱。现在，我们来快速地了解一下企业在进行价格差异化时可能会面临的关键挑战和需要解决的问题。

制定完善的价格差异化策略比统一价格策略需要更多详细的数据和信息支持。理想情况下，企业需要了解每个客户的支付意愿，至少是每个客户细分群体的支付意愿。在采用非线性定价时，企业就要明确每个追加单位的产品为客户带来的边际效益。消费者的支付意愿视时间、地点或其他条件而定，没有这些信息作为基础，价格差异化无异于盲人摸象。价格差异化是一个细活，需要企业经营者从微观角度收集、分析数据，经验和直觉对价格差异化方案设计的作用很有限。只有关于客户画像的信息颗粒度足够细，才有可能发现价格差异化的机会并加以利用。努力和勤奋是企业从利润矩形走向利润三角形的唯一途径。如果企业事先没有做好功课，采取了错误的价格差异化决策，哪怕只是差了一点（原因通常是缺乏有效的详细信息），结果通常是跌下利润悬崖（Profit Cliff）。

价格差异化成功的前提是经营者要熟练掌握基本理论，系统性地收集及分析正确的数据，并选择合适的价格差异化模型。别太相信历史交易数据或是所谓的“大数据”。这些数据包含了实际交易的信息及价格，但不一定含有关于消费者真正支付意愿的信息，[⊖]而这恰好是有效的价格差异化策略所需的关键依据。

⊖ 也有例外。eBay 采用的维克瑞拍卖（Vickrey Auction）方式，买家具有表露其真实购买意愿的动机。

区隔机制

根据前面分析过的案例可知，成功的价格差异化策略需要根据支付意愿来区隔不同的客群。如果一个具有强烈支付意愿的客户发现了可以低价购入产品的方式，那么卖家的价格差异化就失效了。价格差异化只在区隔机制（fencing）起作用时才有效。航空业使用的最典型的区隔机制策略就是“周六留宿”：要想买到低价机票就必须在目的地度过至少一个星期六的夜晚。这是一个十分有效的区隔机制，因为商务旅客支付意愿高，很少在目的地停留至星期六，他们都想周末的时候待在家里。去旅游的乘客对价格敏感，如果有吸引人的优惠条件，他们并不介意在目的地多待上一两天。

当两种价格分类之间的客户价值差异足够大且卖方有控制权时，区隔机制才有效。这就是说，价格高的产品必须对应较高价值，价值较低的产品必须将价格控制在较低水平。早在1849年，法国工程师朱尔斯·杜普伊（Jules Dupuit）就道出了个中奥妙。当时，最低等级的火车车厢没有车顶。杜普伊解释道：“这并不是因为铁路公司支付不起给三等车厢装个车顶所需花费的那几千法郎，而是为了防止那些买得起二等车厢车票的乘客为了省钱去买三等车厢的车票。这种产品差异化本意并非要为难穷人，而是要吓退富人。”[1]

为了建立有效的区隔机制，单纯在价格层面实施差异化还不够。同一件产品卖不同的价格，这有点说不过去，很容易遭到客户的诟病。因此，企业经营者在进行价格差异化的同时，需要考虑在其他方面也做出调整，比如差异化产品的功能、使用不同的分销渠道、进行精准

---

[1] Dupuit J (1962). On tolls and transport charges. reprinted in International Economic Papers. Macmillan, London (Original 1849).

营销、使用不同的语言，以及使用其他相似的方法，等等。价格差异化往往会对整个营销矩阵带来影响，由此可见，价格差异化会产生额外的成本。

价格差异化的成本

在理想世界里，你能要求每一位消费者基于他的支付意愿支付最高的价格。然而，我们是否真的愿意这么做，还取决于一个重要因素——价格差异化的成本。不难想象，随着价格差异化颗粒度的细化，相关的信息成本、区隔成本和管理成本等会不成比例地增加，超过额外收入增加的速度。换言之，价格差异化的边际利润递减。在本章开篇给出的例子中，当我们采用两个不同售价出售电动工具，分别为 90 美元和 120 美元，而不是采用统一售价 105 美元时，利润增加了 33%（前提是我们成功找到了两个细分市场的区隔机制）；如果我们进一步细分市场，选择采用三种价格，分别为 81.5 美元、105 美元及 127.5 美元，这时利润相比之前两个价格的情形仅仅增加了 12.5%。这意味着价格差异化并不是价格点越多越好，而是应该维持在一个合适的水平上，并且平衡好额外价值与额外成本之间的关系。这也提示我们：将利润矩形完全转变成利润三角形是不现实的。

第8章

定价创新

价格的历史几乎与人类社会的历史一样古老。它们早在货币出现之前就已经存在。那时候，价格并不是以货币单位的形式呈现的，而是通过物品之间的交换来体现的。鉴于价格有这么久远的历史，你可能会猜想，这个领域的所有细枝末节都已经被挖掘得差不多了，一切可能性都被用尽了，创新已经无从谈起。然而，就我们过往几十年的观察来看，事实刚好相反。关于如何收集与处理价格信息，以及定价的新点子、新体系层出不穷。其中的一些新的研究方法和工具是有理论依据的，例如联合分析法和行为定价学范畴内的新工具，它们为解开定价谜团开启了新的视角。再者，日新月异的信息化技术和数字化运用场景，为定价提供了更多的想象空间。

在这一章我们会探讨一系列定价创新的方法，这些创新方法有些已经被证明是有效的，而有些虽然潜力巨大，但有效性还有待时间验证。价格虽然是个老话题，但我们对定价创新的追寻从未停止。

价格和价值透明度

互联网的出现永远地改变了定价的方式。以前，人们需要探访多家商店，拜访多家供应商，询问多种报价，或者研读第三方报告，方可收集到价格数据并加以对比。这个过程枯燥乏味、困难重重，而且耗时巨长。这就意味着大多数客户所能获取的价格信息非常有限。因此，卖家可以明目张胆地收取较高的价格，而不用担心被客户察觉。如今，互联网已经在世界上大多数地方普及，任何人只要打开网页或者专门的比价应用程序，就可以轻轻松松地对不同供应商的价格有一个总体了解。这是几分钟内就能完成的事，而且成本极低，甚至零成本。Booking.com 和携程之类的旅游网站是很好的例子，它们彻底改变了现代人的出行方式。

智能手机的普及，使得一般消费者可以方便地实时比较和收集价格信息。现在，消费者打开手机应用程序，扫描一下商店里面商品的条形码甚至只是对着商品拍个照，就可以马上知晓同款产品在其他渠道的价格。以往，因为空间距离的存在，商家对相同产品可以制定不同的价格，现在，这一切都形同虚设。在可预见的未来，消费级市场的价格竞争将愈演愈烈。这对买卖双方来说或许都是福音：竞争的主战场渐渐从价格转向价值。

互联网的发展对客户的价值感知产生了什么样的影响？回想一下你上次的网购经历吧。除了产品介绍和价格之外，你在做出购买决策前还会关注什么？是客户评价，没错吧？如今的消费品市场是注意力经济，得注意力者得天下。获得注意力的关键渠道是客户评价。

“满意的顾客通常保持沉默，而不满意的顾客更容易宣泄不满——他们的声音传播得更快、更响。产品或服务的差评通过网络更快更广地传播。与此同时，消费者只是简略扫过积极的评价；当看到即使是细微的负面评价时，消费者就很可能排除购买这件商品的可能性。”㊀

客户评论对价格响应函数的影响是高度不对称的：消费者对负面评价极度敏感，对正面评价则不那么敏感。在网络世界，价值的重要性被放大。获得差评的卖家即使采用再激进的定价策略也无法与零差评卖家竞争。而坐拥好评的卖家要舒适得多。他们在现有价格水平上可以实现更多的销量，并且有机会进一步提升价格而不用过于担心客户流失。

这正是为什么卖家会这么介意差评的原因，他们会想尽一切办法将差评扼杀于无形之中，并尽可能获取五星好评。淘宝卖家提供优惠券换取五星好评的做法司空见惯。

按实际使用支付

传统的价格模式是：某人买下某件产品，支付产品的价格，然后

㊀ Sybille Wilhelm in Der Handel, September, 2015, p. 8.

拥有这件产品并使用它。就像航空公司为飞机购买涡轮发动机，物流公司为货车购买轮胎，而汽车主机厂会安装喷漆设备，购买油漆，为汽车上漆。如果从客户需求的角度思考问题，那么你会发现有更好的定价模式可供选择。客户的需求并不意味着客户必须拥有特定的产品才能被满足，他们更看重的是产品帮助他们解决问题的能力。航空公司不需要涡轮发动机，需要的是推力。同样，物流公司需要的是轮胎可靠持久的性能表现，而汽车主机厂需要的是给汽车喷漆。按照这个思路，制造商或供应商可以根据产品实际所起到的作用来收费，而不是按产品本身收费。这就是按实际使用支付模式背后的基础理念。

这解释了为什么通用电气和劳斯莱斯是以发动机工作的时间来向航空公司收取费用。对于制造商来说，这意味着完全不同的商业模式——企业出售的不是产品，而是服务，或者说是一种承诺。以服务为基础的商业模式具备吸引人的增长前景。以通用电气为例，按小时计价的收费模式不仅包含发动机的运作，还包括维护保养等其他服务，扩大了收入范围。而他们的航空公司客户也可以从中得益：运营复杂性降低，资金投入更低，固定成本和人工的节省。

米其林（Michelin），乘用车和货车轮胎市场的全球领导者，是使用创新定价模式的先驱，它是按轮胎的实际使用情况来收费的。这种定价模式对所有类型的运输车队都很有吸引力，他们不再购买轮胎，而是购买轮胎的实际行驶里程。在米其林的影响下，其他轮胎制造商也纷纷效仿类似的定价模式。和传统的销售模式相比，这种定价模式能让轮胎制造商挖掘并传递更高的产品价值。在米其林的案例中，一个新款轮胎比旧款轮胎的性能提升 25%，但要据此来收取高达 25% 的溢价却非常困难。客户们已经适应了多年来形成的轮胎价格水平，并且对价格敏感，价格锚作用明显。任何偏离价格锚的衍生价差都会遭遇很大的阻力，就算新产品的性能表现比之前的版本要好很多。而按使用情况来收费的模式则很好地解决了这个难题。客户根据轮胎实际行驶里程数支付价格。如果轮胎的使用寿命延长了25%，那么客户就会自动多支付25%的价格。这是一个双赢的局面：不仅轮胎制造商在更大的程度上获取产品的创新价值；客户事实上也没有增加额外的支出。只有轮胎在路上滚动的时候，也就是说，车队正在创收的时候，他们才需要支付费用。如果运输需求低迷，货车闲置在停车场，那么货车上的轮胎不会产生任何费用。这还意味着，运输公司的财务算起账来就更简单了。他们通常按运输里程为计价单位来收取客户的费用，因此轮胎的使用成本使用同样的标准来计算，有助于他们更好地判断业务的盈利情况。

同样，汽车喷涂设备的全球市场领导者杜尔（Dürr）与汽车油漆全球市场领导者巴斯夫（BASF）联手，为汽车主机厂提供了一套创新性的定价模式：它们按完成喷漆的汽车辆数来收费。供应商承担了所有的成本风险，并简化了操作流程，降低了主机厂前期的资金投入。EnviroFalk，工业污水处理专家，免费为客户安装污水处理设备，然后按处理污水的立方数来收取费用。这些按实际使用情况收费的模式为供应商提供了可持续的稳定现金流，也有助于提升运营效率。

此类收费模式在服务业也开始崭露头角。英国的诺威治联合保险公司（Norwich Union），专门针对年轻司机提供的“用多少，花多少”保险产品。保险公司为客户的汽车安装好相适应的设备，并一次性收费199英镑。此后客户每月按实际使用情况支付保费。每个月的前100英里是免保费的。100英里之后，每英里收费4.5便士。对于年龄在 18～21 岁的年轻司机，在意外高发时间段（晚上 11 点至早上 6 点），每英里收费 1 英镑。深夜是酒驾的高发时段，而巨大的保费差价提供了非常有诱惑力的激励，让年轻司机自觉地减少夜间驾车的次数。

端到端的解决方法更可靠高效，对客户，尤其是企业级客户来说有很大的吸引力。澳大利亚公司 Orica，商业爆破全球市场领导者，就为采石公司提供了一套完整的解决方案。Orica 不仅提供炸药，还分析岩层结构、钻洞，以及放置引爆炸药。在这套完备的解决方案中，Orica 依据客户的实际开采重量收取费用。客户完全无须操心任何关于爆破的事。Orica 为每一位客户提供定制的解决方案，所以客户很难进行产品比价，想更换供应商就更难了。对于 Orica 公司来说，客单价、效率、生产安全都得到了改善，并且客户留存率的提升成就了 Orica 更稳健和可持续的未来收入。

如果人们拓展一下其需求导向的思路，就能想到很多其他场景可以考虑按实际使用收费的定价模式。以经济的方式精准地追踪量化用户的使用情况是实施此种定价模式的先决条件。随着技术的进步，纯技术上的障碍正变得越来越小。近年来，如雨后春笋般出现的移动出行公司就是最好的例子。运营商通过物联网可以实时追踪车辆的位置和使用情况，并按行驶的里程或者使用的时长向客户收费。有线电视可以根据用户的实际使用情况来收费，替代原本的每月固定月租方式。韩国公司 Hanaro TV（现在成了 SK 宽带的一部分）推出灵活的收费方式后，很快就吸引了 100 万新客户。空调系统供应商可以根据设备的实际使用情况或者能源消耗情况来收取费用。上述这些定价创新与米其林的轮胎定价有异曲同工之妙，帮助供应商更有效地挖掘产品价值，从利润矩形向利润三角形迈出了一大步。

新的价格参数

改变定价模式的一种有趣方式是改变计价单位（价格参数）。本章前面提到的一些案例已经涉及新的价格参数的应用（如，按公里数而不是轮胎数收费），但这些案例往往是从根本上改变了商业模式，而不仅仅只是改变了价格参数。一个来自建材行业的案例表明改变价格参数所拥有的潜力。

如果一家企业出售用于砌墙的煤渣砖，它可以按重量（按吨定价）、按体积（按每立方米定价）、按地面面积（按每平方米定价）或者按完成的墙体面积（按每平方米定价）收费。采用的参数不同，企业收取的价格将大相径庭，面对的竞争压力也完全不同。一家领先的煤渣砖制造商研发出了一款新产品。如果以立方米作为价格参数，新产品的定价会比其他竞争对手高 40%。但如果按地面面积，以平方米作为价格参数，那么价差只有大约 10%。由于这种新型的砖重量更轻，建筑工人能以更快的速度砌墙。如果按完成的墙体面积，以平方米作为价格参数，那么这家企业的价格相对竞争对手有 12% 的价格优势。这样我们就可以很清楚地知道，这家企业应该尝试以完成的墙体面积作为新产品的价格参数。问题在于，要说服客户采用新的价格参数并不是一件容易的事。产品创新创造的客户价值越高，制造商的市场地位越强，说服客户接受新的价格参数的机会就越大。

喜利得（Hilti），高端电动工具全球领导者，就成功地改变了产品的价格参数。在这个行业里，传统的做法是把产品售卖出去。喜利得引入了令人耳目一新的价格参数：客户以支付固定月费的方式来获得一套喜利得工具包的使用权。喜利得方面确保客户收到一整套针对客户工作需求的最佳组合工具，包括工具发生故障维修期间的备用工具，以及因为工作需要或者技术变更而导致的产品升级等。不仅如此，喜利得还包揽了维修、电池更换在内的一揽子综合售后服务，大大降低了客户的误工风险，并解决了客户要追踪维修费用或者产生意料之外费用的麻烦。专业的事情让专业的人来做。客户在控制成本的同时，能更专注聚焦于其核心业务。

有时候价格参数的调整看上去微乎其微，但是带来了可观的财务影响。一家私募基金在收购一家全德连锁的健身俱乐部之后，聘请西蒙顾和从营收管理角度挖掘提升企业价值的机会。在对企业及顾客和竞争环境进行了一系列分析之后，我们对俱乐部的产品组合、营销和定价提出一系列措施，在短时间内取得显著的成效，在不影响会员招募的前提下，收入和利润都实现了不错的增长。然而，该客户计划在短期内出售这家健身俱乐部，所以迫切希望我们能够穷尽所有在短期内制定提升利润的定价措施。经过可行性分析验证后，我们提出了一项调整价格参数的措施：从按月收费调整为按每四周收费。[㊀]结果是新客户单价上升 8%。

公共厕所轶事

有时候企业能通过引入新的价格参数来改善现有业务的营收表现，还有可能创造新的收入来源。公共场所或办公大楼的厕所需要不菲的前期投入，而且日常运营也是一笔不小的开支。如何提升厕所的运营效率和维持整洁的环境，是各国政府需要解决的一件不大不小的麻烦事。

㊀　一年有 12 个月，52 周。

在德国，1989年以前，高速公路休息区的相关费用一直是由政府财政负担的。彼时，休息区由一家联邦政府所有的公司负责管理。它们管辖范围内的厕所的清洁状况非常糟糕。之后，一家名为Tank & Rast（德语，意为“加油 & 休憩”）的私营企业接管了高速公路休息区的经营权，并开展了大规模的升级改造工程。现在它拥有390个休息区、350个加油站及德国高速网沿线的50家酒店的经营权，占德国此类公路服务业务的90%，是无可争议的市场领导者。针对休息区厕所的问题，它提出了一个创新性的解决方案，名为“Sanifair”。

首先，Tank & Rast公司以最现代的标准对所有厕所进行翻新。然后，向客户收取每次50欧分的使用费。成年人需要支付全款才能通过闸机，再进入厕所，而儿童和残疾人则可以从工作人员那里得到一份代币，免费进入。这是一种友好的价格差异化形式。在支付如厕费用后，客户会收到一张价值50欧分的抵用券，可以在休息区的任何一家商店或者餐厅消费时使用。这种方式非常巧妙地把仅想使用厕所的客人和那些购物顺便如厕的客人区分开来。后一类客人依然免费使用了厕所。后来，Tank & Rast公司把Sanifair的价格提升到70欧分，而抵用券价值依然维持在50欧分。

Sanifair的创新体现在以下几个方面。首先，对客人来说，也是最重要的，是它极大程度地改善了厕所的干净程度和卫生情况。清洁卫生标准的维持需要成本支出，因此，让客人为这个巨大的改进支付小小的费用就变得顺理成章了。其次，新的价格参数也通过一系列的方式体现了差异化。儿童和残疾人仍然能免费使用厕所。那些使用厕所后就驾驶离开的人支付足额的70欧分，但那些会在休息区购物的人可以享受价值50欧分的优惠，实际上相当于给他们报销了71%的如厕费用，其净支出只有 20 欧分。再次，很多原本没有消费计划的人为了花掉这 50 欧分的抵用券，会在休息区购物。所以，Sanifair 在一定程度上还带动了消费。最后，整个支付流程及闸机管理基本上实现了自动化，使用起来很便利——客人自己在闸机口的售票机上完成支付后通行，并得到一张打印出来的抵用券。

很多研究已经表明，尽管他们实际上要支付一定的费用，其对 Sanifair 的满意度仍然很高。Tank & Rast 公司甚至还因此项创举而被授予一个很有影响力的奖项。试想一下，每年有大约 5 亿人次在德国高速公路休息区停留，Sanifair 的定价和服务创新为 Tank & Rast 的成功做出了不可磨灭的贡献，许多境内外的同行纷纷效仿。

Freemium

Freemium 是 20 世纪 80 年代才出现的新名词，由“免费”（free）和“溢价”（premium）组成。它指代一种定价策略。在这种定价策略之下，用户可以免费享受基础服务，也可以付费获得更高阶的服务或者更多功能。Freemium 的定价模式最早出现在软件业，后来在互联网服务中渐渐成为标配。如今，Freemium 已成为大多数游戏、音乐、视频通话、社交媒体等各种互联网公司首选的定价模式。这些互联网公司服务的边际成本其实为 0（或者接近于 0），所以，尽管免费提供的基础服务不创造额外收入，但对利润也几乎没有负面影响。

类似 Freemium 的商业模式也存在于线下世界。以德国为例，各类商业银行用免费开户作为诱饵，吸引人们开通银行账户。但免费账户仅包括最基本的存储账户功能，如果客户一旦想要享受如实时转账、跨境付款等其他增值服务，就必须付钱。无可否认，免费开通基础银行账户通常对最低储蓄金额设有限制条件。[1]但这类服务不能算是纯粹的 Freemium 模式。因为客户的存款没有产生利息或者只产生很少的利息，所以他们实际上承担了一定的机会成本。类似地，家具零售商或汽车经销商提供的“零利率”贷款（Financing Offer）往往也有隐藏性收费。[2]贷款的成本已然隐含在售价中。消费者对此类优惠措施应保持警惕。

Freemium 模式的目的就是要通过免费的基础服务获客。你可以把 Freemium 模式理解为一种培养客户习惯的渗透战略。企业希望，免费用户在习惯了产品的基本功能和对运营商建立信任之后，他对购买更强大、更高阶或者使用额外功能的产品版本的意愿会越来越高，开始使用付费服务。Freemium 模式的成功范例有：即时通信（如 Zoom 和 Skype）、音乐媒体（如网易云音乐和 Spotify）、游戏（如 Farmville 和愤怒的小鸟）和职业社交网络（如领英和 Xing）。

Freemium 定价模式的关键成功因素为：

- **诱人的基础服务**：可以吸引到足够多的潜在用户。
- **合理的区隔机制**：促进免费用户向付费用户转化。
- **顾客忠诚度计划**：尽量延长付费用户的生命周期。

前两个因素之间的关系微妙。如果基础服务没有什么价值，那么它可能根本吸引不了足够的免费用户。这样，你可能可以实现很高的

[1] Direct mailing from Commerzbank dated March 26, 2013.

[2] Nicht jedes Angebot ist ein Schnäppchen. Null-Prozent-Finanzierungen werden für den Handel immer wichtiger. General-Anzeiger, Bonn, April 3, 2013, p. 6.

付费用户转化率，但用户数量的绝对值会很小。如果基础服务太有吸引力，企业肯定能吸引大量的免费用户，但要把他们转化为付费用户就会困难重重。在实操中，为了解决这一矛盾，企业往往通过测试版本测试用户对不同服务的偏好和支付意愿，以最终决定基础服务和付费服务之间的界限。两者之间的差异和用户区隔主要通过产品特性、便利程度，或者使用强度的不同来达成。

当西蒙顾和接到一家社交网络公司以下这个项目的时候，这家公司只有 8% 的用户是付费用户。通过客户调研，我们发现价格变化对营收几乎没有任何影响。这家公司有很多实力不相上下的竞争对手——有些甚至提供完全免费的服务。如果向我们的客户提价，付费用户会流失严重；降价也无法吸引多少新用户。价格弹性系数大约为 1，也就是说价格的变化对收入几乎没有什么影响。然而，如果调整产品的组合，那么会发生实质性的改变。根据我们的建议，这家社交网络公司对付费服务进行了升级调整。此后，付费用户的比例在短时间内从 8% 上升至 10%。这代表着 25% 的用户涨幅以及同样的收入涨幅。这是该公司有史以来最成功的咨询项目之一。这个案例再次证明，价格是价值在用户心里的投射。有针对性的价值提升比盲目的降价更有可能提升销量，并且为企业创造更大的效益。

企业是否采用 Freemium 定价模式要综合考虑竞争情况、目标客户群体和产品的特性等各方面的因素。[⊖]其中关键的衡量标准就是付费客户的转化率和他们所代表的客户生命周期价值。根据西蒙顾和的经验，系统化地对价格和产品采用 Freemium 模型通常可以将收入提高约 20%。

⊖ A compact, good analysis of Freemium can be found in Uzi Shmilovici, The Complete Guide to Freemium Business Models. TechCrunch, September 4, 2011.

不知不觉中，Freemium也渐渐成为中国互联网公司主流的定价模式。网易云音乐的豪华绿钻会员可享受会员曲库、高音质音乐及其他增值服务。订阅一个月的价格是18元，3个月45元，12个月168元。如果连续包月的话是12元/月。微信读书的月卡售价30元，季卡60元，年卡228元，连续包月19元/月。小米多看的月卡售价19元，季卡48元，年卡178元，连续包月9.9元/月。[㊀]如果不购买会员订阅的话，微信读书和小米多看还是有不少的免费资源可以使用，但是有些热门的内容往往需要成为会员后才能阅读。有意思的是，除了依照订阅时间差异化价格梯度之外，“连续包月”成为中国部分媒体的主推订阅选项。

曾几何时，一定时间长度的强绑定是订阅产品的惯例——客户需要承诺一年甚至更长的时间持续付费购买订阅。这种做法的初衷是为了锁定付费客户，费率和合同期限很大程度上受获客成本影响，可以视作是成本导向定价的结果。然而，这种做法的弊端也很明显：一方面提高了潜在付费用户向付费用户转化的门槛；另一方面显得店大欺客，对客户不友好。强扭的瓜不甜，该放手时还是应该放手，至少可以避免出现负面舆论。以德国电信业为例，虽然家庭数据宽带网络和手机套餐会有至少一年的绑定期，但是所有的主流电信公司都会提供“免费转户”服务。也就是说，如果客户在合同期内从电信公司A转投电信公司B，公司B将在公司A合同未满前免费提供服务。这符合客户优先的时代精神，也使得合同绑定期形同虚设。唯有卓越服务才是长期绑定客户的正途。

㊀ 数据收集于2021年3月13日。

统一费率

统一费率（Flat Rate）是一次性付款的现代用词。客户每月或每年支付一个固定的价格，然后就可以在相应的时间段内任意使用某件产品或某服务。统一费率的出现很可能比我们想象的更早。现在的自来水一般是按立方米收取费用的，但在水表发明之前，家庭用水的收费是按人头计算的。如今，我们在生活中可以看到各式各样的统一费率的应用场景，从线上的电信服务和流媒体服务到线下的博物馆、健身中心和自助餐厅等。

回首在移动数据网络的发展早期，没人明白一兆字节的数据量意味着什么，所以消费者很难理解和接受"元 / 兆字节"这样的收费方式。为了减轻消费者对不可预测或无法计算的费用的担忧，许多电信公司推出了数据包和数据统一费率，打消了消费者对意外产生的高额数据费用的担忧，加速了移动数据网络的市场渗透。有些善解人意的电信公司还会根据客户的实际使用场景和数据使用量，主动向客户推荐贴近他们需求的统一资费套餐。

采用统一费率定价策略的一个先决条件是零或接近零的边际成本。杰里米·里夫金（Jeremy Rifkin）在《零边际成本社会》(*The Zero Marginal Cost Society*）一书中就零边际成本这一现象进行了探讨。尤其是在数字化产品领域，零或接近零的边际成本确实已经成为可能。为了实现利润最大化，企业采用超低价格似乎顺理成章。但这里有一个悖论。由低价策略触发的短期内的销量快速增长，将大幅扩张产能需求，企业必须增加固定资产投入才能满足新增的客群需求。从长远来看，任何企业都不能仅靠边际利润存活下来，总边际利润必须高于固定成本是企业长期存续的唯一途径。

所以问题来了。不难想象，统一费率对高频及重度用户来说特别有吸引力。企业还能够从中获利吗？答案是肯定的。这里面有两个秘诀：

- 对高频及重度用户使用其他限制条款；
- 从低频或轻度用户身上获得贴补。

德国电信移动数据套餐在超出规定的数据使用量后，用户尽管还可以上网，但是数据传输速度会下降很多，流媒体和通信等对网速要求较高的功能就会变得难以使用。采用放题式的自助餐厅里的门道就更多了：限定用餐时间（比如两个小时）；毛利更高的酒水通常不包含在费用中；按需取菜，浪费、吃不完的食物需要另外付费；高单价的菜品（如龙虾和海胆等）按人头限量供应；自助餐不可使用餐厅的优惠券；仅在午市提供自助，而一些受欢迎的招牌菜或高价菜仅在晚市提供，等等。上述这些措施都是针对高频以及重度用户的限制条件，防止他们滥用“免费”服务，使企业将运营风险控制在合理的区间内。然而，真正让商家挣到钱的是另一类人：低频或者轻度用户。他们使用更少的服务，却和高频及重度用户付一样的钱。他们是不差钱吗？还是太傻？可能是，但他们也有他们的道理。

一方面，不排除有消费者因为错误估计自己的需求而错误地选择统一费率的情况存在；另一方面，也有消费者明知这不是最经济实惠的选择，却依然选择统一费率。他们购买的是统一费率的一项隐性福利：保险属性。其实，统一费率实质上是打包价，支出的上限是明确、固定的。对于低频或者轻度用户来说，也可能出现短时间内产品使用需求激增的情况，选择统一费率可以避免费用失控。他们为统一费率支付的相对溢价（相对于高频及重度用户而言）换取了“心安”（peace of mind）。参照前文提到的德铁 BahnCard 案例，人们对“心安”的支付意愿往往被低估。

咖啡胶囊

雀巢公司的子品牌 Nespresso 风头正劲。在办公室、餐厅、酒店的行政酒廊，或者亲朋好友家中常可以见到 Nespresso 胶囊咖啡机的身影。虽然 Nespresso 不乏模仿者，但从未被超越。咖啡机、咖啡胶囊和服务三位一体的生态体系，构建了 Nespresso 强有力的竞争护城河。

雀巢公司没有单独披露 Nespresso 的业绩。不过我们从 Nespresso 的溢价不难猜测这是一门利润回报丰厚的生意。与 Lavazza 等品牌研磨咖啡粉相比，一杯 Nespresso 至少要贵 5 倍。[⊖]除了过硬的咖啡品质以外，支撑 Nespresso 溢价更重要的因素是它开创了咖啡胶囊这个全新的品类，给消费者带来耳目一新的咖啡文化体验。产品形态的变化很自然地引入了新的价格参数——咖啡不再按重量来卖，而是按数量来卖。如果不换算成以元 / 克为单位的单价，消费者一般不会意识到他们究竟支付了多高的溢价。不过，Nespresso 的忠实客户回避做这样的计算是大概率事件。他们选择的是 Nespresso 的价值，而不是价格。

在实现了高溢价之余，Nespresso 通过丰富咖啡胶囊的产品组合进一步挖掘客户的支付意愿，建立了至少包括四个层次的价格体系（见图 8-1）。

⊖ 按照 2020 年 2 月的价格计算。

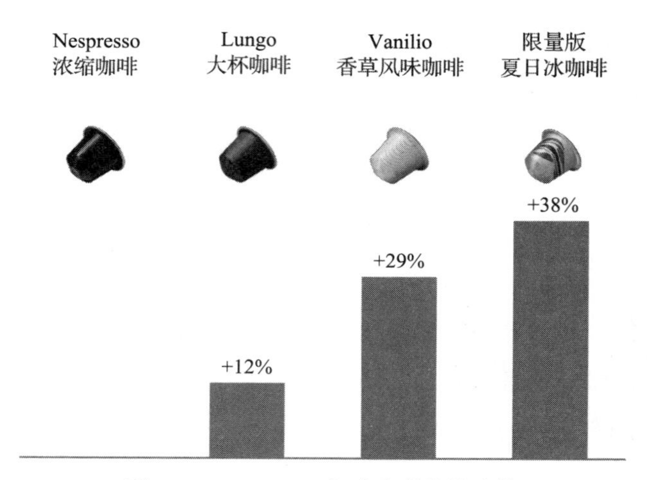

图 8-1 Nespresso 咖啡胶囊价格比较

资料来源：Nespresso 官网，2019 年 2 月 6 日。

基本款的意式浓缩咖啡胶囊代表入门价格水平。大容量的 Lungo 价格要比基本款高出 12%。香草味的 Vanilio 价格比基本款高出 29%。而夏日限量版的溢价更是高达 38%。如果从价格的百分比变化来看，价差相当明显。但是 Nespresso 巧妙地管理了客户的价格认知。一方面，每款咖啡的产品主页上都有翔实生动的图解，让消费者有理由相信自己的选择是正确的；另一方面，虽然咖啡胶囊的最小包装是 10 颗装，但是标价却以一颗胶囊为单位。最贵的夏日限量版的价格是 4.7 元人民币。最便宜的基础浓缩咖啡的价格是 3.4 元。1.3 元的价差对于钱包来说似乎无关痛痒。直到结账的时候，你才会发现一种咖啡胶囊的最小销售单位是 10 颗装的套筒，而最小订单量是 50 颗，也就是 5 个套筒。消费者第一眼看到的价差是实际价差的五十分之一。

2020 年 2 月，德国 Nespresso 推出主打意大利风情的 Ispirazione Italiana Trio 套装，包括 Roma、Genova Livanto 和 Venezia 三种口味，套装标价为 11.7 欧元。三种咖啡的单价是一样的，0.39 欧元 / 颗。不

难发现，这个捆绑没有提供任何折扣。如果你还记得第 7 章中关于捆绑定价的介绍的话，你会意识到这是一个非典型的捆绑。一般的捆绑会提供一定折扣，以促进交叉销售，捕捉客户的剩余支付意愿。但 Nespresso 的产品捆绑是一个例外。这么做的底气来自两方面。一方面，捆绑提供了便利，帮助客户从眼花缭乱的产品组合中迅速找到合适的咖啡胶囊；另一方面，捆绑通常有一个特定的主题（如这里的意大利风情），并且有特制包装可以作为礼物使用。在产品提供的额外价值面前，折扣变得画蛇添足。

绝少有消费品牌可以做到同时服务企业级和消费级市场。这件事情的一个难点在于，企业客户与消费者的需求和支付意愿差异会导致同样的产品在这两个细分市场的价格会有较大差距，企业需要在企业客户和消费者之间建立有效的防火墙。Nespresso 通过采用不同形状的咖啡胶囊及对应的咖啡机来达到这个目的。尽管制造咖啡的核心技术是一样的，但商用胶囊采用了类似扁平的圆形沙包的外观设计，更适合大批量运输，更重要的是与家用的 Nespresso 咖啡机不兼容。

它的定价同样有趣。以德国为例，经典产品线的家用胶囊价格区间是 0.39～0.47 欧元 / 颗，含税。商用胶囊价格区间是 0.34～0.38 欧元 / 颗，看起来价格较低，但不含增值税。另外，每种胶囊的最小销售单位也不一样。家用的是 10 颗，商用的是 50 颗。商用客户的咖啡机一般摆放在公共区域，供多人使用，咖啡胶囊的消耗量很大。因此，销售单位的差异似乎也很合理。

然而，家用和商用解决方案的使用场景存在本质差异。企业客户只要在头 5 年承诺每年最低的使用量，就可以免费使用咖啡机。AGUILA AG420 是在酒店和会所常见的 Nespresso 高端商业咖啡机机型。在承诺每年至少使用 48 000 颗，即每月 4000 颗的情况下，客户可以免费享用机器，并且 Nespresso 将负责提供全方位的维护服务，以确保机器在整个租赁期内正常运行。这对有较大咖啡使用量的高端场所来说是很有吸引力的条件。以高档酒店的行政酒廊为例，一般情况下每天供应 200 多杯咖啡，这样每月就有 6000 颗胶囊的使用量。客户节约了成本，改善了现金流，同时也不用操心机器的维护；这对 Nespresso 又有什么好处？长期稳定的客户关系，以及未来实现更多销售的机会。

汽车时代

这是最好的时代，也是最坏的时代。

1886 年 1 月，卡尔·本茨（Carl Benz）发明世界上第一台内燃机汽车，开启了一个新时代，也奏响了马车作为交通工具的终曲。

2021 年 1 月，特斯拉的市值是戴姆勒奔驰的 10 倍，在所有汽车主机厂中市值排名第一。排名第二到第十的主机厂的市值加起来还不及特斯拉，其中，中国的造车新势力公司比亚迪和蔚来也挤入前十，分别占据第四位和第五位。

特斯拉的定价素以凶狠著称。尤其是在上海工厂投产后，成本优势和销售规模优势相辅相成，进一步释放了降价空间。2021 年 1 月 1 日，国产版 Model Y 亮相，长续航版和高性能版的售价分别为 33.99 万元和 36.99 万元，比预售价分别下降 14.81 万元和 16.51 万元，降幅近 30%。而拿下 2020 年中国新能源汽车销量冠军宝座的 Model 3 自上市以来也经历了多次调价，累计降幅达 25%。消费者对特斯拉爱恨交加。爱的是其亲民的价格，恨的是怕买完第二天就又降价了。然而，特斯拉的商业模式决定了未来其价格（尤其是入门款车型）会随着销量和产能的扩大进一步下探。

特斯拉硬件降价的同时，软件和数字服务的变现也在加速。特斯拉从 2020 年起不再提供免费的车联网服务。车主可以通过订阅方式开通“高级连接”，月费 9.9 美元，包含流媒体、游戏、实时路况及其他互联功能。通过预装的应用商店，车主可以很容易地购买各种软件并进行软件升级，包括辅助自动驾驶、提升加速性能等。其中完全自动驾驶套件（FSD）是最吸引人的一项服务，目前已经可以实现自动泊车、自动辅助变道、自动辅助导航、智能召唤等功能，随着软硬件的升级和数据训练，FSD 将变得越来越智能，越来越接近无人驾驶的最终目标。2020 年 10 月 21 日，FSD 测试版上线，而售价从原来的 8000 美元跳涨到 10 000 美元，与硬件降价形成鲜明对比。习惯了降价的特斯拉车主并不买账，有人在推特上隔空喊话马斯克，质疑 FSD 的涨价决定。马斯克解释价格上涨与 FSD 带来的客户价值是相匹配的，最后还撂了狠话——FSD 未来的公允价格会达到 100 000 美元。这是什么概念？相当于两台 Model 3 的价格。

马斯克的世界里不仅有诗与远方，也有眼前的苟且。他在 2021 年 3 月官宣当年二季度将推出 FSD 订阅服务，当时市场预期的订阅费用是 100 美元 / 月。相比大额的一次性支出，按月付费的订阅方式降低了车主的试用门槛，也减轻了他们的资金压力，对特斯拉来说，此举更有利于客户转化和客户生命周期价值的提升。

2021 年，蔚来推出第四款电动车型 ET7，最大卖点之一也是先进的自动驾驶技术，同样可以通过订阅的方式开启，费用是 680 元 / 月，换算成美元与特斯拉的 FSD 价格相仿。不仅如此，包括蔚来在内的中国新能源造车新势力公司常常被拿来与特斯拉做比较。但在订阅功能方面，蔚来比特斯拉走得更远。2020 年 8 月，蔚来宣布推出电池租用服务（Battery as a Service，BaaS），70 千瓦时电池组的租用费用是 980 元 / 月，相应地，整车价格可以降低 7 万元。如果车辆使用时间不超过 6 年，选用电池租用对车主来说更有利。100 千瓦时的大容量电池组的租用费用是 1480 元 / 月，整车价格降低 12.8 万元，对于车主来说，盈亏平衡点上升到 7 年。而中国车主一般的车辆平均使用年限也就六七年。由此看来，蔚来电池租用服务的定价对（理性）消费者来说应该很有吸引力。电池性能对于电动车残值 / 二手车价格来说至关重要。蔚来的电池租用服务不仅降低了车主一次性的大笔支出，降低了购车时的成本负担；更重要的是，从长远来看，将整车与电池分离是电动车保值的有效手段，解决了二手电动车的一个最大痛点——电池性能的衰退。

汽车工业在经历了 135 年的蓬勃发展后驶到了拐点。电气化和智能化的洪流将汽车主机厂推向新时代。汽车新势力所造的车从里到外都越来越不像传统意义上的车。特斯拉 2020 年全年销量仅有丰田的 5%，但是市值是后者的 4 倍。如果把特斯拉当作汽车公司来看待，估值明显过高。但如果将特斯拉当作消费电子品来看待，它的市值还不及苹果公司的三分之一，未来可期。事实上，特斯拉们的定价模式也更像苹果，不再依赖单一的、一次性的交易型模式，而是更多元的软硬件结合的创新定价模式，灵活度更高，客户黏性更强。

135 年前，人们曾怀疑那台长得不太像马车的奔驰三轮车是不是有前途。不知道 135 年后，人们会怎么看待我们正在亲历的汽车时代。

负价格时代

这是信仰的时代，这是怀疑的时代。

卖家提供产品或者服务，买家支付费用，顺理成章。如果卖家提供产品和服务，但不收费甚至付钱给买家，这是不是像荒谬的超现实？不巧，我们正生活在这样一个时代。

欧洲能源交易所（European Energy Exchange，EEX）自 2009 年以来已经多次出现负价格，且交易量巨大。出现这种情况的原因是严重的供大于求。零价格也不足以重新实现供需平衡。发电厂的短期生产灵活性非常有限，暂停发电会给他们带来更大的损失。所以，他们宁愿破财消灾，花钱请客户收下“多余的电量”。

2019 年 9 月，欧洲央行将隔夜存款利率下降 10 个基点至 −0.50%，这是五年内的第四次降息。负利率政策的目的是刺激银行放贷行为，使更多的资金流向企业和消费者，从而促进投资与消费，拉动经济增长。在负利率的情况下，借款人不仅不支付利息，还能从贷款人那里获得利息，这在以前是不可想象的。

零售领域也出现了负价格。德国商业银行（Commerzbank）向新客户支付 50 欧元的奖金；贝宝（PayPal）早期也曾向新客户提供 20 美元的奖金；英国移动出行公司艾迪生李（Addison Lee）向安装其应用程序的客户支付 10 英镑；在 2017 年中国共享单车最疯狂的时候，各种红包满天飞，邀请用户免费用车。

事实上，企业在新产品刚进入市场时采取免费试用的方式加快获客速度是常见的营销手段——试想一下超市里的免费试吃，以及各种软件和应用程序。延续这个思路，负价格将更利于新产品的快速导入和接受程度。使用负价格的另一个理论依据是价格的锚定效应。我们在介绍 Freemium 时曾谈到付费用户的转化问题。让用户跨越零价格的鸿沟是一件很困难的事，特别是当他们已经对零价格习以为常时。相对零价格，负价格的锚定效应会相对较弱。或许有人相信天下还有免费的午餐，但绝大多数的人都会觉得负价格是荒谬的，所以，他们会预期负价格转正只是个时间问题。如果这个假设是正确的，那么，初始价格为负数相比零价格会实现更好的付费用户转化。不过，这一假设还有待实践验证。

不可否认，负价格策略的一个副作用是掩盖了真实需求，吸引到一些没有真实需求而只为“薅羊毛”而来的路人。所以，负价格对于企业的挑战是在这些花钱买来的流量中甄别出潜在付费用户。作为消费者，应该对零价格和负价格保持警惕，毕竟天上不会掉馅儿饼。

客户决定价格

在 20 世纪 90 年代第一波电子商务浪潮中诞生了这样一种定价模型：买家提出报价，卖家决定是否接受。买家必须提供信用卡或储蓄卡账号。一旦有卖家接受买家设定的最低价（只有卖家知道），买家就必须履约。然而，买家是否会在报价中披露自己真实的支付意愿是直指人心的灵魂拷问。

客户决定价格这一定价模型应用的先行者是成立于 1998 年的普利斯林公司（Priceline.com），类似的公司，如 IhrPreis.de、tallyman. de，很快纷纷跟进。各种尝试都再次证明大部分消费者报出的是不切实际的低价。

实践证明，客户决定价格的模式不可持续，IhrPreis.de 和 tallyman.de 很快就消失了，普利斯林公司存活了下来，但也放弃了客户决定价格的定价模式，并在 2018 年采用旗下最大品牌 Booking 来重新命名集团。

由客户决定价格的做法过于考验人性，奈何人性经不起考验。想要消费者真实地反馈自己的支付意愿是一件非常困难的事情。毕竟，很多时候消费者其实并不清楚自己想要什么。

客户随性定价

“客户随性定价”模式比“客户决定价格”前进了一步。在“随性定价”模式下，卖家必须无条件接受买家制定的价格。2007 年，电台司令乐队（Radiohead）在线发布“彩虹里”（*In Rainbows*）专辑时，就采用了“随性定价”的定价模式。这张专辑的累计下载量超过 100 万次，有 40% 的买家每人支付了 6 美元，这是一个平均价格。[⊖]有时我们发现，餐厅、酒店或其他服务业也会尝试类似的定价模式。在用餐完毕或退房后，客户按个人意愿支付费用。卖家的收益完全取决于买家的善意和诚信。然而，事实一再告诫我们，不要对人性存有幻想。

平心而论，这也很难去责怪普通消费者。人们不懂得珍惜唾手可得的东西。没有价格的东西通常与低价值画上等号。 惯性思维导致“客户随性定价”很可能被解读为捐赠。谁又会在捐赠时念及公允价格？在这样的情况下，价格与价值是严重脱节的。

“客户随性定价”和“客户决定价格”模式有两个基本的区别。在后

⊖ van Buskirk E (2007). 2 out of 5 Downloaders Paid for Radiohead's ‘In Rainbows’. Wired Magazine, November 5, 2007.

一种模式下，在达成商品或服务交易前，卖家拥有是否接受买家定价的权利。而在“随意支付”模式下，对商品或服务的享用可能发生在付款及定价前，也可能发生在付款后，但不管怎样，商家对定价没有任何话语权。因为随性定价的主观性过强，卖家很难评估和控制由此带来的风险。

对于“客户随性定价”，巴塞罗那喜剧俱乐部 Teatreneu 借助新科技或许找到了正确的解锁方式。剧院的座位上安装了分析面部表情的传感器。观众无须购买门票即可入场。票价做到了真正意义上的个性化。票价的高低完全取决于个人微笑的次数。观众将为每次传感器捕捉到的微笑支付 0.30 欧元，上限是 24 欧元（相当于为 80 次微笑支付的价格）。据报道，该剧院平均从每位观众身上赚取的收入增加了 6 欧元。这让我们看到了个性化定价的一线曙光。

附加费的学问

过去几年间，西蒙顾和观察到或者发起的很多定价创新都与附加费有关。人们可以根据附加费的形式和目的，将其分为以下几种：

- **逆向捆绑**：以前包含在总价内的一个产品或服务，现在被单独定价（以附加费或者额外费用的形式）。
- **新的价格元素**：以前未被标价的产品或服务，现在有了一个独立的价格，如 Sanifair 案例所示。
- **转嫁成本**：企业以附加费的形式将上涨的成本转嫁给其客户，通常会在合同中做相关约定。
- **价格差异化**：附加费被用作一个差异化定价的方法——基于时间、地理位置、个人特征等。

瑞安航空（Ryanair）在创造和搜罗附加费上特别富有创造力。在2006 年，这家廉价航空公司成为全球第一个单独收取行李托运费的航空公司。这在当时是一个骇人听闻且富有争议性的举措。当时，旅客每托运一件行李需要支付 3.5 欧元；现在，预订机票时选择托运一件行李（不超过 20 千克）在淡季的价格是 20.99 欧元，旺季则是 39.99 欧元；如果旅客在购票以后再添加托运行李，那他将支付更高的价格——淡季时加付 10 欧元，旺季时加付 20 欧元。瑞安航空公司没有公告行李附加费的收入，但其航班每年输送乘客超过 1 亿人次，[㊀]即使只有小部分乘客托运行李，瑞安航空也能从中赚取数亿欧元。

瑞安选取了一种出人意料的方式来传达对行李托运费的介绍：

这一举措将为不托运行李的乘客节省 9% 的票价。

还是加收行李托运费这件事，在不同的视角下，突然变成了利民举措。谁还会反对这样的“好事”呢？除了消费者密切关注且具有高价格弹性的基础票价，瑞安航空想出了 22 项人们少有关注但因此具有更低价格弹性的附加费用清单，例如，在柜台办理人工登机需要支付 55 欧元，预订第一排或者紧急出口座位需要支付 14～18 欧元不等，预订第二排到第五排的前排座位需要支付 7～17 欧元不等，托运自行车需要支付 60 欧元，携带两岁以下婴儿需要支付 26 欧元，等等。[㊁]这些附加费是帮助瑞安航空将利润矩形转向利润三角形的利器。瑞安航空的 CEO 迈克尔·奥莱利（Michael O’Leary）显然仍不满足，时不时威胁要引入更多的附加费项目，比如飞机上的如厕费用，所幸并不能总是得到支持。也许瑞安航空的乘客对如今还能免费使用飞机上的

㊀ http://www.ryanair.com/en/investor/traffic-figures.

㊁ 基于 2021 年 3 月 17 日数据，https://www. ryanair. com/ie/en/useful-info/help-centre/fees。

洗手间是心怀感激的。

在高峰期，附加费是一个合理利用消费者较高支付意愿的有效手段。铁路公司可以考虑在周五下午和周日晚上收取高峰附加费，这会产生两个效果：增加企业的利润并抑制需求，降低火车在高峰期超额预订的概率。相反地，在非高峰期，降价对需求的影响很弱。这种不对称性普遍存在于基于时间的差异化定价案例中。

在一些行业，产品的价值与交付速度和可得性高度相关。在矿区工作的自动倾卸卡车如果轮胎坏了，被迫停工的每一分钟都会给矿场带来巨大的经济损失。这意味着矿产企业对快速交付替换轮胎有很高的支付意愿。这反映在重型工业用汽车轮胎龙头生产商的定价模型中。标准的交付时间依据轮胎类型的不同而有所差异。需求量大的通用轮胎都存储在仓库并可随时取用。对于这类轮胎，企业对随时交货不收取额外费用。非常规的轮胎，可能需要数天交付。如果客户希望更快地交付，轮胎公司就要收取额外费用。

通过调整常规产品的价格向客户转嫁所增加的成本通常很困难，但是如果一家企业为特定的成本参数引入附加费，那就会令客户更容易接受。燃料价格的上涨促使医药产品批发商在其价格上添加了一项燃料附加费，它的竞争者也很快跟进。利润在这个行业极其紧张，不足 1%，这项附加费为企业带来了 30% 的额外利润。一家英国的预拌混凝土公司的混凝土基本价格为 600 英镑 / 车。有一些特定的建筑工地，比如机场和市中心的体育场馆只能在正常工作时间之外开工，这给混凝土公司造成了额外的人工费用。该公司通过增收附加费成功化解了这一难题：周末交货加收 70 英镑 / 车、夜间交货加收 100 英镑 / 车的附加费。同行业的一家德国公司在气温低于 0℃交货时，加收 8

欧元 / 立方米的附加费。

另一个有趣的点子是通过提供额外的服务换取附加费。在迪拜的奢华酒店卓美亚海滩酒店（Jumeirah Beach Hotel），住店客人支付大概 50 美元 / 天就可以使用它的行政酒廊，并可以在酒廊享用早餐，单独购买早餐需要花费 37.5 美元左右。这意味着，行政酒廊的净使用附加费是 12.5 美元 / 天・人。这项附加服务非常受欢迎，而且提高了酒店的客单价和收益。

我们可以将小费视为一种特殊形式的附加费，甚至是一种别样的"随性定价"。在一些国家，比如日本和韩国，给小费是非常奇怪的行为。但在其他一些国家，小费文化盛行，并且根深蒂固。在美国的餐厅，你"必须"支付不少于 15% 的小费。对于超过一定规模的团体客人，有些餐厅会强制性地收取 15%～18% 的小费。直到几年前，纽约的出租车司机还只接受现金，小费金额为消费额的 10% 左右。司机们后来开始接受信用卡付款。现在，客人所需要做的就是把卡放在伸手可及的读卡器上，手动地在触摸屏上点击选择预设的小费选项：20%、25% 和 30%。这个看似微不足道的调整使纽约出租车司机的平均小费费率从 10% 升至 22%，相当于每年增加了 1.44 亿美元的额外收入。[㊀] 定价的效果真不赖！在这里，我们看到的是价格的锚定效应，再次证明消费者的很多购买行为是非理性的。

一般来说，附加费的价格弹性低于基础价格的价格弹性，但也有例外。例如，2010 年德国医疗改革，不少公共医疗保险公司陷入窘境，它们得到的政府财政支持不足以覆盖所有成本。为了弥补资金缺口，一些保险公司选择向它们的会员收取附加费。即使这些附加费

㊀ www.slate.com/blogs/moneybox/2012/05/15/taxi_button_tipping.html. May 15, 2012.

（典型的是 8～10 欧元 / 月）相对于这些基础贡献（成员每月通过工资扣除支付的金额）来说非常小，然而，这一举措遭到了会员们强烈的抗议。增加附加费的保险公司流失了很多会员，从而陷入了更大的财务困境。德国一家最大的保险公司 CEO 说："附加费发出了一个几乎没有任何正面财务影响的价格信号，相反，会员流向竞争者的现象加剧了：作为一个提高收入的工具，增收附加费计划彻底失败了。"[㊀]

对于这些强负面影响，有行为心理学上的解释。会员们感觉到的差异在于零价格（没有附加费）和引发强烈负面感受的额外价格，即使额外价格本身金额非常小。进一步讲，会员们对于他们实际缴纳的保险费没有概念，因为公共保险公司多年以来将其价格以会员们收入的一个百分比的形式体现，而非欧元和硬币。这个价格由雇员和雇主分别承担，对于一般民众来说，每月扣缴的医保和个人所得税没有什么差别，他们对此毫无影响力。而现在，他们需要自掏腰包支付附加费。根据前景理论，这样情形下的负效用感知会很强烈。

总之，附加费对于企业来说是一个强大的价格工具。但里面的学问也很深，没有对客户需求进行深入调查和分析就盲目推出附加费，容易遭到客户的反对，给企业带来不必要的损失。

众筹定价

新产品开发的点子一般先由产品团队头脑风暴形成，然后在企业

㊀ Wir müssen effizienter und produktiver warden. Interview with Christoph Straub. Frankfurter Allgemeine Zeitung, January 30, 2012, p. 13.

内部多部门讨论验证用户需求的真实性。市场调研可以提供一手的用户洞察，是新产品开发的重要助力。然而，市场调研的价值或多或少会受到质疑。很多人会质疑是否能够通过市场调研获取用户的真实想法，虽然通过优化调研方法在一定程度上可以缓解这个问题，但是从根本上来说，没有什么方法比付费实测能更好地验证客户的价值体验了。这就是所谓的定价真理时刻（the moment of truth，MOT）。因为众筹是一种定向销售，所以在面向大众的最终产品价格上，企业还是享有一定的自主定价权。

在诸如 Kickstarter 等众筹平台上，价格测试相当普遍。让我们来看一个名为 Instafloss 水牙线的例子。Instafloss 以高速水流代替物理牙线，在起到更好的清洁作用的同时，减少牙线对牙龈的意外损伤。水牙线并非全新品类。Instafloss 的主要卖点是高效率，可以在 10 秒内完成口腔清洁，如果采用一般牙线，基本上得花差不多 1 分钟时间。Instafloss 的定价方案见图 8-2。

认购价119美元起	认购价129美元起	认购价199美元起
1 × INSTAFLOSS（Kickstarter选项1）	1 × INSTAFLOSS（Kickstarter选项2）	2 × INSTAFLOSS（**最优惠的价格**）
现在支持我们，您将节省60美元。预计零售价：179美元。	现在支持我们，您将节省50美元。预计零售价：179美元。	现在支持我们，您将节省160美元。预计零售价：179美元/组
您还可以选择添加以下附件：	您还可以选择添加以下附件：	您还可以选择添加以下附件：
■ 添加8 美元的备用清洁头（节省7 美元） ■ 添加9 美元的彩色保护套（节省6 美元）	■ 添加8 美元的备用清洁头（节省7 美元） ■ 添加9 美元的彩色保护套（节省6 美元）	■ 添加8 美元的备用清洁头（节省7 美元） ■ 添加9 美元的彩色保护套（节省6 美元）
我们将在众筹活动期结束后的客户调查中向您搜集附件选项、送货地址、成人/儿童产品尺寸等信息。	我们将在众筹活动期结束后的客户调查中向您搜集附件选项、送货地址、成人/儿童产品尺寸等信息。	我们将在众筹活动期结束后的客户调查中向您搜集附件选项、送货地址、成人/儿童产品尺寸等信息。
备注：运费、关税和增值税将在发货前另行计算和收取。	备注：运费、关税和增值税将在发货前另行计算和收取	备注：运费、关税和增值税将在发货前另行计算和收取
产品包装内包括：一台Instafloss	产品包装内包括：一台Instafloss	产品包装内包括：两台Instafloss
仅剩7 台		**仅剩6组**

图 8-2　Instafloss 水牙线口腔冲洗器的价格选项

资料来源：Kickstarter.com.

这是一个典型的 Kickstarter 式定价，三个选项的发货时间都是一样的。其中前两个都包含 1 个机器，第一个选项是早鸟价 119 美元，比预计市场零售价便宜 60 美元；第二个选项也是早鸟价，但是售价上升到 129 美元，比预计市场零售价便宜 50 美元；第三个选项被标注为最好的价格，售价 199 美元，包括 2 个机器，比预计市场零售价便宜 160 美元。在这里，我们看到了至少三种价格测试。

- **第一，测试产品现有定价下的受欢迎程度。**第一个选项下的存货在多少时间内耗尽，预示着潜在客户对于 119 美元这个价格的接受程度。顺便提一句，选项下方的黑体字（“仅剩 7 台”“仅剩 6 组”）显示存货剩余数量，随着数量减少，它会给客户造成产品紧缺的印象，在一定程度上可以促进冲动型消费。
- **第二，测试客户对产品捆绑的接受程度。**第三个选项实质是一个包含两个机器的捆绑套餐。类似水牙线的产品很适合在家庭范围内使用。如果某个家庭成员相对于其他家庭成员对该产品有较强的价值感知（购买倾向），捆绑套餐提升了向上销售（up-selling）的机会——原先只有一人购买单个产品，现在他或她可能为自己和家庭成员购买套餐。在这个特定的选项里，购买两个机器的折扣高达 45%，这几乎是买一送一的价格。产品捆绑只有第三个选项里才有，如果再多一个展示不同折扣的选项，价格测试或许会更有效。
- **第三，测试客户对产品衍生品的需求量。**在三个不同的选项里，你都可以看到有些配件可以以优惠价购买，比如加 8 美元选购替换刷头，加 9 美元选购不同颜色的装饰带。理论上，通过测试衍生品的需求量，可以进一步优化产品捆绑策略，在主机之外捆绑不同的配件。这里有些可惜的是，从文字说明中消费者很难一眼看出这些配件的好处，这会影响产品的选购概率。如果是我的话，我会补充图文解释配件对用户的价值，同时也会重点标注类似“多少用户已经购买 ×× 配件，你也值得拥有”的话。主动的价值传播才有效，价格才能站稳脚跟。

通过上述分析，敏锐的读者可能已经发现 Kickstarter 这样的平台上的测试不仅仅是定价测试，同时也是产品测试，更是测量客户支付意愿的尝试。如果能够更充分地了解客户对新产品的主要诉求及支付意愿，企业可以更好地完善产品（比如客户是不是真的需要不同颜色的装饰带？）、调整收费模式（比如是应该单独售卖主机，还是应该捆绑销售几台主机，还是应该捆绑主机 + 配件？），以及优化价格水平（在 Kickstarter 等众筹平台上的产品的价格并非一成不变，动态调整的价格为企业提供了一手数据，可以进一步细化价格策略），为今后推向大众市场做准备。随着科技的发展和电商平台的日益成熟，企业经营者比以往任何时候都有更多的机会去优化产品和测试价格。

Kickstarter 平台上的定价还有一个微妙之处。还是以水牙线为例——在介绍价格选项的时候使用了市场零售价作为参照物。然而，这个市场零售价不是最终价格，而是预计价格。换言之，上述例子中我们看到的价格优惠（如选项 1 中的 60 美元）其实是空中楼阁、水月镜花。如果最终价格高于预计价格还好，那些实际上被当作实验小白鼠的早期用户会庆幸自己的英明判断；如果最终价格低于预计价格，他们或多或少会有些恼怒吧。

然而，早期用户往往是对初创企业最宽容的用户群体。相比一般用户，他们对产品的瑕疵更包容，更乐意提供意见帮助企业进行产品优化。他们也关注价格，关注性价比，但价格绝对不会是他们购买产品的主要决定因素。因此，初创企业尤其应当善待早期用户或者种子用户，珍惜从他们身上获取优化产品和价格的机会。

动态定价

动态定价是定价学科中的“顶流”。与定价和收益管理相关的专业人士都不能免俗地谈论动态定价。众所周知，长期以来，亚马逊等动态定价的先驱每天都会进行数百万次的价格变动。实体零售商也在通过采用电子价格标签来接受动态定价，以方便在一天内实现产物价格的变化。促销价格可以临时推出，促销结束后自动重置。由于技术的进步，线上和线下渠道的价格统一业已成为可能。

你或许并不知道，动态定价严格来说并非什么新生事物。价格标签直到150年前才被发明。在此之前，所有的零售价格都是“看人下菜”的动态定价。今天我们熟知的动态定价形态始于40多年前的美国航空（American Airlines）。固定成本占据航空公司成本结构的绝大部分。成本短期优化空间非常有限，这使得航空公司相比其他行业对定价更敏感，更愿意为价格管理的专业化进行投资，毕竟价格是航空公司收入和盈利的决定性因素。在美国航空小试牛刀初获成功后，动态定价很快成为航空业定价的黄金守则。各家航空公司不惜投入数以百万美元计的资金开发算法，根据季节、起飞时间、目的地等参数进行价格的自动调整。此后，其他行业的众多公司纷纷效仿，包括20世纪80年代末的铁路运输业，90年代的酒店业和物流等。自2000年起，越来越多的电信、媒体、金融服务、零售甚至制造等行业都开始尝试采用动态定价。预计未来会有更多的行业在收益管理中采用动态定价。

根据我们近年来的经验，如果合理利用动态定价，企业可以实现 5%～10% 的可持续的额外收入。虽然看上去很美，但依赖大数据和算法的动态定价有时候会犯下让人哭笑不得的错误。以下是一则关于亚马逊动态定价的轶事（见图 8-3）。

亚马逊网上书店售价

2011年	Profnath（价格[1]）	bordeebook（价格[2]）	价格[1]/价格[2]	价格[2]/价格[1]
4月8日	$1 730 045.91	$2 198 177.95		1.270 59
4月9日	$2 194 443.04	$2 788 233.00	0.998 30	1.270 59
4月10日	$2 783 493.00	$3 536 675.57	0.998 30	1.270 59
4月11日	$3 530 663.65	$4 486 021.69	0.998 30	1.270 59
4月12日	$4 478 395.76	$5 690 199.43	0.998 30	1.270 59
4月13日	$5 680 526.66	$7 217 612.38	0.998 30	1.270 59
…	…	…	…	…
最高价格	$18 651 718.08	$23 698 655.93	0.998 30	1.270 59

图 8-3 亚马逊 23 698 655.93 美元的苍蝇科普书㊀

亚马逊是最早采用动态定价的电商平台之一。定价算法在后台对产品售价进行实时调整。在亚马逊平台上，曾有两家书商出售同一种介绍苍蝇构造的科普书，一家叫 profnath，另外一家叫 bordeebook。它们都采用自动算法调整定价。bordeebook 的售价锚定 profnath 的 1.270 59 倍；而一旦前者调整了价格，profnath 的价格就会重新计算，新价格是 bordeebook 的价格乘以 0.9983。因为两个系数的乘积大于 1，所以一旦这两家书商中的任何一家开始涨价，两家的价格都会呈螺旋式上升。因

㊀ CNN, Amazon seller lists book at $23 698 655.93 — plus shipping, April 25th, 2011.

为算法中没有其他的制约机制，我们有幸见证了一本售价 23 698 655.93 美元的科普书。这大概是有史以来以苍蝇为主角的书籍中价格最昂贵的一本。如果是人类来管理书籍的定价，恐怕不可能出现这样的荒唐事。

随着机器学习模型的进步和计算能力的增强，定价算法正在变得越来越“聪明”，消灭前述的算法漏洞只是时间问题。然而不管机器有多聪明，仍然受人类意识主导。如果出现人类也不曾见过的漏洞，机器是否能够预见并给出正确的答案呢?

除了技术上的挑战，有关动态定价的伦理道德也常常受到消费者的质疑。Uber 们在用车高峰时收取的溢价真的合理吗？如何确保公平？谁可以享受到更低的价格？我们不怀疑动态定价会在数字化社会中有更广泛的应用。然而，将其视作定价的终极武器似乎还为时过早。

群众的力量

史蒂夫 · 乔布斯曾在一次访谈中谈及他对企业级市场和消费级市场的看法：

“我喜欢消费级市场的原因同时也是我讨厌企业级市场的原因：我们设计出一款产品，每个消费者都为自己投票，他们简单地回答要或不要。如果很多人说要，那我们明天起来就还有活干，这就是消费级市场，非常简单。”[⊖]

⊖ Apple’s enterprise evolution，TechCrunch, 2018 年 1 月 20 日，https://tcrn.ch/3lvql8G.

企业里真正使用产品的人往往没有决定权。企业的采购决策流程往往会涉及采购、财务、生产、IT 等多个部门，各部门对于产品和服务的关注点通常是不一致的。更糟糕的是，大多数情况下，供应商在前期无法直接接触到客户的所有相关人员，很难获得全面、清晰的客户信息。不同企业的采购流程也会有差异，这对销售人员提出了更高的要求。西蒙顾和也经常会帮助企业级客户提升价值销售方面的能力。

事实上，近年来出现的高科技“独角兽”大部分都是服务于消费级市场的企业。企业级市场的复杂性和多样性，使得在企业级市场的业务很难实现像消费级市场那样的跳跃式发展。用通俗的话来说，企业级市场更难出现爆品。Zoom 无疑是一个异类。

2011 年，山东汉子袁征离开思科（Cisco）开始创业，2013 年正式发布视频会议软件 Zoom。这是一个基于云的点对点软件应用平台，提供视频电话和在线聊天服务，目标客户是企业级用户。当时的视频会议软件市场已经相当拥挤，既有 Cisco Webex、Microsoft Skype、Polycom、Ctrix 等传统企业，也有 Blue Jean Networks、Highfive、Vidyo 等新锐势力，可谓是红海一片。2017 年，Zoom 的估值达到 10 亿美元，迈入“独角兽”的行列。2019 年，Zoom 实现盈利，并在同年成功登陆纳斯达克证券交易所。Zoom 的高速增长是怎么做到的？

Zoom 在企业级市场上成功复刻了消费级市场的打法。Zoom 走了一条不同寻常的群众路线，绕开了企业采购流程中的重重障碍，与真正使用产品的最终用户建立了直接联系，为他们开发真正好用的产品。如果你有试过其他视频软件，你会很容易地发现 Zoom 对用户相当友好，是那种不用看说明书就可以快速上手的产品。

走群众路线成功解决了产品开发中的价值导向问题。但是群众不花钱。不产生收入的商业模式是不可持续的。如何让企业最终为Zoom买单呢？让我们看看Zoom的定价模式。

Zoom的视频服务分成四个等级，分别是Basic、Pro、Business和Enterprise。其中Basic是完全免费的。所有人都可以免费下载Zoom的应用程序，发起一对一或群体视频会议，共享屏幕，还可以在本地存储会议的录像，满足视频会议的基本需求。但是，Basic每次的会议时长被限制在40分钟以内。如果会议时长超过了40分钟，就必须重新开启会议。这一限制在一定程度上可以提高会议效率，减少不必要的闲扯。但另一方面，如果确实有开长会的需要，免费版本的时间限制就会显得很别扭，特别是当你在和客户开会的时候。此外，如果需要频繁的团队协作并与客户开视频会议的话，Basic版本就显得不合适了。从Pro版本开始，会议时长就上升到30小时（即使最高版本的会议长度还是有30小时的上限，这有助于避免资源滥用），录像可以存储在云端，便于分享。此外，随着版本的升级，客服的服务和定制化程度也会加深，越来越像一个传统的企业级软件产品应该有的样子。

价格最低的付费版本Pro的售价是139.9美元/年，最多包含9个可以发起会议的用户许可证。这意味着每个付费用户每个月的支出仅为1.3美元。订阅周期可以以月为单位。对于企业级用户来说，从免费到付费的门槛很低。

为了挖掘大客户更高的支付意愿，实现向上销售，Zoom设置了不同付费版本的会议许可证数量（可以发起会议的人数），Pro版本包含1～9个许可证，Business版本包含10～99个，而Enterprise版本是从 50 个起，上不封顶。除了价值最高的 Enterprise 版本，其他所有版本都不需要 Zoom 销售人员的介入。客户可以在网上自主下单完成订购。从这个意义上来看，中低端的企业级市场客户与消费级市场的客户并没有什么两样。而 Zoom 销售团队集中精力服务需求最高，支付意愿也最高的大客户。

2019 年底新冠肺炎疫情暴发，2020 年初席卷全球。酒店、旅游等行业遭受重创，但 Zoom 迎来了前所未有的发展机会，成为经济危机中不多的赢家之一。2020 年 10 月 26 日，当日 Zoom 的市值相当于世界前 15 大航空公司市值的总和，达到 1510 亿美元。诚然，市值不可永久，但它实实在在地体现了资本市场对企业前景的看法。那其他的企业在新冠肺炎疫情这样的“黑天鹅”事件来临时该如何自处？定价又有哪些挑战和机遇？

第 9 章

危机中的定价

什么是危机

在本书的语境中，我们把市场需求的崩塌视为危机。危机中的定价是一道难题。和一个供需平衡的市场不一样，经济危机将会导致“买方市场”（Buyer’s Market）的出现，权力的天平向买方倾斜。以下是出现危机的几个征兆：

- **产能利用率**：开工率下降，产能剩余，出现强制休假、降薪甚至裁员。

- **库存**：卖不出去的商品在仓库、工厂或经销商处堆积如山。
- **价格压力**：外部竞争者们竞相降价，客户施加更大的价格压力，内部主张降价去库存的声音也越来越大。
- **销售压力**：销售团队两端受压。一方面被要求卖出更多的商品；而另一方面，客户观望的情绪也越来越浓，这使销售人员达成业绩目标的希望越来越渺茫。

供需关系的变化给价格带来巨大的影响。危机将导致价格、销量和成本这些利润驱动因素中的一个或多个朝着损害公司的方向发展。在现行价格下，销量下降。为了应对需求的减少或竞争对手的降价，企业经营者也许会认为有必要降价。

为了让大家了解降价对利润的负面影响，让我们再次回到电动工具的案例。这次我们是防守方而不是进攻方。一开始我们的价格是 100 美元，可变单位成本为 60 美元，固定成本为 3000 万美元，以及 100 万件的销量。图 9-1 显示了当价格或销量下跌 5% 的时候，利润将会受到多大的冲击。

下跌5%	利润驱动因素		利润		导致利润下跌
	原始的情况	新的情况	原始的情况	新的情况	
价格	100美元	95美元	1000美元	500美元	−50%
销量	100万件	95万件	1000万美元	800万美元	−20%

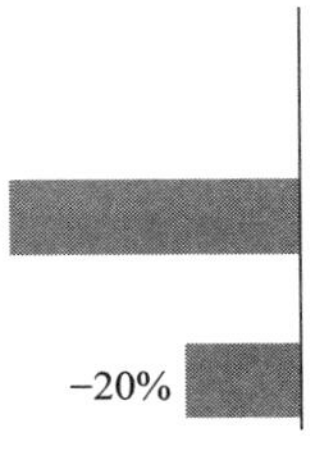

图 9-1　价格或销量下跌的影响

降价 5% 将会带来 50% 的利润跌幅，远远大于销量下跌 5% 所引起的 20% 的利润跌幅。从利润的角度出发，当危机来临时，宁可损失一部分销量也不要轻易降价。原因很容易理解，价格的下降对利润的影响是全方位的和直接的。净利润（包括固定成本的配置）下跌一半，从每件 10 美元跌至 5 美元。因为销量和可变成本不变，所以固定成本也不会改变，利润同样下跌一半。然而当价格保持不变、销量减少 5% 的时候，情况却大大不同。销量的下降意味着可变成本减少 300 万美元，因此，净利润只下降 200 万美元而不是 500 万美元。

在进行定价相关讨论时，我们常会给企业经营者出下面这道选择题。讨论过程往往很激烈，结果也耐人寻味：

- **选项 A**：接受价格下降 5%，销量保持不变。
- **选项 B**：接受销量下降 5%，价格保持不变。

几乎所有人都倾向于选择选项 A，即使利润将降低 300 万美元（借用上方电动工具案例中的数据）。总体来说，这些经营者们并非对降价造成的更大的利润损害视而不见，但销量、市场份额、开工率使他们做出了明显不理性的决定。大多数情况下，销量和利润是一对不可调和的矛盾。关于这一点，我们在第 5 章中已经进行过充分的论述。根据我们的观察，大多数企业经营者们都倾向于“价格较低，销量保持不变”的选项，但在危机时期，这种倾向变得更为显著。努力保持销量和生产力的利用率[⊖]，保证人们正常上班的想法占绝对上风。但遗憾的是，危机来临时，覆巢之下焉有完卵。

在我们电动工具的案例中，价格和销量中的其中一个下跌，就已

[⊖] 这里指的是广义的生产力的利用率，不仅包括生产线的产能利用率，还包括生产人员的开工率。

经够糟糕的了。但是与价格和销量双双下跌的危机相比，这种情况算是轻微的。图 9-2 展示了后一情形给企业带来毁灭性的打击。

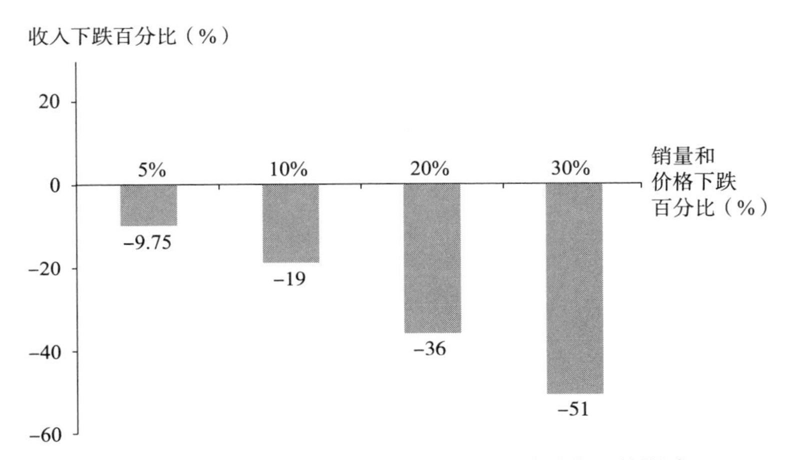

图 9-2　价格和销量以相同比例同时下跌对收入的影响

如果销量和价格同时下降 5%，收入会下跌 9.75%，而利润则狂跌 67.5%；如果销量和价格同时下跌 20%，收入会减少 36%，利润转负，出现 1400 万美元的亏损；如果销量和价格双双下跌 30%，收入将骤减 51%。这些看似极端、给企业造成致命打击的情形，我们在 2009 年全球经济危机时就已目睹，并在 2020 年的新冠肺炎疫情中看到它再次上演。

保销量还是保价格

企业经营者应该如何应对危机？降低价格和削减销量哪个更好？以下两位汽车行业首席执行官的观点凸显了业界对于价格和销量管理的分歧。

理查德·瓦格纳（Richard Wagoner），通用汽车的前首席执行官，曾说："固定成本在我们行业特别高。我们发现，在经济危机时期采取低价比减少销量情况更好。总而言之，和一些竞争对手相比，我们采取这个策略仍然是赚钱的。"[一]

保时捷公司的首席执行官文德林·魏德金（Wendelin Wiedeking）表达了截然相反的意见："我们的策略是保持价格稳定，保护我们的品牌并防止二手车价格的下跌。当需求减少时，我们会降低产量而不是价格。"[二]他在解释时进一步强调："对于我们来说，有一点是非常清晰的——当没有需求时，我们绝不让销售强推。我们宁可让汽车的产量比市场的需求量少。"[三]

两位高管都对危机导致的需求下跌发表了意见，但他们的意见完全相反：

- 通用汽车降低价格，以此阻止或减少产量的下降。
- 保时捷减少产量，以此阻止或减少价格的下跌。

我们此前的分析显示，从利润的角度出发，接受销量下跌比削减价格更好。是的，销量管理是企业在危机时期应对需求疲软的重要手段。但什么才是正确的选择？经济定律在这里呈现出它冷酷无情的一面。如果一家企业乃至一个行业的市场供给过剩，价格和利润率双双下滑是不可避免的。问题首先出现在工厂。如果企业保持危机前的产

㊀ 出自 2003 年 9 月法兰克福国际汽车展的陈述。

㊁ 评论由前西蒙顾和 CEO 乔治·泰克（Georg Tacke）提供，他告诉作者他与文德林·魏德金的对话内容。

㊂ Sportwagenhersteller Porsche muss sparen. Frankfurter Allgemeine Zeitung, January 31, 2009, p. 14.

量，那么这些过量的产品将会压制价格。对企业来说，低可变单位成本和高固定成本在太平盛世被认为是幸事，但在危机时期却成为祸害。高固定成本需要分摊至尽可能多的产品中，同时，低可变单位成本意味着即使在低价中，仍然有可能取得正的单位边际贡献。所有的这些因素凑在一起给销售团队施加了可怕的压力，它们通过价格的让步试图达到销量要求。

企业在面对危机时的一项重要任务是尽快解除销量和供应之间的恶性循环，重新找到供需平衡点。很不幸，这往往意味着削减产量，削减成本（包括裁员）。2008年经济危机时，很多行业遭遇断崖式的收入下滑，很多企业被迫引入更短的工作轮班制，减产甚至彻底关停工厂。全球化工巨头巴斯夫在全世界80个工厂停工。阿塞洛－米塔尔（Arcelor-Mittal），钢铁市场的世界领导者，甚至更早做出反应，在2008年11月就宣布减产三分之一。[㊀]在三角洲航空公司（Delta）于2009年6月宣布缩减15%的海外产能和6%的国内产能后，其他航空公司随即如法炮制。[㊁]法国的香槟酒产业在2009年需求下跌20%。相对于降价，香槟酒的酿酒商选择让三分之一的葡萄烂在葡萄园里。10年之后，新冠肺炎疫情引发的危机让这一幕又再次上演。不同的是，这次各国政府更积极地采取激励措施，平稳需求，同时为企业，尤其是中小企业提供财务支持。以德国为例，联邦政府鼓励企业采用短时工制度，以减少工作时间换取就业保障，政府承担短时工期间的部分工资。

我们已经看到，在需求危机中降价对企业有害无益。但是，在实际情况中，由于种种原因，企业还是会选择降价。如果一定要降价，如何才能最大化收益呢？

㊀ Hoffnung an den Hochöfen. Handelsblatt, February 12, 2009, p. 12.

㊁ The Wall Street Journal, June 12, 2009, p. B1.

聪明地降价

我们在第 6 章介绍过，要进行科学的价格决策需要对需求曲线和价格弹性有深刻的理解。需求曲线在危机中会发生扭曲。一般情况下的规律不再适用。在对需求曲线一无所知的情况下就进行降价或提高折扣是很糟糕的决定。让我们通过图 9-3 来看看危机中的需求曲线会发生怎样的变化，这对定价决策又会产生什么样的影响？

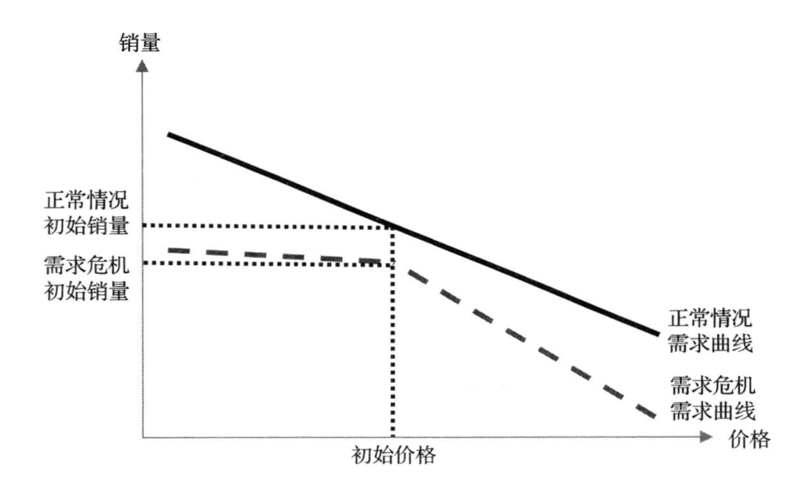

图 9-3　正常情况下和需求危机中的需求曲线

我们假设某产品在正常情况下的需求曲线是一条斜率为负的直线。危机爆发时，需求受到抑制，即使价格不变，销量也会下降。同时，我们注意到需求曲线会发生曲折，以初始价格为分割点，价格下降一侧（左侧）和价格上涨一侧（右侧）的曲线会出现不同斜率，也就是不同的价格弹性。不难看出，危机中的降价对销量的刺激作用大大减弱。面对不确定的市场情况，客户持币观望是意料之事。此时，大幅折扣对客户的吸引力大打折扣。更糟糕的是，图 9-3 中的危机情况下的需求曲线还没有考虑竞争对手的反应。如果一家企业开始降价，其他竞争对手很可能跟着降价，这一系列连锁反应将进一步削弱降价对销量的刺激作用。

价格绝非危机中抑制需求的主要因素，高不确定性才是。常规的降价幅度不足以打消买家的顾虑。由此可以推断，企业经营者在危机中应该谨慎采取激进的价格措施，因为这么做最可能出现的结果是友商间互相伤害，对收入和利润却毫无积极影响。

零售业是在新冠肺炎疫情中受到最严重冲击的行业之一。2020财年第一季度，阿迪达斯预计大中华市场销售额减少8亿～10亿欧元，经营利润下滑4亿～5亿欧元。[㊀]2019年产品库存已经大幅提升，2020年一季度销售又暴跌，阿迪达斯中国的库存压力可想而知。从4月起，阿迪达斯推出了眼花缭乱的促销活动，包括返场优惠、特卖节、亲子节等等，折扣力度一次比一次大。2020年4月2～12日，一场名为“三条纹返场”的优惠活动中，大量阿迪达斯产品在官网及天猫官方旗舰店以五折左右的价格出售。与此同时，阿迪达斯部分线下门店推出“买一送一”的活动，单笔消费商品两件，价格较低的那件免费。4月17～19日天猫特卖节，阿迪达斯旗舰店再度实行促销，甚至涵盖部分新品和热门产品，这在以往相当罕见。除了五折上下的优惠价以外，天猫店还送出“满600减60”的优惠券。4月20日，阿迪达斯天猫店又以“亲子节”为名号维持折扣，但满减券更具诚意，由早两天的“满600减60”改为“满300减40”。[㊁]一件原价699元的运动外套，优惠价为307元，再加上“折上折”，到手价只要277元。

㊀ http://www.sports.cn/sj/DE/2020/0312/312699.html.

㊁ http://www.logclub.com/m/articleInfo/MjA4MTMtYzc3OTg2ZjA.

对于快消品行业来说，去库存是一件绕不开的事情，现金流往往比高利润更重要，在类似新冠肺炎疫情的危机中尤为如此。但是不分渠道且无差异化的打折行为难免有病急乱投医之嫌。我们知道，包括打折在内的一切促销活动对一个高端品牌的品牌资产是有害的，更伤害了忠实用户的感情。更理性的做法是选择性地进行促销活动。对于高档服饰品牌来说，促销的渠道应当首选工厂店、奥特莱斯、拼多多。如果连官网和天猫旗舰店的新品都参与打折，回头就太难了。

降价的 B 计划

价格是多维的。降价也可以有多种形式，除了打折外，价格让步还可以以提供额外的产品或服务的形式实现。在经济危机中，以提供产品或服务取代降价有以下几个好处：

- **价格**：名义价格水平没有受到损害。
- **利润**：相同情况下，相对于降价，提供额外产品或服务在利润方面对供应商更有利。
- **销量**：实物折扣带来更大的销量，并让员工有活干。

为了说明这个做法，我们来看一下一家游乐场设施制造商的案例。当危机来袭时，它的反应是给经销商提供“买 5 赠 1”的优惠。假设每个单品的价格是 10 000 美元，这代表价格有效降低 16.7%。然而，实物折扣与现金折扣对利润的影响大不相同。以 10 000 美元的价格，有一个单品免费，制造商收入 50 000 美元，销量 6 件，利润 14 000 美元。但如果制造商提供 16.7% 的现金折扣，那么产品单价下降为 8330 美元。制造商收入 41 650 美元，销量 5 件，利润 11 650 美元，相较实物折扣，现金折扣带来的利润减少了 8.3%。

实物折扣可以提高销量、开工率，以及利润。这样的做法还有另外一个好处：如果制造商将其标明为危机时期的临时做法，当危机结束时，能够轻松地将它撤回。将 8330 美元的“危机”定价恢复为危机前的 10 000 美元的“正常水平”则要困难很多。

一家名品家具制造商在危机中的定价，充分体现了其品牌“不妥协”的调性。这个领导品牌非常强调价格的一致性和连续性。每当客户坚持要打折的时候，他们最多能得到一件额外的家具，而不是现金折扣。在大多数情况下，客户都会对这个方案表示满意。对于品牌方来说，这个策略能够带来更高的产能利用率（对比现金折扣，它们卖出更多的单品），以及更多的利润。品牌方和客户对额外家具所带来的价值感知是不同的。客户的价值感知基于产品的零售价格，而制造商关注的是可变成本。也就是说，一件在客户眼中价值 100 美元的礼物只需要制造商 60 美元的成本。换言之，100 美元的实物折扣对于制造商的损失仅为 60 美元。

正是出于这样的原因，房地产开发商宁愿赠送装修或者车库也不愿给予直接的现金折扣。在房屋租赁市场也是如此。总体而言，相比房租折扣，为新租户免除几个月的房租对房东来说更为有利。一幢建筑物的估价取决于它的租金倍数，银行在决定贷款时也会采用类似的衡量标准。这促使房东宁愿少收几个月的房租也不愿降低月租金。有趣的是，租户也对免费租赁期有更高的价值感知。这也许是因为租房初期往往是租户手头最吃紧的时候，几个月的免租可以有效缓解他们的资金压力。

产能过剩

产能过剩是企业经营者在定价时面对的最大挑战之一。时间一再证明我们这个看法的正确性。产能过剩几乎无处不在。不管是传统行业还是新兴行业，都无法逃脱产能过剩对定价的影响。

在建筑材料行业，产能过剩几乎是一个全球市场普遍存在的现象，是管理者最为头疼的问题，价格压力无处不在。汽车制造业是另一个产能过剩普遍存在的行业，不仅在欧美成熟市场如此，中国汽车行业在经过数十年的快速增长后也不可避免地出现了产能过剩的情况。2019 年，全国有工信部乘用车生产资质的车企共 128 家。截至 2019 年 12 月 31 日，这些乘用车总产能为 3990.5 万辆，产能利用率已经跌至 53.7%。在 128 家车企中，半数以上产能利用率不足 60%，2019 年 14% 的车企实际产能利用率已经跌破 10%，处在停工的边缘。[⊖]

我们可以从以下这位全球领先的工程公司首席执行官的声明中自行体会产能过剩给价格、利润、整个行业带来的灾难性打击。他这么和我们说：“在我们的行业中没有人能够赚到钱。每一家公司的产能都过剩。每次出现投标项目，总有人势在必得，不惜采用‘自杀式’的低价。有时候是我们，有时候是竞争对手。即使四个供应商占据了这个产业全球 80% 的市场，但没有一个是赚钱的。”

如果无法形成有效差异，无法精准地捕捉客户潜在需求，那么只要这样的产能过剩存在一天，低价竞争无利可图的情况就不会改变。2009 年的经济危机迫使其中一家公司退出了市场，而其他幸存的企业

⊖ 中国车企产能严重过剩，仅有 8 家企业产能利用率大于 100%，https://bit.ly/3r3iDUg.

均降低了产能。接下来发生了什么？这个行业迅速恢复了盈利。和我谈话的那位首席执行官所在工程公司的股价同样在这次行业大洗牌中获益。在多年的苦苦挣扎后，2009年它的股价仅仅为13美元，但在行业产能得到控制后的2015年，它的股价攀升至100美元。在这个行业里，没有一家企业能够凭一己之力消除顽固的产能过剩问题。只有在若干个竞争对手都降低了产能后，这个行业的价格才有可能恢复到盈利的水平。行业产能的调整往往需要凭借外力才能实现。而危机正是最直接、最有效的外力。危机是检验企业健康程度的压力测试，一些平时隐藏的经营问题会暴露并放大，经营不善的企业会被迫出局。在优胜劣汰的过程中，行业产能将重归一个比较合理的水平。由此看来，危机果然是危险与机遇并存。

讽刺的是，即使已经出现产能过剩，并对价格构成下行压力，也无法阻止某些行业在产能上的持续投资和扩张。豪华酒店行业就是这样一个例子。类似的评论描绘了这个行业的状况："产能过剩正在冲击顶级酒店的价格"，"规格越高，利润越低"。[㊀]尽管价格持续低迷，但是对新豪华酒店的投资仍然强劲。这只会使情况进一步恶化。我们见证了太多公司和行业，在经过多年的讨论和各种尝试之后，也无法实施能够赚取合理利润或维持企业生存的价格。但只要市场上仍然存在产能过剩，一切优化价格的努力就都如隔靴搔痒。产能过剩是价格上涨的天花板，过剩的程度越严重，价格的天花板就越低。不解决产能合理化的问题，任何价格措施都难以取得理想的效果。

我们刚才已经提到，去产能不依靠外力很难实现。设想：如果一

㊀ Unter einem schlechten Stern. Handelsblatt, March 20, 2013, p. 20.

家企业减少了产能，但其他企业不为所动，那它该如何应对？或者情况更为糟糕：当竞争对手利用这个机会，攫取市场份额，企业又该怎么办？和第6章中描述的寡头市场实施涨价的情形相似，我们面临另一个囚徒困境。如果竞争对手不仅没有减少产能，反而逆势增加产能，那么会给那家率先削减产能的企业带来致命的打击——它会失去市场份额，甚至会将企业长期以来建立的市场地位置于危险的境地。出于这个原因，正如实施涨价措施一样，企业应该在调整产能前紧密地观察分析竞争对手的市场行为和竞争意图。

当然，绝大多数国家的反垄断法禁止任何竞争对手串通操纵市场的行为，无论是操纵行业的价格还是产能。但是企业仍应尝试在法律允许的范围内释放全行业去产能必要性的信号，如企业公告和专业媒体的访谈等，都是帮助企业摆脱囚徒困境的合法途径。有效的信号包括通告声明企业将会捍卫合理市场份额的决心，例如，当竞争对手利用去产能的机会争夺客户时，它将采取反击措施。

对于定价，保持通告内容和行动的一致性非常重要。在产能调整的同时，企业必须贯彻它所公布的价格变动幅度和时间表。对于既定的价格、折扣或其他销售政策的调整，企业经营者要确保销售团队彻底服从。如果销售阳奉阴违，导致新的价格政策在执行过程中走形，很可能会遭到竞争对手激烈的反击，不仅伤害自己的企业，更可能牵连整个行业。这与寡头市场中的价格管理十分类似，有效的产能管理的大前提是对竞争对手意图的判断和信任。[⊖]

在危机的情况下，所有的竞争对手都更有可能理解降低产能的必要性，因为这是与其自身利益息息相关的。很多产业在2008～2010

⊖ Simon H, Fassnacht M (2008). Preismanagement, 3rd edn. Gabler, Wiesbaden.

年和 2019～2020 年的两次危机中经历了产能的大幅削减。旅游业和航空业首当其冲，很多航空公司降低了主要航线的飞行密度，取消了前往较冷门目的地的航班，甚至还有不少以飞支线为主的小型航空公司因资金链断裂而破产清算。宏观的市场价格压力往往有根本的原因，产能过剩通常是其中一个。只要根本原因没有被发现并解决，任何其他措施都是治标不治本。价格管理在全行业产能过剩的大环境下难有施展空间。

价格战

西蒙顾和的全球定价调查显示，价格战是一个持续的全球性现象[⊖]，是悬在企业头上的达摩克利斯之剑。在这项始于十年前的全球调查中，几乎每年都有半数的受访者表示他们的企业正处于价格战中。更有意思的是，对于“谁发起了价格战”这个问题，80% 左右的人把手指向了竞争对手，一如我们人生的写照——错的总是别人。

要想破坏一个行业的长期利润前景，价格战无疑是最为有效的手段之一。一位美国经理人精辟地总结道：“战争中，原子弹和价格都有相同的局限性：两者都只能使用一次。”这样的比喻或许略显夸张，但细想之下就能发现，确实是这个道理。挑起价格战很容易，但很难收场，因为价格战会摧毁所有参与方之间的信任，并导致一系列的报复与反报复行为，难怪会有 80% 的受访人认为是竞争对手挑起了价格战。价格战中往往没有赢家，即便赢家也像极了输家。那么价格战因何而起？根据我们的观察，近年来导致价格战的主要原因有三个：竞

⊖ 西蒙顾和年度全球定价调查 2011 年至今。

争对手的低价竞争、客户议价权的增强，以及价格透明度的提高。在危机中，这三个因素都会被放大，所有的竞争者都承受巨大的压力，价格战一触即发。

行业龙头企业的态度对是否能够避免价格战起决定性作用。丰田汽车前主席奥田硕在接受记者采访时表示“日本汽车业需要给底特律（意指美国车企）喘息的时间和空间”，并暗示丰田可能会提高在美国的汽车售价。这样的示好举动有助于缓解紧张的竞争气氛，也有利于改善丰田的利润。同时，这意味着丰田已经做好准备向美国同行让渡一定的市场份额。[1]企业经营没有十全十美的决策。价格和销量之间的张力始终存在，不是所有的企业经营者都会如此理性。在这样的情形下，有什么办法可以化解价格战于无形吗？

答案是客户价值导向的差异化竞争。如果一个行业始终无法摆脱激烈的价格竞争，那很可能说明各个竞争者的产品高度同质化，使得他们只能在价格上一较高低。但是忽略了一个最根本的问题：客户为何要购买我们的产品？

没有客户仅仅因为价格便宜就购买一个产品。他们购买产品的目的是解决一个问题。矿泉水解决口渴的问题，房子解决安居的问题，化妆品满足爱美的需求，汽车满足自由出行的需求，等等。价格是产品价值在消费者心里的影子。危机中，消费者的需求并没有减弱，但整体预算减少了；虽然消费者对消费会更谨慎，但对美好事物的向往丝毫没有减弱。一般市场情况下，通常是劣币驱逐良币；危机是良币反败为胜的良机！想想你在新冠肺炎疫情期间买了什么？

[1] Sapsford J (2005). Toyota Sends Mixed Message on Detroit Woes. The Wall Street Journal, April 27, 2005, p. 22.

危机中的定价策略

2020 年 4 月，当欧洲正在经历新冠肺炎疫情流行高峰的时候，欧亚大陆另一端的中国已经初步控制住了疫情，经济渐渐有了复苏的迹象。广大商家都摩拳擦掌准备迎接报复性消费。但不承想，餐饮业的报复性消费还没来，报复性涨价却不期而至。

4 月初，海底捞一复工就对部分菜品的价格进行了调整，价格整体上涨 6% 左右。涨价的不止海底捞一家，包括西贝莜面村在内的知名餐饮品牌也纷纷加入涨价大军。一石激起千层浪。消费者对这一波涨价显然缺乏心理预期，一时间群情激愤，旗帜鲜明地声讨这种“无良行为”。然后，剧情反转了。

4 月 10 日，海底捞宣布将菜品价格恢复到 1 月 26 日停业前的水平，并称：“公司管理层的错误决策伤害了海底捞顾客的利益，对此深感抱歉。”

4 月 11 日，西贝莜面村董事长贾国龙公开道歉：“这个时候涨价，是我不对。”西贝莜面村不仅恢复了停业前的价格水平，还推出“吃 100 返 50”的优惠活动。

受疫情和成本的影响，餐饮企业涨价行为不难理解。但是很不幸，它们选择涨价的时机和方法都欠考虑。疫情的前景还未完全明朗，消费者的信心尚未恢复。这时，那些能够和消费者同甘共苦的企业更能获得青睐。4 月 6 日，麦当劳推出一款“周一会员半价桶”，原价 81 元的套餐仅售 39 元，巨大流量直接导致麦当劳小程序崩溃。相比之下，海底捞 7 元一碗的米饭、50 元一盘的小酥肉就显得分外刺眼。危机中涨价的企业很容易被消费者贴上“黑商”的标签，危机中的涨价即便在短期内可以获益，但从长远来看，这会对品牌形象造成不利的影响。但如果换一种操作方式，危机中的涨价也并非全无可能。

2009 年美国次贷危机全面爆发，引发经济严重衰退。当时在美国拥有约 1300 家门店的帕纳拉面包（Panera Bread）烘焙轻食餐厅在升级菜单的同时提高了价格，包括在菜单中增添 16.99 美元的龙虾三明治。帕纳拉当时的首席执行官罗恩・谢赫（Ron Shaich）解释道："大部分人都把注意力放在失业人口上，而我们关注的是那 90% 有工作的美国人。"[1]帕纳拉 2009 年销售额逆势增长 4%，利润增长 28%。[2]帕纳拉的客群中，至少有一部分人即使在危机中也愿意为更高的价值支付更高的价格。而海底捞和西贝们在涨价的同时还减少了菜量，难免让消费者心存不满。

危机孕育新的需求，可能给特定类型的公司带来前所未有的增长，如之前提到的网络会议应用软件 Zoom。设计制造高端家用动感单车的 Peloton 是另外一个例子。数以百万计的健身爱好者受疫情影响开始在家进行锻炼，家用健身设备的需求量直线上升。Peloton 的股价在 2020 年 2 月约为 28 美元，一年后它的股价超过了 150 美元。

摆在 Peloton 管理层面前的是一个"甜蜜的苦恼"。一方面，产品供不应求，发货期长达数月。在这样的情况下，是否应该适当提高价格，赚取更高的利润？另一方面，简单粗暴的提价不是一个好主意，尤其是在危机中，客户会感到被背叛，认为商家是在趁火打劫。从长远来看，提价会对企业的声誉造成损害。是该涨价，还是该维持价格不变？

[1] Jargon J (2009). Slicing the bread but not the prices. The Wall Street Journal, August 18, 2009.

[2] Jannarone J (2010). Panera bread's strong run. The Wall Street Journal, January 23, 2010.

Peloton 给出了一个更好的第三种答案：降低现有产品价格的同时，推出定价更高、质量更好的新产品。Peloton 将动感单车（Peloton Bike）的价格从 2245 美元下调 16%，降至 1895 美元；同时推出售价为 2495 美元的高阶版产品 Peloton Bike+。高阶版产品使得 Peloton 的平均客单价上升，实现了隐性的涨价。更便宜的基础版产品吸引了更多的潜在客户。每台 Peloton 动感单车都默认用户需订购 39 美元 / 月的虚拟健身课程，因此扩大的客群不仅给 Peloton 带来了更高的一次性当期收入，还带来了稳定的未来经常性收入。据 Peloton 2021 财年第二季度季报显示，超过九成的动感单车用户仍保留订阅，近 12 个月的订阅留存率也高达 92%。显然，Peloton 动感单车的高价格并没有妨碍它培养忠诚的用户群。

危机对商业的影响，有变的，也有不变的。客户需求发生变化，导致企业需要及时调整包括定价在内的业务模式；而不变的客户价值导向是指引企业走出危机的“北极星”，指引企业避免犯错误。定价是帮助企业丈量评估客户价值、决定业务模式的关键，是 CEO 的责任。

第 10 章

CEO 的责任

定价的锦囊妙计

如果一位 CEO 直截了当地问我，他的公司应该如何尽可能地发挥定价的最大效用，我应该怎么回答呢？这不是一个反问句。我经常会听到这个问题，而且我发现 CEO 们并不想听到那些以“那取决于你的具体情况……”或者“那真的很复杂”作为开头的答案。他们想要更具体、更直接的回答。

一家年销售额超过 500 亿美元的跨国公司，那位从内部提拔上来的 CEO 目前正面临一个难题。他的公司在市场份额上面临着史无前例的巨大压力，关键点在于，“固有观念”已经深深扎根于公司的文化中。他提到，若在数十年前的话，这并没有什么问题，但今非昔比，公司服务的已大多是成熟市场，存量竞争取代增量竞争成为主流，这意味着获取更高的市场份额非常困难。

“我该怎么办？”他问道，“您有什么锦囊妙计吗？”

我承认我并没有什么锦囊妙计，任何人都没有，但是我有一个答案。

“以严格的利润导向来领导企业，”我说，“并且牢记价格是最有效的利润驱动力。”

“说起来容易，做起来难。”他回应道。这使我意识到他的前任 CEO 会公开严厉指责他的直接下属失去了市场份额。“这是极其困难的。”

我建议他每天重复“利润咒语”，能多频繁就多频繁。他每次讲的时候自己当然能听到，但别人只能听到一两次，而且不会对它感到厌烦。他必须言行一致。这意味着他的公司不应发起任何价格战，也不应对来自竞争对手的所有侵略性举动。在优势市场，他的企业应该承担起行业价格领导者的责任，宣传贯彻价格和价值的重要性。为了转变员工观念，激励措施也应该做相应调整，例如：将利润作为销售团队最重要的绩效考核标准，而不是收入、销量或者市场份额等指标。

尽管长期的利润导向更加重要，这个 CEO 仍然需要在短期内取得令人信服的成绩。不管怎样，其目标停留在：将公司的注意力和能量坚定地朝一个长期的利润导向引导。这需要聚焦于价值创造。价格最重要的一个方面是且永远是客户价值。

“好的定价方案有三个先决条件：创造价值，量化价值，以及传递价值。”我总结道，“只有这样，你才能得到你应得的，可以赚取合理利润的价格。最后，也是最重要的一点，避免价格战。”

如果企业能抵御价格战的诱惑，并且不以市场份额损失为耻，它就可以提高整个行业的盈利情况。这家企业的波兰分公司在当地的市场份额排名第二，新上任的分公司总经理结束了一场价格战，为提价之路做了铺垫。随后，排名第一的竞争对手也采取了同样的措施。最终，波兰分公司尽管损失了一点点市场份额，但成功实现了更多利润。这次成功，标志着 CEO 首次没有因为失去市场份额而批评分公司总经理，它也向其他地区的总经理传达出一个有力的信号。

定价与企业价值

我们早在本书第 1 章就已指出，利润最大化是定价唯一有意义的目标。人们谈到利润最大化时，经常是指在一个时期内，比如一年或者一个季度。短期导向（尤其是典型的上市公司季度定位）是资本主义最具争议的方面之一。实际上，我们认为，利润规划应当更长期、更有延续性一些，而不应局限于一个短的时段内。

企业经营者应该聚焦于长期利润最大化。这等于是说一家公司应增加企业价值，或者它的市值，如果这家公司上市的话。因为价格是最有效的利润引擎，由此自然而然地推导出，定价在提高企业价值的努力中扮演着决定性的角色。这使得定价成为公司高管需要关注的一个至关重要的问题。如果一家公司的定价推动着它的收益，而收益推动着企业价值，其CEO怎能不赋予定价最高优先级？

遗憾的是，理想向左，现实向右。定价在很多CEO眼里并不在一个高优先级的位置。微软的前CEO史蒂夫·鲍尔默（Steve Ballmer）说过，定价“非常非常重要”，但是很多人“并没有意识到这一点”。[㊀]在整个投资界，定价也不在一个高优先级的位置。尽管近年来，定价被更频繁地提及，你还是只能很难得地在股评或者研报等类似文件中看到它。沃伦·巴菲特是罕有的例外，他说：“评估一家企业价值最重要的因素是其定价权。”[㊁]即使是对企业价值提升高度敏感的私募基金，也很少会去积极挖掘所收购企业的定价潜力。相反，他们通常会聚焦于削减成本或者提高销量。在内部削减成本，他们可以看见直接的成效；尝试提高销量，通常不会引起消费者方面的反感。与之相比，定价措施的不确定性更高，有可能危及客户关系，而且成效往往是间接的（如何证明销量变化和价格变化之间的因果关系是一道世界性的难题）。正因为如此，企业经营者不免对定价措施心存疑虑，默默降低价格管理的权重。一方面，我们理解此种顾虑情有可原；另一方面，我们也知道，当一家公司的CEO亲自投入定价管理中时，这家公司会赚取更高的利润。

㊀ Be all-in, or all-out: Steve Ballmer’s advice for startups. The Next Web, March 4, 2014.

㊁ 引自2010年5月26日沃伦·巴菲特在金融危机调查委员会（FCIC）上的陈词。

多收了 1.2 亿美元

下面的例子证明价格对利润和企业价值的影响并非无稽之谈，它完全是真实存在的。一家私募基金准备出售一家世界领先的停车库运营商。从投资迄今的 5 年时间内，该私募基金已经通过传统方式，比如削减成本和开设新的停车库等，耗尽所有的利润增长潜力。然而，它并没有在价格管理方面采取任何系统性的优化措施。

在这样的背景下，这家私募基金找到西蒙顾和来挖掘该停车库运营商的定价潜力。通过系统分析，我们发现大城市的停车库具备价格提升潜力，并建议根据每个停车库的吸引力、使用率及竞争环境等因素确定差异化的调价幅度。我们的建议很快就落地了。新价格被写入车库租赁合同，从而锁定每年 1000 万美元的额外收入和净效用。提价措施实施数月之后，该家客户以 12 倍的市盈率成功套现。由定价优化产生的 1000 万美元的额外利润，助力这家私募基金以很小的代价多入账了 1.2 亿美元。

这一切都发生在短短几个月内。

定价的净现值

无论多么伟大的产品，都是有保质期的。根据自然选择的规律，世界上一切伟大的事物，都会在将来的某一天被一个更伟大的事物所取代。

1886 年，当卡尔·本茨发明世界上第一台燃油汽车时，很多人质疑它没有好马车跑得快。历史轮回，100 多年过去了，汽车行业已发展成为一个高度成熟的行业，传统汽车主机厂也曾对汽车电动化不屑一顾。2021 年 3 月 30 日，特斯拉的市值达 6100 亿美元，是世界上最有价值的车企，排在它身后的四大传统汽车主机厂丰田、大众、奔驰和通用，加起来的市值也不如特斯拉。

发生在摄影器材行业的故事同样令人唏嘘。早在 1975 年，柯达公司时年 24 岁的工程师史蒂文·塞尚（Steven Sasson）就发明了数码摄影技术。当柯达管理层终于意识到传统相机胶片业务日落西山，开始转向数码技术时，已经为时过晚。2012 年，柯达宣告破产。从 2010 年，数码相机的销售量达到顶峰，全球年出货量达 1.21 亿台，到 2018 年底，全球年出货量骤降至不到 2000 万台，仅为 2010 年峰值量的六分之一，并且市场仍在进一步萎缩。在数码相机衰败的背后，是以 iPhone 为代表的智能手机的崛起。iPhone 在颠覆数码相机的同时，也葬送了功能手机时代的霸主——诺基亚。

在有限的产品生命周期中，竞争优势最明显的最初那几年是黄金期，贡献了绝大部分的收入和利润。随着时间的推移，爆品最终归于平凡，产品的剩余价值加速下滑。因此，产品生命周期的净现值[㊀]（Net Present Value，NPV）在产品早期就已经基本定型。价格是最重要的利润驱动力，因此，新产品上市的定价决策不仅决定了当期的利润，而且很大程度上决定了这个产品在生命周期内能为企业带来的价值。同时，如果企业能在不影响销量的前提下提升价格，会给净现值带来积极影响（见图 10-1）。

㊀ 净现值指产品所有未来净收益的折现值。

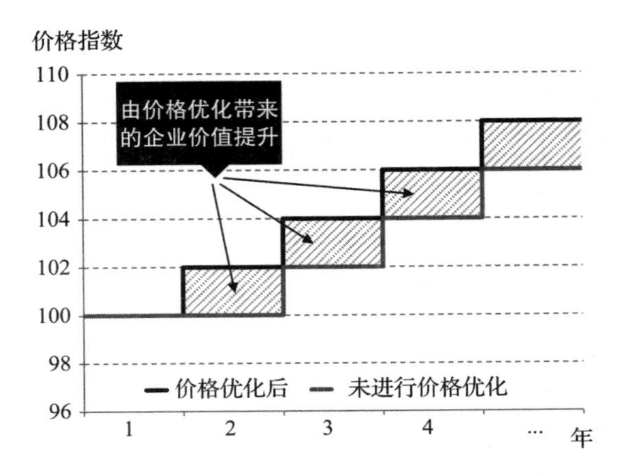

图 10-1 定价决策对企业价值的长期影响

依此类推，企业在促销或提供折扣时应保持理性和克制，参见第 5 章提到的通用汽车内部员工价计划。从净现值最大化的角度来看，打折得不偿失。假设原价 100 美元的产品在当期以 20% 的折扣销售。原属于下期的 100 个单位销售被提前到当期，这部分的净现值为 $100\times(1-20\%)\times100=8000$ 元。如果没有促销，100 个单位的销售会留在下一期，这部分的净现值为 $100\times100/(1+x)$[⊖]。只有当贴现率大于等于 25% 的时候，20% 折扣促销才有可能达到与当期不做促销情况下同等的净现值水平。熟悉财务的读者知道，贴现率由企业的资金成本决定，正常情况下，25% 的资金成本可能是借高利贷时才会出现的利息水平。那么如果促销可以创造新的需求，是不是应该另当别论？让我们来看看 21 世纪最大的全民促销活动“6·18”和“双十一”。我们搜集了 2017～2020 年四年间中国日用品零售额的发展趋势数据，见图 10-2。

⊖ x 为贴现率。

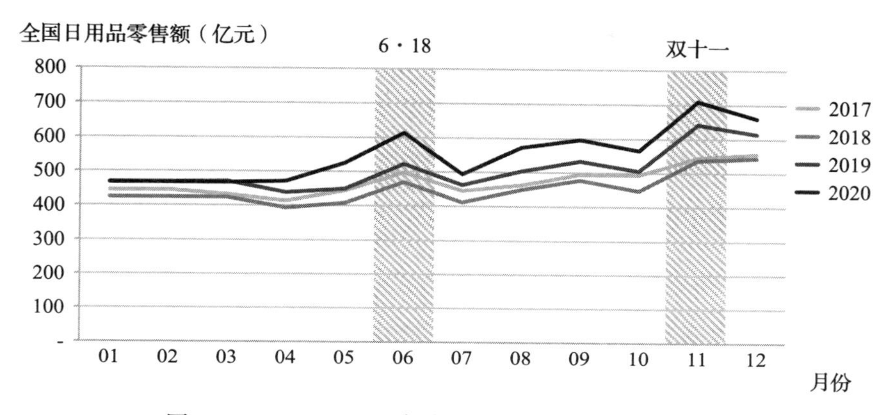

图 10-2　2017～2020 年全国日用品零售额月度趋势

数据来源：中国国家统计局。

从图 10-2 中我们可以很容易地看出"6・18"和"双十一"的虹吸效应显著，促销活动"偷取"了邻近月份的销量，甚至是全年所有其他月份的销量。然而，6 月和 11 月占全年销售总额的比重在 4 年时间里只是略有上升，从 2017 年的 18.4% 上升到 2020 年的 20.0%。我们对此的解读是：当促销变成商家的集体行为，看上去繁花似锦的消费盛宴并没有真正创造增量需求，反而引导消费者的购物行为发生转变——非促销不买。天猫和京东的商家们也渐渐意识到促销的危害，越来越多地转向非货币促销，比如提供试用品或者"双十一"特供版本。折扣谁都可以给，而产品差异化没那么容易模仿，是更理性、更健康的竞争姿势。

价格管理与成本管理

经典营销管理理论将价格归类于营销组合 4P（Product，Price，Place，Promotion）之一。这样的分类固然有其合理性，却无法完全体现价格管理对企业价值的重要性。

沃伦·巴菲特曾说过："评估一家企业最重要的判断依据是它的定价权。"在他看来，一家没有定价权的企业是不具备投资价值的。不具备定价权的企业缺乏竞争壁垒，现时的成功很容易被竞争对手模仿，不可持续。

定价权的基础是为客户提供优质的产品和服务，为他们创造独一无二的价值。但是这不意味着企业应当不惜代价地满足客户的需求。企业经营者需要找到客户价值和交付成本之间的平衡点，见图 10-3。

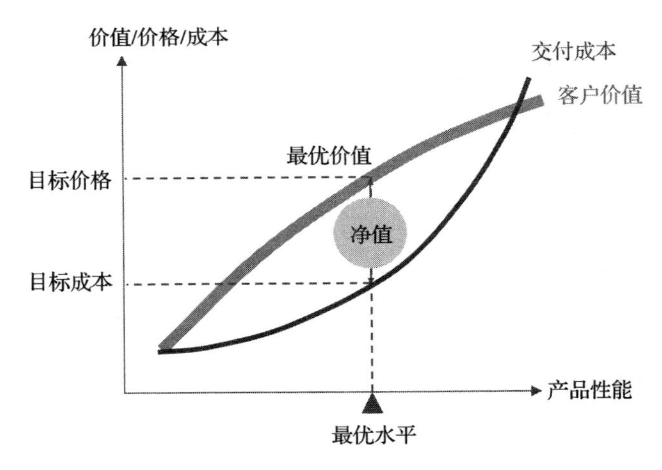

图 10-3　价格和成本之间的平衡点

客户价值和交付成本都随着产品技术性能的提升而提升，但变化幅度存在差异，前者边际递减，后者边际递增。当产品满足客户核心需求时产生正效用，然而，此后的产品功能改善会从为客户"雪中送炭"转为"锦上添花"，客户效用虽然还会增加，但是幅度会逐渐放缓。交付成本正好相反，完美的解决方案需要花费大量的时间和费用才能实现。客户价值与交付成本之间的差额是企业的收益。从企业的角度来说，最优的产品不是提供最高客户价值的产品，也不是交付成本最低的产品，而是两者的平衡点。我们将与客户价值相符的价格定义为目标价格，将实现这一特定水平的客户价值的交付成本定义为目标成本。当目标价格和目标成本之间的差额最大时，企业实现利润最大化。

假设我们已经找到了这个平衡点，那如何进一步挖掘利润潜力呢？很显然，这可以通过定价优化或者成本优化来实现。但前者具备后者无法企及的优势。

- 投入较低，额外成本基本上可以忽略不计；
- 见效更快。尤其是没有被长期合同锁定价格的业务，可以立竿见影地显现定价优化带来的收益；
- 收益更高。假设 20% 的息税前利润率且销量保持不变，10% 的价格改善可以提升 50% 的利润。相比之下，10% 的成本改善仅能提高 40% 的利润；
- 价格提升的同时可以扩大营收规模，这是成本削减无法做到的事情。尤其对新创企业来说，这是非常有吸引力的，因为营收规模对企业估值有决定性影响。

图 10-4 比较了上述定价优化与成本优化对企业经营结果的影响。

既然定价这么重要，那么企业应该在哪个阶段开始进行专业化的定价呢？越早越好。当期的定价决策不仅影响当期的经营成果，更影响未来的经营成果。一旦实现提价，将会对未来收益产生持续影响。经验表明，由于错失关键时间窗口的提价机会而导致的收入和利润损失很难在未来弥补回来。定价优化有几个关键时间窗口：推出创新产品的时候，竞争较温和的时候，以及全行业成本上升的时候。企业经营者应该对定价调整的时间窗口高度敏感，机不可失，时不再来。

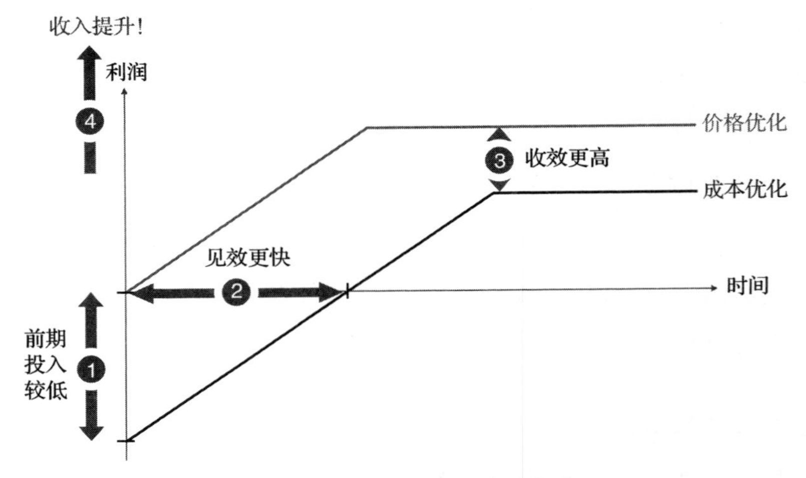

图 10-4　定价优化 VS 成本优化

性价比是个伪命题

“高档品质，中档价格”是中国企业常见的竞争策略。“高性价比”常常被视作突破高端产品包围的利器。然而，性价比是一个伪命题。

丰田汽车素以可靠性和保值著称，但这并不足以确保其在豪华汽车这一细分市场中站稳脚跟。新品牌雷克萨斯 1989 年首次在美国亮相时，丰田采取了价格渗透策略：以较低的产品定价谋求在短时间内实现一定的市场渗透率，再逐步拉高价格。这一策略大获成功：雷克萨斯 LS400 定价 35 000 美元，首年销量达到 16 000 辆，第二年销量攀升至 63 000 辆。如今，在美国，雷克萨斯是与宝马和奔驰相媲美的豪华汽车品牌，它在高端汽车市场上所占的份额名列前茅。

尝到甜头的雷克萨斯在 1990 年进入德国市场时同样采取了高性价比策略，却遭遇“滑铁卢”。与同级别的奔驰 S 级轿车相比，作为新晋豪华车品牌的雷克萨斯的定价便宜了近20%。但低价并没有换来销量，雷克萨斯在德首年销量不足200台，至今仍是一个存在感极低的边缘品牌。德国人普遍认为豪华型汽车的价格是衡量其质量与地位的重要指标。一款低价的日本豪华车对德国人来说不符合逻辑。我们再回过头来复盘雷克萨斯在美国大获成功的低价策略，就会发现其成功其实只是一种表象。一个新晋豪华车品牌是不可能单纯依靠比竞争对手便宜而获得成功的。事实上，雷克萨斯凭借其过硬的产品质量在初代车主中建立起的美誉度和信任，才是其日后在美国占据较高市场地位的关键原因。在销量提升的同时，雷克萨斯的售价也在同步拉升。进入美国市场六年里，雷克萨斯的价格提升了48%，实现了价值回归。

家电行业是中国竞争最激烈的行业之一。一年之中无论什么时候，电器商店（无论线上还是线下）都充斥着各种促销信息，低价竞争和同质竞争互为因果，形成恶性循环。这样的市场大环境迫使中国的家电企业习惯于从企业内部挖掘利润潜力。过去几十年间，中国制造商在成本控制、敏捷生产和精益生产方面都取得了长足的进步。其中的一些佼佼者也将目光投向海外市场谋求更大的发展空间。很多情况下，他们习惯性地在海外市场复制中国的成功经验。一家领先的中国白电品牌日本市场负责人向我们讲述了他的亲身经历：

“我们在日本市场交了学费。以往在国内的低价竞争策略和一系列营销打法在日本完全失灵了。日本人根本不吃这一套。按照中国的经验，我们在刚进入日本市场时做了很多促销活动。但是效果远远不及我们的预期。最让我们惊讶的是不仅消费者不买单，我们的渠道商对此意见也很大，认为我们扰乱了正常的市场秩序。”

这件事看上去虽然有些匪夷所思，但如果我们结合雷克萨斯的案例来看，就能从中理出头绪。日本和德国是典型的高价格市场。高价格市场客户更倾向于信奉所付即所得，没来由的促销和低价策略只会给客户造成困扰，对销量的影响微乎其微。这位日本市场的负责人接着说道："通过这次教训，我们决定收缩促销活动，将主要精力放在宣传产品的创新性能和给客户创造的价值上。"善莫大焉。

让我们把目光转向中国市场。小米大概是最知名的主打"性价比"的中资企业之一。2018 年 4 月，小米向所有现有及潜在用户承诺，即日起，每年小米整体硬件业务（包括智能手机、IoT 及生活消费品）的综合税后净利润率不会超过 5%。如有超出的部分，都将回馈给用户。小米言出必行，以 2020 年为例，全年硬件业务综合净利润率不到 1%。但这不是故事的全部。

2020 年，小米实现营收合计 2458.7 亿元，净利润 130.1 亿元，净利润率约为 5%。鉴于硬件业务占小米总营收的 90%，这意味着互联网服务的净利润率至少达到惊人的 41%。根据小米自己公开的数据，截至 2020 年底，小米 MIUI 系统月活用户达 3.96 亿，并仍在快速增长中。关于小米是一家硬件公司还是互联网服务公司的争议由来已久，我们无意在此进行评判。但如果我们假设小米是一家互联网服务公司，那么硬件业务的全部功能可以视作获客，小米的实际获客成本为负。2020 年第三季度，拼多多的新活跃买家的获客成本为 211 元，而淘宝则高达 1158 元。这样看来，小米硬件业务的利润率不是太低而是太高了。

单独将小米最核心的手机业务拿出来看，主打价格"亲民牌"的红米机型无论从销量还是从收入贡献上都占据绝对的主导地位。近两年来，小米推动更高端的机型的销量以提升平均客单价的尝试收效甚微。同时，小米的“饥饿营销”也广为人知。但是你可能还不知道，这与追求极致性价比的目标有着千丝万缕的关系。

小米新旗舰产品的推介堪称谜一般的操作，高调科普自家的黑科技，吊起消费者的胃口，然后迟迟未发货，结果，不少缺乏耐心的消费者转而购买了友商的产品。等到新产品终于稳定量产时，热度已经过去了。其中的症结在于小米缺乏在供应链上的话语权，低价策略决定了它留给供应链的利润空间有限。在产能受限的情况下，供应商理所应当地优先满足大客户对元器件的需求，导致小米“巧妇难为无米之炊”。所以，所谓“饥饿营销”可能不是有意为之，而是无奈之举。毕竟在迭代迅速、高度竞争的手机业，消费者对新产品的注意力非常有限。顺便提一句，小米从未在公开场合承认自己在进行“饥饿营销”。

为什么我们认为性价比是一个伪命题？短期的低价行为或许能够带来销量增长（前提是竞争对手不作为），长期来看价格和价值必然趋同。低价意味着低附加值，低护城河。当主打性价比的企业的价格和价值天平发生倾斜时，首先承重的是价格一端。然而，凡是能够凭借降价解决的问题，都是小问题。

利润恐惧症

“独角兽”的世界观

科技“独角兽”们的创始人喜欢将类似 DAU、MAU、PV、GMV

这样的英文缩写[⊖]挂在嘴边。这并非他们要故意秀英文，而是因为这些英文缩写所代表的关键指标与他们的切身利益相关，是资本市场对科技“独角兽”进行估值的主要依据。不难看出，这些关键指标只关注企业规模，与企业盈利能力毫无关系。正是因为有了这样的利益驱动，规模增长从过程成为目的本身。

有人戏谑地将创业致富的秘诀总结为三部曲：创业，规模化，套现，这三部曲与利润完全无关。于是，科技“独角兽”这一特殊的企业群体讳谈盈利能力，仿佛利润是一种原罪。他们的内心对利润应该是恐惧的——企业一旦开始盈利，似乎就会被认定快要触及增长的天花板了。一旦发生这样的事情，企业的发展前景似乎一眼便能望到尽头，“独角兽”的光环就会迅速褪色，资本市场将开始使用市盈率等传统指标对它们进行估值。对于“独角兽”来说，盈利是“大忌”。成长型公司很酷，充满无限想象；而盈利的公司很无聊，似乎乏善可陈。因此科技“独角兽”们不挣钱便成了顺理成章的事情，所有的利润都应该用于投资企业未来的增长。一家中国科技“独角兽”的创始人兼CEO直言不讳：

“我们必须抓住这个（市场）机会。至少在可预见的未来，盈利会是我们最后考虑的问题。”

他接着补充道：“我们的目标是增长，增长，再增长。”好吧，重要的事情说三遍。这样的CEO、这样的想法，绝非个案，是创造性的（疯狂的）定价行为的最好注释。

⊖ DAU：Daily Active Users，日活用户数；MAU：Monthly Active Users，月活用户数；PV：Page views，页面访问量；GMV：Gross Merchandise Volume，成交总额。

瑞幸咖啡的发展历程可谓波澜壮阔。2019 年 5 月，瑞幸咖啡在美国纳斯达克证券交易所敲钟。从创立到美国上市，这一切都发生在不到 20 个月的时间窗口里。在这段时间里，瑞幸平均每天开出 4 家新门店，扩张速度惊人，并且公司创始人此前并没有咖啡相关从业经验。罗马固然不是一天建成的，但在我们这个时代，一家新企业完全可以在两年时间内完成上市。因此，瑞幸咖啡一时风头无两，公司创始人也成为诸多中国创业公司创始人膜拜的对象。

在上市招股书中，瑞幸咖啡管理层对业务前景做了如下论述：

根据 Frost & Sullivan 报告，就门店数量和咖啡销售杯数而言，我们是中国第二大[㊀]和增长最快的咖啡连锁。我们开创了以技术驱动的新零售模式，为顾客提供高品质、高性价比、高便利性的咖啡和其他产品。我们相信，我们的颠覆性模式满足了人们对咖啡的大量未被满足的需求，并推动了咖啡在中国的大众市场消费，同时使我们自成立以来取得了显著的规模和增长……

中国咖啡市场的渗透率极低。品质不一、价格高、不方便等问题阻碍了中国现磨咖啡市场的发展。我们认为，我们的模式解决了这些痛点，成功推动了中国大众市场的咖啡消费。我们的目标是在 2019 年底成为中国拥有最多门店的咖啡连锁品牌。

瑞幸说到做到。到 2019 年底，瑞幸拥有 4910 家门店，超过拥有 4300 家门店的星巴克，成为中国最大的咖啡零售连锁。在这份自我评价中，有几个关键信息值得关注。首先，瑞幸咖啡暗示它与星巴克处于竞争状态，但发展速度更快，尽管没有明确提到星巴克的名字。第

㊀ 彼时，星巴克咖啡为第一大咖啡连锁。

二，它强调自己是一家技术驱动的公司，而不仅仅是另一家连锁咖啡店。第三，它开创了一种新的零售模式，可以让顾客获得高质量、高便利性及高经济性的咖啡。一切看起来很美，但现实却也不尽然。让我们来剖析一番。

竞争对手

星巴克咖啡不是瑞幸咖啡的直接竞争对手。星巴克开创了家庭和工作场所以外的第三空间，店内体验是星巴克商业模式的立足点。相比之下，大部分的瑞幸顾客是“虚拟”的，他们通过手机 App 下单咖啡外卖，并不会出现在瑞幸的门店。尽管从门店数量上来说，瑞幸超过了星巴克，但二者没有可比性。瑞幸门店的主要功能是承接外卖订单，因此座位有限、简单；而星巴克的门店大部分是功能齐全的咖啡馆。

虽然从全球范围来看，中国的咖啡消费规模还很小，但在过去 20 年里，中国的咖啡消费一直在快速增长。根据 Euromonitor 进行的中国咖啡市场调研[⊖]，2018 年中国咖啡整体市场规模预计达到 58 亿美元，并将在未来几年持续增长。星巴克对中国咖啡市场的培育和发展一直起着举足轻重的作用。在瑞幸咖啡横空出世前，中国现磨咖啡连锁店的主要玩家都是外国品牌。高端的有星巴克、Costa；低端的有麦咖啡、7-11 等日系便利店。瑞幸咖啡的主力产品标价在 24～27 元，是一个竞争相对不太激烈的价格区间（见图 10-5）。

⊖ Coffee in China report. Euromonitor. https://www.euromonitor.com/coffee-in-china/report.

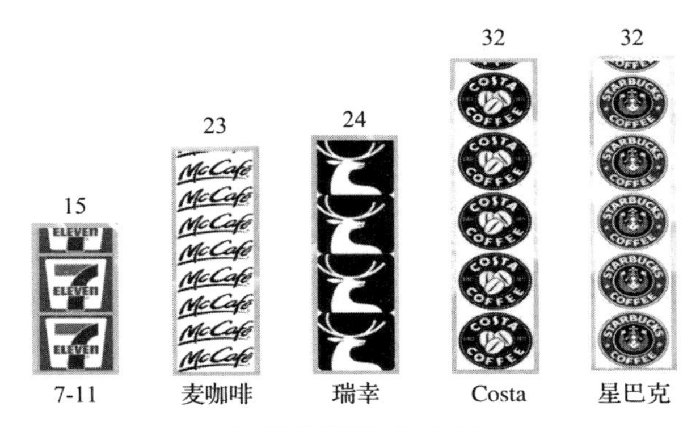

图 10-5　大杯拿铁零售标价比较

据内部人士透露，瑞幸管理层将便利店视为正面竞争对手。从实际售价来看，也确实如此。2019 年第二季度，瑞幸一杯咖啡的平均售价为 10.4 元，平均折扣为 6 折[㊀]，与 7-11 等便利店的同款价格相仿，远低于星巴克的价位。

既然如此，瑞幸为何还要瞄准星巴克呢？星巴克有市场领导者的光环效应和热度。如果瑞幸能够达到星巴克的规模，不是一件振奋人心的事吗？但瑞幸的抱负显然不止于在门店数量上超越星巴克。

技术驱动

科技公司的定位有很大的估值优势。收入和客户群的增长主导了科技公司的估值，盈利能力是次要的。如果以一家快消品零售公司的常规估值指标如 PE 值等衡量，瑞幸的估值会低很多。问题在于，一家咖啡连锁店该如何体现技术驱动？按照瑞幸咖啡招股书的说法，瑞幸开发“技术基础设施，包括我们的移动应用、系统和软件。我们技

㊀ 瑞幸咖啡 2019 年二季度未经审计的财务报告。

术基础设施的开发、升级和实施是一个复杂的过程”。

孤立来看，这样的描述并没有问题。然而，如今的主流快消品公司中又有哪家不使用数字技术来获取、培养和留存客户？可我们并没有见到它们中有谁自诩高科技公司。瑞幸咖啡固然可以通过技术创新提高效率或提供新的增值服务，然而其作为咖啡连锁店的业务本质并不会改变。一家咖啡公司的本分是为消费者提供好的咖啡。这意味着，瑞幸咖啡需要合理健康的利润率来维持对未来的投入。依据瑞幸咖啡2019年财报数字和我们的推算，瑞幸平均一杯咖啡的成本是17元，而平均售价仅为10.4元，利润缺口至少为7元/杯。鉴于瑞幸现有的业务规模，成本优化的空间已经越来越小，成本削减带来的客户体验下降是管理层绝对不希望发生的。然而，涨价必然会损失一大批被高折扣吸引来的客户。瑞幸进退两难的困境，并非技术手段就可以解决。

虚假繁荣

瑞幸所谓的新零售模式落脚点在高品质和高性价比上。然而，中国消费者对咖啡品质了解有限，低价更有可能让他们体会到高性价比。从创立伊始，瑞幸咖啡的各种促销活动就层出不穷，让人眼花缭乱。在新产品或者新品牌投放市场的初期，提供折扣或者促销活动不失为降低客户使用门槛、拓展潜在客群的有效方式，然而，前提是这些打折或者促销活动吸引来的客户具备转化为支付正常客单价的常客的潜力。

可以说，瑞幸咖啡不管是产品品质、用户体验，还是营销手段等都可圈可点。单从产品包装和咖啡口感而言，其实不输星巴克或者Costa。然而，瑞幸在打折的路上似乎走得太远了。瑞幸咖啡提供的无条件折扣（无须任何先决条件即可享用的折扣），从最早的 32% 开始，到 50%，然后是 72%，高峰时一度达到 82%，也就是说一杯原价 24 元的咖啡不到 5 元就可以买到，这几乎和一瓶中等档次的瓶装水价格相当，突破了一个重要的客户心理价格阈值。通俗地来说，这是一个“买了不吃亏，买了不上当”的价格。

然而，这个价位所能转化的客群规模得打一个很大的问号。从数据上也可以看出，瑞幸咖啡的促销力度很可能已经达到了极限。尽管销量提升，但是客户首月留存率从 2018 年高峰时的 40% 下滑到 2019 年 1 月的 17%。iiMedia 的一项用户调研显示：当价格为 12 元时，37% 的受访者不会购买瑞幸咖啡；如果价格超过 12 元，瑞幸将失去 50% 的客户。[⊖]大幅度的折扣吸引了原本不会成为客户的消费者。一旦取消折扣或竞争对手提供更优惠的价格，这些客户会毫不犹豫地改投别家。大幅度的折扣创造的需求是虚假繁荣，转瞬即逝。

一次，我与那位前文中提到的科技“独角兽”企业的创始人兼 CEO 在他的办公室开会。他知道我是个重度咖啡饮者，于是会开到一半时好心安排工作人员给我们送一些咖啡来。大约半个小时后，Costa 咖啡递到了我的面前。

我问：“我以为你会点瑞幸咖啡。你们办公楼的大堂不就有一家瑞幸咖啡吗？”

“确实如此，不过我觉得用瑞幸咖啡待客不太礼貌，”他顿了顿，补充道，“如果是我自己喝的话，我应该会买瑞幸咖啡，如果我有 1.8 折的优惠券的话。”

⊖ iiMedia 2019 Research Report on Luckin Coffee.

后来瑞幸发生的事想必大家都知道了。毋庸置疑，对于创业公司来说，增长至关重要。但越来越多的投资人要求创业公司有明确的变现战略和盈利路线图。软银的创始人兼 CEO 孙正义在投资 WeWork（另一家披着高科技外衣的传统行业企业）失败后[1]，反思自己的投资策略，他痛定思痛，在一次公开演讲中向创业者喊话：

“你的梦想最好是有利可图的。”[2]

首席执行官

毋庸置疑，在一家公司里，定价应该是首席执行官的职责。但事实却并非如此。西蒙顾和曾仔细研究一家世界领先的汽车供应商的交易记录。在和汽车主机厂进行价格谈判前，这家汽车供应商通常会事先在内部设定一个他们能接受的最低价或者说底价。我们发现，几乎所有的销售合同都是以底价签下来的。当我们把这个发现报给该供应商的首席执行官时，他暴跳如雷。原来，他之前并不了解定价流程的细节，更从未听说过底价的事情。

一家工程技术公司的首席执行官要亲自审批公司每一个新项目的价格谈判，这让他不胜其烦。因此，他向销售团队下达了以下规定：毛利率在 20% 以上的项目可由销售团队自行决定价格，无须向他提交审批。这听上去很合理，不是吗？

---

[1] 2019 年 10 月 WeWork 冲刺 IPO 失败，估值泡沫破裂。摩根士丹利在给投资者的一份报告中指出：“ WeWork IPO 的失败，标志着一个时代的终结——即哪怕公司不盈利也可以获得超高估值的时代宣告终结。”

[2] https://www.japantimes.co.jp/news/2019/10/01/business/corporate-business/softbank-wework-lesson-for-startups/.

新规实施一年后，他告诉我："销售团队几乎不再提交任何项目来给我审批了。实施效果看上去不错。"我反问他现在项目毛利率是什么情况。他答道："基本上都是 20.1%。过去我们还时不时有毛利率 24%、25% 甚至更高的项目，但现在没了。"这纯粹是由于流程规定所导致的自然结果。当 20.1% 的毛利率已经能让首席执行官心满意足时，销售团队又何必与客户苦苦纠缠，去追求 25% 的毛利率呢？

如果你问那些高级管理人员关于价格的某些细节，例如，与竞争对手或者不同国家之间的价差，他们通常都无法回答。当然，我们不能期望一个高级管理人员掌握每一个价格及它背后的所有细节。但是他应该掌握定价相关的关键信息、流程和结果。

企业应该为高级管理人员提供基于价格的激励吗？原则上，可以这么做。比如，当他们成功实现价格提升、价格增长不低于通货膨胀率、针对竞争对手的价格进行调整，或者降低折扣力度时，他们可以得到一定的奖励。有时，企业可以制定明确的价格目标。丰田汽车公司采用一种所谓的相对价格体系，在这一体系下，丰田监测追踪主要竞品的平均价格，并依据自身产品的竞争力和公司战略目标决定其产品相对主要竞品的溢价或差价（即相对目标价格）。有时候丰田公司高层会向市场管理人员下达非常明确的关于如何调整相对目标价格的指示。这样做有助于明确定价目标并规范化组织内的定价行为。

需要说明的是，我们倾向于仅向销售团队而不是高级管理人员提供基于价格的激励措施。因为远离市场会造成信息不对称，负责制定激励政策的企业主或董事会往往不知道何种价格措施才是对企业价值提升最有效的。因此，我们建议企业高级管理人员的激励应该基于整体企业价值的提升，而不是包括价格在内的某个提升企业价值的工具。

尽管如此，我们认为高级管理人员应该对价格管理倾注更多的时间和精力，但这并不包括让一家公司的首席执行官亲自参与价格谈判。在某些独立项目中，首席执行官的参与或许是有必要的，但大多数情况下效果往往适得其反。一家大型物流服务公司的首席执行官有每年拜访汽车行业大客户的习惯。这些客户公司的首席执行官们在会面时几乎都会提起价格问题，并成功从这位物流服务公司的首席执行官那里榨取额外的价格折让。这往往使得销售团队长达数月的努力付之东流。西蒙顾和建议这位首席执行官停止这些年度拜访活动。他采纳了我们的建议，公司的利润率也得到了改善。

有些公司幸运地拥有从内心重视定价的首席执行官，如保时捷的前首席执行官文德林·魏德金先生。在任职期间，他亲自参与重要的价格决策并精通所有的细节。极度专业的价格管理，包括首席执行官的亲自参与，是保时捷能成为全世界盈利能力最强的汽车主机厂的关键原因。

通用电气公司的管理层也很重视定价，并在组织架构中给予定价部门独立的话语权。2001 年，通用电气旗下的每个业务单位都设置了首席定价官（Chief Pricing Officer）一职，他们直接向业务单位负责人汇报工作。若干年后，通用电气的首席执行官杰夫·伊梅尔特（Jeff Immelt）可以很明显地察觉到这一新设岗位起到的正面作用。价格纪律有了长足的进步，公司在达成目标价格方面也有了更好的表现。在首席定价官的影响下，公司销售团队在价格谈判前有了更充分的准备。总而言之，伊梅尔特说，首席定价官的贡献远远超出了他的预期。

西蒙顾和从 2011 年开始进行的全球定价调查，一再证实了高级管理人员在定价中所扮演的关键角色。与其他公司相比，那些首席执行官积极参与价格管理的公司：

- 定价能力高 35%；
- 实行提价举措的成功率高 18%；
- 26% 在提价后利润率提高了，说明它们并非仅仅将更高成本转嫁给客户；
- 30% 设有专门的定价部门，而这些部门进一步加强了对利润的积极作用。

同时，我们发现，相比其他公司，那些首席执行官积极参与价格管理的公司的销售回报率要高出 25%。我们告诫读者要慎重解读此类发现间的因果关系。不过，我们的经验可以证实，首席执行官倡导的一些措施（比如，设立首席定价官或者首席价值官、采用专门的定价软件、进行价值销售等）确实提升了企业价格管理的专业化和盈利表现。定价是首席执行官的职责所在！

企业创始人

从今天开始

价格管理不是大公司的专属。恰恰相反，定价的好坏对大公司来说可能是锦上添花的事情，但对初创企业来说就可能是生死存亡的事。

创业九死一生。是否拥有一个可持续的商业模式，决定着一家初创企业能否存活下去。通俗地说，就是它是否有挣钱的能力。我们在

第 2 章就曾援引微软前首席执行官史蒂夫 · 鲍尔默的一席话："这个被称为'价格'的东西真的很重要……你可以看到很多人创业，成立新公司。成功公司和失败公司之间唯一的区别，就在于前者弄明白了应该如何赚钱，因为它们对收入、价格和商业模式有深刻的思考。"㊀

由此可见，不懂定价的创始人不是合格的创始人。我曾遇到这样一位草本化妆品品牌创始人。她一定是对自己产品很有信心才会让我猜她的年龄。好吧，抛开我的识别能力不提，无可否认，抗衰老效果在她的脸上确实肉眼可见。她说："我们（产品）的效果绝对不输某某某国际大牌，而我们的价格只有它们的三分之一左右。"当我追问定价的逻辑时，她开始语焉不详。我总结了下，就是"物美价廉"。她的目标客群是如何选择产品的？价格对他们有多重要？他们是如何看待国货和国际大牌之间的品质差距的？显然，她在定价时并没有仔细考虑过这些问题。

也许会有人说，创业公司早期的首要任务，不应该是验证产品在市场上的可行性吗？如果有一定数量的客户乐于接受我们的产品，也就是所谓的产品 - 市场适配（Product-Market Fit），不就可以确定企业的前景了吗？价格似乎并没有那么重要。或许正是出于这种想法，不少新经济中的创业公司不惜以低价甚至负价格来获客。要知道，对于创业公司来说，定价定的不是价格，而是客户对产品价值的认同。所以，以脱离客户价值的"扭曲价格"获取客户的做法根基不牢，对商业模式的可行性验证缺乏实际意义。产品、市场和价格这三者结合起来，也就是产品 - 市场 - 价格适配（Product-Market-Price Fit），才能

㊀ 你要么全情投入，要么就干脆别做：史蒂夫 · 鲍尔默对创业公司的建议。(Be all-in, or all-out: Steve Ballmer's advice for start-ups.) The Next Web, March 4, 2014.

判断一家创业公司的“钱景”。如果产品为客户带来价值，那他们会愿意为此支付一个合理的价格。

创业公司应该具备一定的定价权。如果一家创业公司赢得市场的唯一原因是低价，我们会非常怀疑它是否真正实现了产品－市场－价格适配，除非这是一个可以大幅削减成本的颠覆式创新。相反地，如果一家创业公司可以提高价格而不影响用户增长，那说明它抓住了用户的痛点。同时，更高的价格使得企业获得更多的资金投资未来。

讨论到最后，那位草本化妆品品牌创始人问我：“我应该从企业发展的哪个阶段开始关注定价？”

“从今天开始吧。”

产品的迭代

创业公司在跑通了商业模式之后，幸运的话会迎来一波稳定的高速增长。随着用户规模增长，客户的需求开始多元化。以原点客户需求为基础开发的完美产品在新客户眼中并不完美，渐渐铸成企业进一步发展的天花板。

苹果教主乔布斯曾断言大尺寸 iPhone 将“生来就死”，并且认为给 iPad 配上书写用的电容笔是个糟糕透顶的主意。在他的继承者蒂姆·库克的治下，这两件往日不可能的事都变成了现实。2007 年的初代 iPhone 仅有 4GB 和 8GB 两个型号，美国零售价分别是 499 美元和 599 美元，相差 100 美元。2019 年的 iPhone 11 分为基础版、Pro 和 Pro Max 三个不同版本，存储有 64GB、128GB、256GB 和 512GB 四个选择，总共 9 个型号。最便宜的 iPhone 11 64GB 定价 699 美元，最贵的 iPhone 11 Pro Max 512GB 售价 1449 美元，价格带从最早的 100 美元扩张到了 750 美元。

持续的产品创新是苹果维持 iPhone 在铁杆果粉中高人气的关键所在，也是推动旗舰机型价格上行的强有力的助推器。然而，并非所有的 iPhone 用户都是铁杆粉，也不是所有人都愿意（舍得）每两年花上万元换新手机。所以有了基础款 iPhone 的生存空间。2019 年入门款的 iPhone 11 64GB 的价格仅比 2016 年的入门款高出了 50 美元。客户的多元化发展客观上推动了苹果对产品和定价的迭代。如果说爆款单品是创业公司实现 0 到 1 的成功基础，那么多样化的产品组合是创业公司实现规模化、专业化的必然路径。

相对实体产品，SaaS 公司在产品迭代和价格优化方面具备更大的灵活性。在积累了一定的用户数后，基于客户的实际使用数据分析可以帮助初创公司更好地调整产品和价格构架。图 10-6 体现了定价优化的威力。

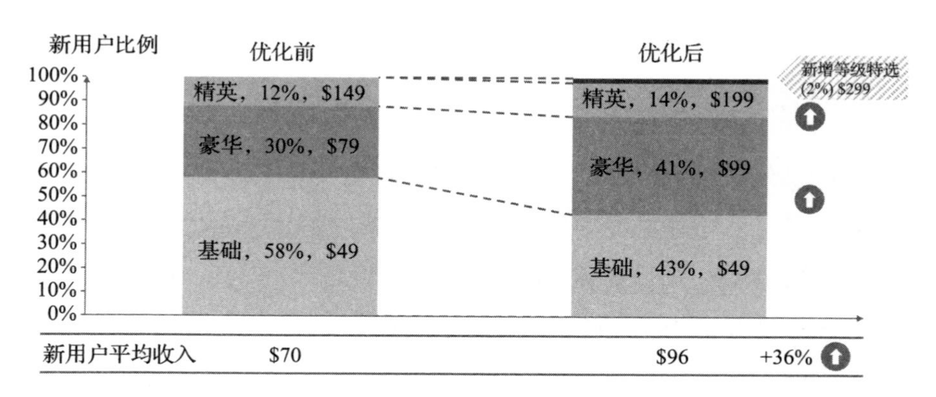

图 10-6 SaaS 产品的定价优化

西蒙顾和对这家 SaaS 公司的用户数据进行了系统分析后，对产品组合和价格梯度提出了优化建议。除了基本款保持不变以外，我们提高了高版本的价格，并且引入了一个新的高阶版本。我们的建议实施三个月后收效显著：新用户贡献的平均收入从 70 美元提升到 96 美元，相当于 36% 的增幅。假设原利润率为 30%，产品和价格优化将创造 123% 的额外利润！

客户忠诚度

当用户规模达到一定程度，定价潜力及短期利润的主要来源就从新客户过渡到现有客户。开发新客户的成本可能达到留存老客户的 5 倍以上。因此，如何维系客户忠诚度，成为进入成熟期的创业企业绕不开的话题。

一家中国领先的 2B 电商公司的创始人怀疑（高）价格是影响他们业务增长以及客户满意度的重要因素，因此找到西蒙顾和，想要我们帮助他们设计一个行业价格指数报告，目的是证明他们公司的价格其实是有竞争力的。

除了客观上的技术实施难度，我们对这件事情本身的意义抱有怀疑。这家公司经营的产品是典型的长尾产品，交易频次低，市场价格不透明，用户对价格敏感度普遍不高。事实上，根据我们对相关行业的分析，在所有 7 个用户购买决定因素中，价格仅列第 5 位。相比价格而言，供应链整合能力、产品品质和交付稳定性等因素对用户来说要重要得多。这应该如何解读？第一，价格并非用户选择供应商的决定性因素，即便做到全场价格最低也不能够让用户满意；第二，追求提升用户对价格的满意度是一件本末倒置的事。出于自身利益考虑，没有任何心智正常的用户会说他们付的价格太低了。最后，我们虽然打消了这位创始人设计行业价格指数报告的念头，但是我们并不确定他是否真正明白了低价无法换来客户的忠诚度。

然而，不幸的是，试图以低价或者折扣促销活动维系客户忠诚度是常态，不仅 2B 行业如此，2C 行业更是如此。零售商和餐馆的促销活动几乎“全年无休”。此举自然深受消费者欢迎，有谁不喜欢收获意外的惊喜呢？然而当惊喜每月、每周甚至每天都出现时，小确幸也变味成了智商税。如果消费者将促销视作理所应当，折扣对销量提升的作用也不可避免地打折。

什么才是通过促销达到维系客户忠诚度目的的正确打开方式？去预期化是关键。优衣库（UNIQLO）提供了示范：首先，它不做阳光普照的促销活动，它只选择对那些最有可能吸引客流进店的季节性商品进行促销；优衣库的促销活动通常是限时的（如“今日特价”），人为营造稀缺感；此外，它的线上和线下渠道的定价策略一致，无论客户在哪个渠道购买，都可以放心地享受到统一的最优惠价格。

管理客户忠诚度等同于管理客户的期望值。

跋：从价格管理到价值管理

2019 年一个风和日丽的午后，我和西蒙教授忙里偷闲，趁两场会议间隙在上海商城的一家咖啡店小憩、闲聊。其间，我们聊到了西蒙顾和管理咨询公司的前景。定价咨询无疑是西蒙顾和的立足之本，对于西蒙顾和的未来，他是这么看的：

“在我看来，西蒙顾和的业务边界是价值管理。”

是啊，毕竟价格与价值是互通的，价格即价值（pretium）。企业的价格管理始于对产品和服务的价格管理，终点是企业的价值提升。我们研究定价其实是在研究企业的商业模式——一方面是如何为客户创造价值，另一方面是如何获得可持续的利润。在瞬息万变的商业环境中，只有通过洞察并且把握客户价值才能避免误入歧途。

曾有客户问我：“你们总是说价值定价。应该如何定位价值定价在企业战略蓝图中的位置？价值定价和商业模式又是什么关系？”

我觉得很难将价值定价钉死在企业战略的任何一环。价值定价更像是一种经营哲学，与企业战略有很多的交集。正如稻盛和夫所说：定价是领导者的职责，定价是决定经营生死成败的关键。经营者必须在正确认识自己产品价值的基础上，找到使销售量与利润率的乘积达到最大的那一个点。

商业模式关注的核心问题是如何盈利。而价值定价是帮助企业长期最大化利润的不二法门。你所熟悉的隐形冠军们总是坚定地站在价值定价的一边。根据我们过去几十年的观察，隐形冠军们在一般情况下可以获得高于竞争对手 10%～15% 的溢价。即便在典型的高度竞争的环境下（如外包、大型项目、大客户业务等），相比竞争对手，隐形冠军也可以获得更好的价格。

这听上去似乎有点过于美好。我们常常会听到中国企业家这样抱怨："价值定价的概念很吸引人，我也觉得很有道理。但中国市场缺少价值定价的土壤。太多企业只想挣快钱，抄袭竞争对手的产品，打价格战。竞争对手大多把注意力放在市场份额上。价值定价在我们这样竞争激烈的环境中到底是否适用？"

一家专门从事儿童摄影的摄影工作室自成立以来一直在努力拓展客群。因为不确定该如何定价，管理层采取了"保险"的"常规"做法：参照市场平均水平进行定价，并和竞争对手一样绞尽脑汁进行各种促销活动。然而，工作室一直难以聚集人气，挣扎在入不敷出的边缘。工作室创始人认为此举不是长久之计，咬牙大幅削减了促销活动，并对特色产品进行了提价。结果出乎意料地好。她在复盘时如是说：

"我们的客户最在意的是给孩子和自己留下美好的回忆。低价格会显得我们对自己的服务没有信心。我们以前太在意市场份额，反而得不到。涨价后突然海阔天空了。"

企业经营者重视市场份额本无可厚非，但应当区分好的市场份额和坏的市场份额。好的市场份额是那些通过卓越的性能、品质、创新和服务而“赢得”的市场份额。市场领导地位不是通过不惜代价的降价获得的，而是通过提升客户价值实现的。在这期间，企业往往可以保持健康的毛利率，甚至有可能进一步提升毛利率。而与此形成鲜明对比的是，坏的市场份额主要是依靠降价和诸如特价促销活动等各种变相降价实现的，与此同时，它又不具备低价战略所需的成本优势——这是一个决定性的条件。坏的市场份额只能依靠短期不切实际的降价获取，而无法长久维持。它会导致企业利润减少，更可能出现亏损的情况，因为成本相对产品价格而言过高（价格相对成本而言过低）。

过分痴迷于市场份额有可能带来灾难性后果，航空、零售、消费电子、旅游等诸多行业都有过类似的经历。值得注意的是，低价本身并非原罪。如果一家企业能够以卓越的成本管理为前提实施低价战略，维持健康的利润率，那它也可以获得好的市场份额。奥乐齐超市、宜家家居、瑞安航空公司和其他低成本公司都靠低价策略获得了很高的市场份额，它们同样获得了优异的利润回报。它们的成本非常低，利润率有所保障。但是很多企业即使拥有很高的市场份额，却没有赚到钱，因为它们的市场份额是通过侵略性的价格战打下来的，成本过高而利润太低。如果一家企业在品质、创新、服务、信誉等方面都胜出竞争对手，那么它就可以顺理成章地赢得市场领导地位，并且获取比竞争对手高得多的利润，如苹果、戴森和现在的华为。

纵观西蒙顾和的定价咨询项目，我们仅在极个别情况下会建议大幅降价。凡是靠降低价格就能解决的问题都是小问题。在客户的购买决策中，价值比价格重要。从经验来看，价格的重要性只占20%～50%。这意味着想要单纯通过降价来弥补与竞争对手的价值差距的代价通常太高，绝大多数公司都付不起。如果以客户价值为指引，企业在定价乃至提升价值的道路上可以少走一些弯路。

与中国企业家们共勉。

杨一安

推荐阅读

“隐形冠军之父”赫尔曼·西蒙著作

隐形冠军：未来全球化的先锋（原书第 2 版）
ISBN：978-7-111-63479-9
定价：99.00 元
作者：[德] 赫尔曼·西蒙（Hermann Simon）
[德] 杨一安

全球化之旅：隐形冠军之父的传奇人生
ISBN：978-7-111-68111-3
定价：89.00 元
作者：[德] 赫尔曼·西蒙（Hermann Simon）

定价制胜：科学定价助力净利润倍增
ISBN：978-7-111-71323-4
定价：69.00 元
作者：[德] 赫尔曼·西蒙（Hermann Simon）
[德] 杨一安

价格管理：理论与实践
ISBN：978-7-111-68063-5
定价：89.00 元
作者：[德] 赫尔曼·西蒙（Hermann Simon）
[德] 马丁·法斯纳赫特（Martin Fassnacht）

推荐阅读

底层逻辑：看清这个世界的底牌

作者：刘润 著 ISBN：978-7-111-69102-0

为你准备一整套思维框架，助你启动“开挂人生”

底层逻辑2：理解商业世界的本质

作者：刘润 著 ISBN：978-7-111-71299-2

带你升维思考，看透商业的本质

进化的力量

作者：刘润 著 ISBN：978-7-111-69870-8

提炼个人和企业发展的8个新机遇，帮助你疯狂进化！

进化的力量2：寻找不确定性中的确定性

作者：刘润 著 ISBN：978-7-111-72623-4

抵御寒气，把确定性传递给每一个人